墨香财经学术文库

"十二五"辽宁省重点图书出版规划项目

国家自然科学基金青年项目（72203100） 资助

南京审计大学青年教师科研培育项目（2021QNPY003） 资助

分权体制下地方政府财政收支对产业结构变迁的影响研究

Research on the Impact of Local Government Financial Revenue and Expenditure on the Industrial Structure Change under Decentralization System

张国建 著

U0674671

东北财经大学出版社 大连
Donghei University of Finance & Economics Press

图书在版编目（CIP）数据

分权体制下地方政府财政收支对产业结构变迁的影响研究 / 张国建著．—大连：
东北财经大学出版社，2023.9
（墨香财经学术文库）
ISBN 978-7-5654-4845-4

Ⅰ．分…　Ⅱ．张…　Ⅲ．地方财政-财政收支-影响-产业结构调整-研究-中国
Ⅳ．①F812.7　②F269.24

中国国家版本馆CIP数据核字（2023）第090901号

东北财经大学出版社出版发行

　　大连市黑石礁尖山街217号　邮政编码　116025
　　网　　址：http：// www.dufep.cn
　　读者信箱：dufep @ dufe.edu.cn
大连图腾彩色印刷有限公司印刷

幅面尺寸：170mm×240mm　字数：213千字　印张：15.25　插页：1
2023年9月第1版　　　　　2023年9月第1次印刷
责任编辑：李　栋　刘晓彤　责任校对：惠恩乐
封面设计：原　皓　　　　　版式设计：原　皓
定价：76.00元

教学支持　售后服务　联系电话：（0411）84710309
版权所有　侵权必究　举报电话：（0411）84710523
如有印装质量问题，请联系营销部：（0411）84710711

　　本书由国家自然科学基金青年项目"中国区域产业政策推动制造业高质量发展的机制与路径研究"（72203100）、南京审计大学青年教师科研培育项目"信贷市场融合促进企业高质量发展的机理、路径与对策研究"（2021QNPY003）资助出版。

献给我的父亲

前言

　　我国产业结构从20世纪70年代末的工业化初期逐渐步入工业化后期，无论是用产出比重还是用就业比重来衡量，总体呈现出Kuznets事实。为了更好地解释我国产业结构的变迁，寻找到具有中国特色的支持产业结构转型升级的制度安排就显得十分重要，尤其是深入认识地方政府在其中所扮演的重要角色。与此同时，地方政府的决策和行为选择离不开财政的支持，尤其是中国式分权的体制和格局赋予了地方政府剩余索取权以及促成了地方政府在产业发展中的竞争，使得产业结构变迁深受地方政府财政收支的影响。1994年分税制改革以后，"收入集权、支出分权"的特征更加明显，这对地方政府而言，无论是财政汲取能力还是所承担的公共职责都是一个分水岭。自分税制改革以来，财权层层上收，而事权层层下移，地方政府一直无主体税源，地方政府的财政收支行为自然成为研究的热点问题。因此，离开对地方政府财政收支的深入研究，我们便很难理解产业结构变迁过程中的一些重要特征和事实。

　　从财政支出视角来看，分税制改革后，地方政府支出规模逐渐膨胀，而财政转移支付存在的"粘纸效应"进一步加剧了这一现象，降低了地方政府的行政效率，深刻地影响了产业发展。从财政收入视角来看，财权与事权的不匹配和我国特殊的土地管理制度，导致地方政府出于增加自身财政收入的理性选择形成了以土地为核心的创收模式，即土地财政和土地金融，而地方政府基于土地的行为偏好在很大程度上左右着产业结构变迁的方向和力度。一方面，土地财政行为下地方政府的两手供地策略导致产业结构刚性和产业结构虚高，而地方政府对土地财政的依赖很可能是中国经济高速增长与服务业结构升级滞后并存的重要诱因；另一方面，2008年金融危机之后，体制成因和宏观经济波动导致基于土地财政的创收模式已经不能完全满足地方政府促进产业升级、加快辖区经济发展的需要，从而使得土地金融成为地方政府债务积累的重要原因，然而，土地金融模式下形成的地方政府债务会进一步影响产业结构高度化和合理化。

虽然"以收定支"曾经适应了计划经济体制的需要，但是，随着市场经济体制的逐渐成熟，分税制改革后的财政收支体系更适宜用"以支定收"来描述。鉴于此，本书基于地方政府财政收支视角，从地方政府支出规模、地方政府基于土地财政的创收行为和土地金融模式下的地方政府债务三个维度渐进式分析了其对我国产业结构变迁的影响及其作用机制。研究方法上，本书基于经济学相关理论和国内外前沿文献，综合文献归纳与历史分析相结合、规范分析和实证分析相结合、对比分析等多种方法。本书主要的研究内容和结论如下：

首先，在财政支出视角下，本书基于2003—2015年中国282个地级及以上城市的面板数据，通过构建多因素面板平滑转换模型（多因素面板平滑转换英文翻译为 Panel Smooth Transition Regression，以下简称 PSTR 模型），考察了地方政府支出规模影响产业结构的非线性特征及其传导机制。研究发现，地方政府支出规模和城市产业结构之间确实存在明显的门限效应且具有连续平滑的转换机制；地方政府支出规模对城市产业结构所产生的促进作用随着经济发展水平的提高而不断减弱，并且其自身过度膨胀后对产业结构升级的最终影响效应为负，改变变量的测算方法以及异质性分析再次验证了基本结论；进一步的机制分析结果表明地方政府支出规模通过正向的投资潮涌效应和负向的创新驱动效应作用于城市产业结构。

其次，在财政收入视角下，本书研究了地方政府的土地财政行为对服务业结构升级的影响。与发达国家和一些新兴市场国家相比，中国经济高速增长中存在着服务业结构升级滞后的现象。本书尝试从分权体制下地方政府的土地财政收支行为视角去解释这一悖论，并运用 SYS-GMM 估计方法和中介效应模型进行了实证检验。研究发现，地方政府对土地财政的依存度增加会显著抑制生产性服务业和高端服务业的结构升级，在加入可能对估计结果产生干扰的控制变量，同时更换指标和样本的情况下，结论依然稳健；进一步的交互作用发现财政分权程度和市场化水平的提高会显著减弱这一负向影响；分样本回归的结果表明土地财政对服务业结构升级的负向效应在中西部地区和 2008 年金融危机之后更加明显；中间机制检验显示土地财政会造成土地资源错配和城市化失衡，并且抑制创新，最终导致服务业结构升级滞后。

最后，在财政收入视角下，土地金融模式的兴起导致地方政府债务大量积累，尤其是 2008 年之后，地方政府依靠融资平台获得的债务（以借款为主）规模之高、增速之快前所未有。地方政府债务的急剧膨胀引起了广泛关注，而债务扩张导致的产业结构效应，现有研究往往语焉不详。本书创新性地将 2005—2014 年地方政府融资平台债务数据加总到城市层面，讨论了地方政府债务对产业结构转型升级的影响及其内在逻辑。研究发现，适度的债务规模能够促进产业结构高度化和合理化，但过度扩张会产生抑制作用，即两者之间存在倒 U 型关系，细分行业视角下以就业份额衡量的产业结构内部特征也支持这一论证；异质性分析表明这一关系显著存在于高债务省份，而在低债务省份主要影响产业结构合理化水平，并且负向影响主要体现在 2008 年金融危机之后；进一步的机制分析发现债务扩张通过正向的投资潮涌效应和负向的要素价格扭曲效应作用于城市产业结构，导致其整个样本期内存在倒 U 型分布。

综上所述，本书认为我国产业结构的变迁需要结合中国式分权的体制背景，从地方政府财政收支视角加以研究，才能更好地予以诠释。基于以上研究结论，能够得到如下政策启示：首先，从地方政府规模维度来看，需要优化政府既定财政资源下的结构性变动、抑制地方政府规模的过度膨胀，优化服务改革、精简机构、裁减冗员，加快转变政府职能；其次，从地方政府创收行为下的土地财政维度来看，需要适时改革土地征用和出让制度、弱化经济增长目标考核，从而减少地方政府的短视行为和扭曲行为；最后，从地方政府创收行为下的土地金融维度来看，需要正确认识地方政府债务，在合理调整政府间财政分配关系、尽量减少地方政府债务过度膨胀的体制成因的同时，还要充分考虑地区差异，防范和化解债务风险。

本书基于作者的博士学位论文编著而成，比较幸运的是，该论文获得了 2021 年度东北财经大学优秀博士学位论文。作者在博士论文研究的基础上，进一步拓展，获得了 2022 年国家自然科学基金青年项目资助。在本书即将付梓之际，特别感谢东北财经大学经济学院的各位授业恩师对我一直以来的关心和帮助，感谢南京审计大学经济学院的各位领导和同事对我的关照和扶持，感谢东北财经大学出版社为本书的出版付出的汗水和努力。

由于作者学术水平有限，对中国经济相关特征事实的分析难免挂一漏万，对中国经济相关问题的理解也难免存在偏颇，恳请读者批评指正。

作　者

2023 年 6 月

目录

第 1 章 　绪 论

本章为绪论部分，主要内容包括选题背景与问题提出、研究意义、研究内容与研究框架、研究方法与研究创新四个方面。

1.1　选题背景与问题提出

1.1.1　选题背景

党的十九大报告指出，当前中国经济发展阶段已由高速增长阶段转向以深化供给侧结构性改革为主线，推动经济发展质量变革、效率变革、动力变革的高质量发展阶段，而加快新旧动能转换、促进我国产业结构转型升级是推进我国供给侧结构性改革的必由之路。相关统计资料表明[①]，1978—2018年中国经济保持了年均9.5%的增长速度，从总量上来看，2018年我国GDP已经超过90万亿元，以现价计算的人均GDP也已经超过6.4万元。与此同时，中国经济的国际竞争力大幅提升，从一

[①]　资料来源于《中国统计年鉴》。

个基本处于封闭状态的计划经济体成长为高度开放、高度竞争、合作包容的新经济体。并且，2010年中国经济体量赶超日本，成为仅次于美国的世界第二大经济体，同年赶超美国成为世界第一大制造国。2007年中国外贸总量超过亚洲排名第二位、第三位的日本及韩国之和；2009年出口总额达到1.2万亿美元，取代德国成为全球最大贸易国；2013年进出口贸易总额达到4.16万亿美元，取代美国成为全球最大贸易国；截至2019年9月底，中国外汇储备规模高达3.09亿美元，长期雄踞世界第一。回顾中国经济高速发展的过程，所取得的成就不胜枚举。与此同时，经济发展过程中出现的结构性问题也日益凸显，例如，地方政府以牺牲环境为代价换取政绩，产业结构虚高、二三产业互动不足，服务业结构升级滞后等。2010—2016年中国经济增幅连续六年走低，尽管2017年有小幅回升，也仅维持在6.9%。

改革开放以来，中国经济经历了持续四十年高速增长的"奇迹"，而其中产业结构转型升级是经济持续增长的推动力。经济发展表面上看是人均收入水平的提高，而其本质则是全要素生产率的持续提高、产业结构的不断优化升级及其多样化的结构变迁过程。从三大产业构成的总体情况来看，无论是用产出比重还是用就业比重来衡量，产业结构转型均呈现出Kuznets事实，即第一产业增加值占GDP的比重会下降，第三产业增加值比重上升，第二产业增加值比重先上升后缓慢下降。改革开放以来，我国产业发展也符合这一趋势，1978—2015年第一产业就业比重从70.5%下降到28.3%，增加值比重从27.7%下降到8.9%；第二产业就业比重从17.3%上升到29.3%，增加值比重从47.7%下降到40.9%；第三产业就业比重从12.2%上升到42.4%，增加值比重从24.6%上升到50.2%（郭凯明等，2017）。2018年第一产业、第二产业、第三产业增加值占GDP的比值分别为7.2%、40.6%、52.2%。根据钱纳里工业化阶段理论，如果以2010年美元不变价计算，我国产业结构已经进入以资本和技术密集型为代表的现代服务业和高端制造业快速发展的后工业化阶段，这也正是我国处于工业化后期产业结构优化升级的重要战略机遇期。然而，从国际形势来看，我国产业大多处于全球价值链分工的中低端。尽管近年来高端价格竞争产品有一定的发展，但是其占出口总额的比重仍小于10%（陈丽丽，2013）。与此同时，目前国内既有的资源导向型增长驱动下的发展模式已经难以为继，并且现阶段我国所能分享到的改革红利、人口红利以及结构和动能转换红利正在逐渐消退，如何进一步推进产业结构优化升级仍然受到社会和政策制定者的高度关注，这也是摆在中央政府和地方政府面前的一个重大课题。

中国经济四十年的高速增长突出体现在各个产业的发展壮大上，而这一过程深受地方政府政策与行为的影响（韩永辉等，2017）。众所周知，改革开放以来，我国地方政府在促进辖区经济增长和产业结构升级中起到了十分重要的作用，而地方政府官员招商引资、谋求区域经济发展的热情在世界范围内都是罕见的。为了更好地解释我国产业结构变迁的过程，我们必须寻找具有中国特色的支持产业结构转型升级的制度安排，尤其是地方政府在其中所扮演的重要角色。为了吸引外商直接投资、促进外商企业入驻和本地企业迅速成长，地方政府投入巨资甚至不惜负债融资进行基础设施建设，包括修建高铁、高速公路、机场、港口等交通基础设施和投资公益性项目，提供各种税收优惠、税收返还和政府补贴，不断优化招商引资环境。这一方面的努力集中体现在经济技术开发区、高新技术产业园区、出口加工区等各类开发区的建设和运营上。截至2019年10月底，经国务院批准设立的国家级开发区共有628家，其中，国家级经济开发区有219家，高新技术产业开发区有168家，国家级自贸区有18家，以及其他类型的国家级开发区有223家。此外，经各省级政府包括自治区政府和直辖市政府批准设立的省级开发区有2 053家①。已有文献的实证研究表明，经济开发区的优惠政策和制度安排显著增加了外商投资比例，创造了大量劳动就业，提高了全要素生产率，促进了产业结构转型升级（Wang，2013；Zheng et al.，2017；袁航和朱承亮，2018）。与此同时，循环累积的集聚效应和选择效应提高了开发区的生产率水平，增加了地方创新活动的产出（王永进和张国峰，2016；Lu et al.，2019）。

地方政府不仅是产业结构转型升级和区域经济发展的直接推动者，

---

① 数据来源于"中国开发区网"（http://www.cadz.org.cn/）。

同时也是改革开放过程中破除制度藩篱、引领制度创新的关键力量。改革开放四十年以来，我国绝大多数的重要改革都是由地方政府发起、推动和直接参与的，这也构成了我国改革进程中最亮丽的风景线（周黎安，2017）。地方政府是中央政策的主要执行者，严格遵循着向上负责制，因为中央政府为了保持威权体制，牢牢地掌握着人事任命权。与此同时，地方政府也是市场变化和社会反应的直接感知者。地方政府的干预和行为选择离不开财政的支持，尤其是分税制改革有效处理了产业结构变迁过程中国家集中与地方分散的关系，是对 M 型区域分权治理结构的强化，使地方政府作为明确主体对产业结构调整进行引导和干预成为可能，并且政治锦标赛的晋升机制使地方政府具有内在驱动力（Maskin et al., 2000; Blanchard and Shleifer, 2001; 周黎安，2007; 宋凌云和王贤彬，2013），即通过产业结构调整促进区域经济增长以获得政治晋升资本。我国改革进程中的"渐进"特色在于市场经济的发展始终是政府放权的结果。离开对地方政府政策和行为尤其是财政收支行为的深入认识，我们便很难理解产业结构变迁过程中的一些重要特征事实。

中国式分权体制下，地方政府推动地区产业结构升级和经济增长的强激励有两个基本原因：第一是行政分权，中央政府从 20 世纪 80 年代开始就将很多经济管理权限下放到地方，比如项目审批和投资方面的权力以及 20 世纪 90 年代实行的土地有偿使用制度改革等，大规模的放权大大增强了地方政府相对自主的经济决策权，这也使得地方政府拥有相应的经济管理权去进行大刀阔斧的改革，以达到自身的目标函数和利益诉求。在我国多层级、多地区的政府关系中，与中央政府更关心宏观走势、全局利益平衡和民生福利状况不同，在政治晋升锦标赛带来的晋升压力和标尺竞争带来的赶超压力下，地方政府更关心辖区经济和产业发展状况以及公众的就业和民生情况，而较少关注经济决策的外溢效应以及其他地区的公众福利。"攫取之手"会带来趋坏的竞争，如地方保护主义与市场分割、重复建设与产业同构、过度投资与过度竞争、宏观调控失灵、司法不公、地区收入差距扩大、环境恶化、"裙带资本主义"以及重基建轻民生和公共服务支出的结构偏向。第二是以财政包干为内容的财政分权改革，中央政府将很多财权下放到地方，而且实施财政包干合同，使地方政府可以与中央分享财政收入。1984年实施的利改税改革加大了地方政府对自主财力的掌控，这一改革延续了计划经济体制下的按企业隶属关系和属地进行税收征管的原则，地方国有企业和乡镇企业上缴的利润可以形成地方政府发展地区经济的预算外收入（张军，2007）。并且，财政收入越高，地方留存越多，其中预算外收入属于百分之百留存。以"分灶吃饭"为特点的财政包干制直接促进了20世纪80年代乡镇企业和地方国有企业的迅速发展。在财政包干改革的同时，中央对行政分权和市场化的改革思路一直得以坚持和深化，给财政放权提供了良好的政策空间。当然，财政包干制的这一分权改革也存在一些局限，比如中央对财政包干合同的可置信承诺一直困扰着地方政府。最核心的问题是，以财政包干为内容的财政分权改革使得"两个比重"[①]有所降低，不利于中央政府对整体经济的宏观调控。经过改革初期的放权让利，国家财政收入占GDP的比重由1978年的31.1%下降到1993年的12.3%，中央财政收入占总财政收入的比重由1984年的40.5%下降到1993年的22.0%（孙秀林和周飞舟，2013；吕炜等，2019）。

因此，党的十四届三中全会提出的自1994年开始实施分税制改革正是在这一背景下应运而生的。一方面，通过重新划分中央与地方之间的事权和财权，扭转了"两个比重"不断下降的局面，增强了国家财政汲取能力，巩固了中央的威权体制和宏观层面对经济的掌控能力（王绍光，1995）；另一方面，通过设立国税和地税两套税收征管系统[②]，对属于中央和地方的税收收入分开征收并且按税收种类分税而非按企业隶属关系划分收入，从而弱化了地方政府与辖区内企业税收的联系。中华人民共和国成立以来，政府间财政体制关系的改革永远是围绕财力的分配和创造而展开的，基本上不涉及政府间事权的调整。分税制改革以后，中央政府上收了大量的财权，而分权格局主要体现在财政支出即事权的分权上。由于中央政府掌握着对收入即财权的控制权，所以这种分权在本质上是事权的下放和财权的部分上收。20世纪90年代分税制改革之后，这种"收入集权、支出分权"的特征更加明显。随着改革开放

---

① "两个比重"是指财政收入占GDP的比重和中央本级财政收入占总财政收入的比重。
② 2018年3月13日，第十三届全国人民代表大会第一次会议批准国务院机构改革方案，明确指出改革国税地税征管体制。本书中与此相关的表述遵从相关法律法规的原文。

的不断深入和市场化进程的不断推进，我们并没有看到地方政府从中国经济中大规模退出。

分税制改革对地方政府而言，无论是财政汲取能力还是所承担的公共职责都是一个分水岭，并且地方政府的财政支出能够占到70%以上，这一比例从国际比较的角度来看也是罕见的。从财政收入的角度来看，分税制改革无疑是一次集权式的改革，通过将中央与地方的税收分配比例固定化，一劳永逸地消除了上下级讨价还价的局面，而且通过这一比例调整将大部分财政收入集中到中央，极大地增强了国家对财政的汲取能力。然而，从财政支出的角度来看，分税制改革又是一次分权式的改革，因为中央政府将事权大量下放到地方政府，体现在行政性分权[①]上，主要包括两个方面：一是除了国防、外交和货币发行之外的几乎所有政府事务的执行权均在地方政府，事权高度分散在地方政府；二是因为中央政府监督和控制的困难，地方政府事实上享受大量的关于地方事务的自由裁量权。相关资料显示，分别以人员规模和财政支出衡量的地方政府相对规模均表明在中国经济社会大转型过程中地方政府发挥的作用至关重要（周黎安，2017）。

1.1.2　问题提出

从财政支出维度来看，分税制改革带来了一些意外后果，比如地方政府支出规模的过度膨胀，这与政府间财政关系的改革是分不开的。一方面，地方政府预算收入的减少导致基层政府的财政开支就等于人头开支，只有"吃饭"支出，没有"办事"支出，形成"吃饭财政"；另一方面，分税制改革后形成的转移支付制度由于存在支出结构偏向并且需要地方政府提供资金与之配套，预算约束非常僵硬，基层政府基本失去了安排预算支出的权力。由于存在"粘纸效应"（Flypaper Effect）[②]，转移支付的增加容易导致地方政府支出规模过度膨胀，这一现象尤其体

[①]　"行政性分权"是指地方政府在执行其职能时实际拥有的决定资源配置或影响政策实施效果的能力。

[②]　"粘纸效应"是指转移支付相对于本地的财政收入而言，会使得地方政府规模出现更严重的膨胀。其具体表现在相同财政收入的地区，转移支付比重更高的地区，地方政府规模越大，这一发现超出了瓦格纳定律（Wagner's Law）和公共财政理论的解释范围。因此，学术界将这一"反常"现象称为"粘纸效应"（Flypaper Effect）（Hines and Thaler，1995；Brennan and Pincus，1996；范子英和张军，2010）。

现在我国中西部地区。当然，同样的情况在其他国家也曾出现，比如美国州政府的地方政府规模在过去几十年出现迅速扩张，经验研究发现其中的一个主要原因就是中央政府对地方政府的转移支付有所增加（Logan，1986）。

改革开放以来，我国经历过大大小小七次的政府精简改革，主要从精简人员、机构数量入手，改革主要以机构的职能转变为核心，以实施简政放权和提高行政效率为目的。比较大型的政府精简改革分别发生在1982年、1998年、2003年、2008年和2013年。例如，1993年要求各级机关精简20%，1998年要求国务院和省级政府精简50%、省级以下精简20%的比例（高楠和梁平汉，2015）。然而，我国地方政府规模并未得到有效抑制，从1998年以后其规模增长呈现出加速趋势（范子英和张军，2010），这可能与1994年的分税制改革有关（周黎安，2017）。急剧膨胀的地方政府规模给地方财政带来巨大的压力，特别是县级层面，很多基层政府财政变为"吃饭财政"，县乡债务形势严峻，政权呈现"悬浮"状态，对产业发展的影响更加凸显。尤其是在面对2008年国际金融危机时，为了促进国民经济平稳较快发展，我国政府出台了一系列积极财政政策，如"四万亿经济刺激计划"等。伴随着赤字性财政政策的实施，我国政府支出尤其是地方政府的配套资金支出快速增长，并由此导致地方政府规模也急剧膨胀（杨子晖，2009）。2013年11月党的十八届三中全会通过的《中共中央关于全面深化改革的若干重大问题的决定》明确强调了加快转变政府职能，建设发展型政府的目标诉求。在此现实背景下，对地方政府规模与产业结构之间的关系问题展开深入研究显然具有重要的学术价值与现实意义。

从财政收入的维度来看，财权与事权的不匹配使得地方政府更多地偏好土地，形成了土地财政和土地金融模式的政府创收行为，以此进行城市化建设、促进辖区经济发展。随着地方政府规模的迅速膨胀，"吃饭财政"问题也加重了地方对预算外资金和非预算收入的极度依赖。预算外资金完全由地方政府自行分配，上级政府不参与分成。预算外资金来自对企业、农民和城市居民的各种收费收入，其规模在地区间差别很大，从而进一步加剧了各地区间人均支出水平和公共服务水准的差异性。除此之外，地方政府往往倾向于通过高价出让土地获得高额土地出让金，从而减轻分税制改革造成的地方财政压力（周飞舟，2006）。2004—2011年间，全国的土地出让收入增长了近5倍，年均增长率高达22%（郑思齐等，2014）；2003—2011年间，全国的城市土地出让收入占预算内收入的比例平均维持在50%~60%（Fang et al.，2016），土地出让收入在很大程度上已经成为地方政府补充财政的重要"攫取之手"（陈抗等，2002）。非预算收入除了一次性的土地出让收入外，地方政府还能够增加与土地出让有关的各种直接和间接税收。直接税收包括房产税、契税、耕地占用税、城镇土地使用税和土地增值税，这五项税收收入大致占了地方全部收入的15%（管清友和彭薇，2011）。随着开发区的大规模建设以及相应工业企业的陆续进驻，房地产业和建筑业的兴起还会带来包括增值税、营业税以及租金收入等在内的各种间接税收。

随着土地财政规模的不断扩大以及不规范的操作运营，一些城市甚至出现了无地可卖的窘境，并且其引起的土地城市化快于人口城市化的失衡现象普遍存在（冀云阳等，2019）。此外，建筑业和房地产业的快速发展导致的产业结构虚高、资源配置效率扭曲等问题也日益严重。于是，中央政府逐步削弱了地方政府征用土地的规模、范围和审批权限，为了避免政治寻租等现象，强制土地出让必须通过"招、拍、挂"的出让方式进入市场。与此同时，2011年以后预算外收入逐渐被纳入到预算内进行管理，伴随而来的营业税改征增值税等财税体制改革也进一步削弱了地方政府通过土地财政模式获取预算外收入的渠道。

体制成因和宏观经济波动导致土地财政模式已经不能完全满足地方政府促进产业升级、加快辖区经济发展的需要。尤其是在2008年金融危机之后，为应对危机带来的宏观经济波动，中央政府推出"四万亿经济刺激计划"，鼓励地方政府设立地方政府融资平台进行借债，融资平台公司数量急剧增加，融资平台空前繁荣。地方政府开始以土地作抵押和政府信用作担保向银行贷款，或是以发行城投债的方式负债融资，依靠融资平台为城市基础设施建设项目筹集资金并推进地方经济发展，这种土地融资方式称为"土地金融"。而土地金融模式下的一个典型现象便是地方政府债务的迅速扩张，使得土地金融成为地方政府债务积累的重要原因。融资平台在发挥融资功能的同时，也积累了大量的地方政府债务，尤其是在 2008 年前后，地方政府依靠融资平台获得的债务（以借款为主）规模之高、增速之快前所未有。危机之后地方政府融资平台的债务规模仍然保持着稳定的高速增长状态，到 2014 年底，地方政府融资平台的借款余额达到 10.87 万亿元，城投债的余额达到 1.75 万亿元。尽管中央政府不断通过各种行政手段来控制地方政府的债务融资渠道和债务规模，但是，地方政府仍然在 PPP、债务置换、信托、P2P 等领域不断进行各种负债融资模式的创新以满足辖区基础设施建设和经济发展的需要。

值得注意的是，中国式分权的制度背景下，关于地方政府的决策和行为偏好在产业结构变迁中发挥作用的已有研究相对较少，也没有得到系统的经验研究和理论阐述。尤其是基于地方政府财政收支视角，从财政支出维度来看的地方政府支出规模，以及从财政收入维度来看的地方政府基于土地的创收行为会对产业结构变迁产生怎样的影响？这是本书研究的出发点和落脚点。

具体来说，本书从以下三个方面进行考察：其一，从财政支出维度来看，由于"粘纸效应"的存在，分税制改革后形成的转移支付制度会进一步导致地方政府支出规模的迅速膨胀，造成"吃饭财政"问题十分严重。此时，地方政府支出规模会影响地方政府的财政收支结构，进而对产业结构产生显著影响。其二，从地方政府创收下的土地财政模式来看，分税制改革后，地方政府对预算外资金和非预算收入的依赖导致了土地财政的出现，而土地财政行为很可能是导致中国经济高速增长与服务业结构升级滞后并存的重要诱因。因此，需要进一步考察土地财政对服务业结构升级的影响。其三，土地金融模式下的一个典型现象便是地方政府债务的迅速扩张，尤其发生在 2008 年之后，地方政府的这种土地融资活动导致了融资平台公司的空前繁荣，从而使得土地金融成为地方政府债务积累的重要原因。因此，地方政府债务对产业结构合理化和高度化的影响值得进一步深究。

1.2 研究意义

面对人口红利和资源红利逐渐消退的经济新常态，如何通过全面深化政府体制改革、建设发展型和公共服务型政府释放制度红利和改革红利，从而助推产业结构转型升级是中国经济从高速增长阶段走向高质量发展阶段的必由之路，这不仅是重大的理论问题，也是重大的现实问题，具有重要的理论意义和现实意义。

1.2.1 理论意义

改革开放四十年的进程中，中国经济实现了堪称"奇迹"的高速增长。因此，从政府性因素视角出发，众多学者对中央政府和地方政府的行为决策在中国经济高速增长中发挥的作用进行了广泛研究。然而，GDP 的增长正是由各大产业的蓬勃发展构成的，其中，产业结构转型升级起到了巨大的推动作用。一方面，从政府性因素出发仅仅研究其对经济增长的影响是远远不够的。美国著名经济学家罗斯托（1960）就曾指出，经济增长并非仅仅是一个总量的增长，其本质体现在产业发展中主导部门的更迭和劳动力向着生产率更高的部门流动。换言之，经济增长的实质是产业结构向着合理化、高度化方向演进的过程。另一方面，新时期、新阶段下，加快产业结构调整、推动产业结构向中高端升级是转变经济发展方式的主攻方向（王立勇和高玉胭，2018），具体表现在发展生产率较高的先进制造业和现代服务业。产业结构的转型升级势必成为持续推进供给侧结构性改革、推动经济转向高质量发展阶段的关键所在。

经济新常态下，需要有效市场和有为政府互相配合，并且根据各个产业的具体特性，发挥市场在资源配置中的决定性作用（林毅夫，2017）。其中，地方政府有效作用的发挥也会受到以财政分权为核心的财政体制安排的影响。中国式分权的体制和格局赋予了地方政府剩余索取权以及促成了地方政府在产业发展和经济增长中的竞争，被认为是中国经济改革成功的基础性动力（周黎安，2007）。行政分权程度决定了地方政府经济管理权限和自由裁量权的大小，而财政分权水平在很大程度上决定了地方政府规模、地方政府的财政充裕程度和地方政府行为偏好，从而可能对产业结构转型升级和经济高质量发展产生重要影响。虽然"以收定支"曾经适应了计划经济体制的需要，但是，随着市场经济体制的逐渐成熟，分税制改革后的财政收支体系更适宜用"以支定收"来描述（高培勇，2001）。因此，本书以分权体制下的地方政府作为切入点，以地方政府财政收支为主线，结合产业结构高度化和合理化的度量内涵，从地方政府支出规模、地方政府创收下的土地财政行为和土地金融模式下的地方政府债务三个维度渐进式系统研究了财政收支视角下地方政府在产业结构变迁中发挥的作用，以期能够弥补现有理论分析的不足，为进一步从地方政府视角推进产业结构转型升级提供理论基础和经验证据。

1.2.2 现实意义

结合现有的研究成果和宏观经济现实，我们发现我国产业结构的转型升级及其变迁离不开地方政府的积极引导和有效配合，尤其体现在地方政府的财政收支上。具体来看，本书的现实意义主要体现在以下三个方面：

首先，产业结构不仅是衡量经济社会发展阶段的重要标志，也是对一国经济发展水平的客观反映。推动产业结构转型升级能够优化资源配置效率、减少资源错配、提升区域创新能力。尽管中国经济的发展取得了骄人的成绩，产业结构总体呈现出 Kuznets 事实，但是目前我国的产业结构仍然面临着严峻挑战，集中体现在外向发展层次低、产业发展质量问题突出、发展方式粗放、区域产业结构不合理、服务业升级滞后，以及由于"四万亿经济刺激计划"带来的产能过剩、产业同构问题严重。这些问题及矛盾直接制约着中国经济增长潜力的发挥。与此同时，产业结构所面临的这些约束性因素，俨然制约着产业结构向高度化和合理化方向演进（褚敏和靳涛，2013）。因此，新时期如何进一步优化产业结构对促进经济高质量发展具有重要的现实意义。

其次，地方政府不仅是产业结构转型升级和区域经济发展的直接推动者，同时也是改革开放过程中破除制度藩篱、深化体制改革、引领制度创新的关键力量。从地方政府视角来研究其对产业结构转型升级的影响，补充了现有研究产业结构变迁中政府性因素发挥作用相关文献的不足，丰富了产业结构变迁理论。对于既有文献的研究，传统理论往往基于市场性因素供给和需求两个角度来解释产业结构变迁的内生特征，在一定程度上忽视了政府性因素以及地方政府的制度安排在产业结构转型升级中的重要作用，尤其是在中国式分权的制度背景下讨论地方政府的行为偏好对产业结构转型升级的影响。国际经验表明，政府在产业结构变迁和经济增长中的作用并不一定都是正面的，在世界银行长期从事发展问题研究的著名经济学家 William Easterly 曾指出，在影响产业发展和经济增长的各种因素中，政府的无能、腐败和低效率对产业发展和经济增长产生了致命的危害，导致许多发展中国家经济停滞、产业滞后（Easterly，2001）。基于我国的经验研究中，关于地方政府在产业结构转型升级中的作用，学术界也一直存在争议。鉴于此，本书通过理论分析和系统阐述，使用城市层面的面板数据，基于地方政府财政收支视角，渐进式实证研究了地方政府支出规模、地方政府的土地财政创收行为和土地金融模式下的地方政府债务三个维度对产业结构变迁的影响，运用多种方法检验了地方政府促进或是抑制产业结构转型升级的作用及途径，并进行了相应的机制分析和讨论，能够在一定程度上澄清产业结构变迁中地方政府发挥作用有效性问题的争论，重新审视中国式分权的制度背景下我国产业结构的变迁过程。

最后，本书的研究视角、相关的研究内容和机制讨论能够弥补现有实证研究的不足。第一，现有文献往往仅局限于讨论地方政府的财政支出及其支出结构偏向在产业结构转型升级中的作用，却忽视了分税制改革以来地方政府规模迅速膨胀的典型事实。一方面，由于"粘纸效应"的存在，地方政府规模的大小往往能够反映中央对地方的专项转移支付力度的大小（范子英和张军，2010）。同时，限于我国"以支定收"的客观事实，地方政府规模的大小也能够反映地方政府的公共财政收入和支出行为。另一方面，地方政府规模的增长可能引发行政效率低下，挤出效应以及寻租腐败等负面效应影响产业结构变迁以及溢出效应的发挥

（周黎安和陶婧，2009）。中国经济发展到现在，面对经济新常态，迫切需要政府体制改革的协同推进，转变政府职能、提高行政效率。在我国深化改革实现经济转型、产业结构转型的关键阶段，研究地方政府在产业发展中的适度支出规模和行政规模对于保持经济可持续发展、促进产业结构转型升级至关重要，也对我国转变政府职能、深化地方政府体制改革具有重要的参考价值和借鉴意义。第二，基于财政收入视角的研究往往忽视了地方政府预算外资金①存在的客观事实。改革开放之后，预算外收入日益成为地方政府各项支出的重要来源，就其性质而言，预算外收入是国家为了刺激各个地方政府和部门发展经济、举办营利性活动的积极性，而留给地方和部门的机动财力和财权。分税制改革之后，财权层层上收，事权层层下移，并且地方政府还有大量的资金配套任务。所幸的是行政分权改革使得地方政府拥有大量自主的经济管理权限，在政治锦标赛的晋升压力下，地方政府有能力也有动力进行大刀阔斧的改革，而土地财政模式和土地金融模式也在这样的制度背景下衍生出来。分权体制下，地方政府基于土地的行为偏好在很大程度上左右着产业结构转型升级的方向和力度。

1.3　研究内容与研究框架

1.3.1　研究内容

本书采用严格的理论与实证方法，将地方政府作为研究的出发点，以地方政府的财政收支为主线，渐进式分析了中国式分权的制度背景下地方政府支出规模的影响和地方政府基于土地的行为偏好，包括土地财政行为和土地金融模式下的地方政府债务，为重新审视我国产业结构变

---

① 预算外资金是指国家机关、事业单位和社会团体为履行或代行政府职能，依据国家法律、法规和具有法律效力的规章而收取、提出和安排使用的未纳入国家预算管理的各种财政性资金，具体包括地方财政部门掌握的预算资金（企业的折旧基金）、行政事业单位的收费收入以及企业掌握的各项专用基金等（周黎安，2017）。从1986年开始，我国政府明文将完整的财政资金切割为预算内和预算外两大块，并明确规定了预算外资金的所有权和使用权归属地方政府、部门和单位，中央不参与分配，也不支配其使用，形成了事实上国家预算的双轨制。在预算内，地方与中央进行财政分成，而在预算外，地方创造的收入百分之百归地方政府、部门和单位所有，其支出也享受充分的自主权。

迁过程中地方政府发挥的重要作用提供了一个崭新而系统的分析视角和研究框架。本书共分为7章，各章节的主要内容如下：

第1章，绪论。绪论部分主要包括选题背景与问题提出、研究意义、研究内容与研究框架、研究方法与研究创新。这部分简明扼要地梳理了本书的全貌，是快速了解全书的窗口。

第2章，理论基础和文献综述。该部分主要就产业结构变迁、分权体制下的地方政府财政收支，以及两者之间关系的相关理论进行了相应介绍，其间穿插了相关文献的梳理和评述。首先，回顾了产业结构变迁的相关理论，对影响产业结构变迁的因素进行文献综述。其次，对地方政府的组织架构和中国式分权的内涵进行说明。再次，阐述了分权体制下地方政府的相关理论与文献综述，包括分权体制下的地方政府规模、分权体制下地方政府的土地财政和土地金融行为。最后，从三个不同维度梳理了地方政府财政收支影响产业结构变迁的文献，并进行了总结性评述，指出了现有文献的不足以及可值得拓展的研究空间。

第3章，我国产业结构变迁的测度、历史沿革与发展现状。首先，对现有文献中产业结构变迁的测度进行归纳，并且简要介绍了本书所采用的测度方式，同时分别对相关概念和相关现象进行界定和说明。其次，介绍了我国产业结构变迁的历史沿革，主要分为四个阶段，即计划经济下重工业优先发展阶段（1949—1977年）、纠正失衡和产业协调发展阶段（1978—1997年）、市场经济体制确立下内外需扩大和产业结构升级阶段（1998—2012年）以及经济新常态以来产业结构调整阶段（2013年至今）。最后，分别对地方政府引导和干预下产业结构变迁过程中取得的成就和产业发展中所面临的现实问题进行了总结和概括，客观呈现了我国产业结构变迁的历史进程和发展现状。

第4章，地方政府支出规模影响产业结构的非线性特征。由于"粘纸效应"的存在，分税制改革后形成的转移支付制度会进一步造成地方政府支出规模的迅速膨胀，使得"吃饭财政"问题十分严重。此时，地方政府支出规模会影响地方政府的财政收支结构，进而对产业结构转型升级产生显著影响。本章将地方政府财政支出规模上升到地方政府规模变动的视角进行论述，进一步深化了研究内容。本章基于2003—2015

年中国282个地级及以上城市的面板数据，构建多因素面板平滑转换模型（PSTR模型）对地方政府规模与城市产业结构之间存在的非线性特征进行了实证检验。研究发现：（1）地方政府规模和城市产业结构之间确实存在明显的门限效应且具有连续平滑的转换机制；（2）地方政府规模对城市产业结构所产生的促进作用随着经济发展水平的提高而不断减弱，并且其过度膨胀后对产业结构升级的最终影响效应为负，改变变量的测算方法以及异质性分析再次验证了基本结论；（3）进一步的机制分析结果表明地方政府规模通过正向的投资潮涌效应和负向的创新驱动效应作用于城市产业结构。

第5章，土地财政对服务业结构升级的影响。与发达国家和一些新兴市场国家相比，中国经济高速增长进程中存在着服务业结构升级滞后的现象。本章基于2006—2015年中国地级市面板数据，尝试从分权体制下地方政府的土地财政收支行为视角去解释这一悖论，并运用SYS-GMM估计方法和中介效应模型实证检验了土地财政对服务业结构升级的影响及传导机制。研究发现：（1）地方政府对土地财政的依存度增加会显著抑制生产性服务业和高端服务业的结构升级，在加入可能对估计结果产生干扰的控制变量，同时更换指标和样本的情况下，结论依然稳健；（2）进一步的交互作用发现财政分权程度和市场化水平的提高会显著减弱这一负向影响；（3）分样本回归的结果表明土地财政对服务业结构升级的负向效应在中西部地区和2008年金融危机之后更加明显；（4）要素错配视角下，中间机制检验显示土地财政会造成土地资源错配和城市化失衡，并且抑制创新，最终导致服务业结构升级滞后。

第6章，地方政府债务扩张与产业结构转型升级。近年来，地方政府债务的急剧膨胀引起了广泛关注，而债务扩张导致的产业结构效应，现有研究往往语焉不详。本章创新性地将2005—2014年地方政府融资平台债务数据加总到城市层面，讨论了地方政府债务对产业结构转型升级的影响及其内在逻辑机制。研究发现：（1）债务扩张与产业结构高度化和合理化之间均存在显著的倒U型关系，即适度的债务规模能够促进产业结构高度化和合理化，但过度扩张会产生抑制作用，通过多种稳健性检验，并且更改估计方法、构造工具变量等内生性问题处理后，结论依然成立；（2）细分行业视角下，以就业份额衡量的产业结构内部特征也支持这一论证；（3）异质性分析表明这一关系显著存在于高债务省份，而在低债务省份主要影响产业结构合理化水平，并且负向影响主要体现在 2008 年金融危机之后；（4）进一步的机制分析发现债务扩张通过正向的投资潮涌效应和负向的要素价格扭曲效应作用于城市产业结构，导致其整个样本期内存在倒 U 型分布。

第 7 章，结论、建议与展望。在前文各章节研究的基础上，对全书研究的主要结论和观点进行了总结和概括，并给出了从地方政府出发，进一步促进我国产业结构顺利转型升级的政策建议。此外，这部分还说明了本书研究内容的不足以及未来的研究展望。

1.3.2 研究框架

本书在梳理国内外相关理论和文献的基础上，结合中国式分权制度背景下的地方政府行为和产业结构变迁的特征事实，确定了本书的研究主题、研究视角、研究方法和研究框架。图 1-1 呈现了本书的主要研究思路和分析框架。

1.4 研究方法与研究创新

1.4.1 研究方法

本书基于经济学相关理论和前沿文献，结合规范分析方法和计量经济分析方法，基于财政收支视角，从地方政府支出规模、地方政府的土地财政创收行为、土地金融模式下的地方政府债务等三个不同维度渐进式系统分析了分权体制下我国地方政府对产业结构变迁的影响及机制。针对上述研究内容，本书主要采用了如下研究方法：

第一，文献归纳与历史分析相结合的方法。本书主要深入研究和探讨了分权体制下地方政府的财政收支活动及其对产业结构变迁的影响和机制，其中内容涉及地方政府的组织架构、中国式分权的核心内涵、产业结构变迁的相关理论和概念界定以及影响机制与对策建议等主要问

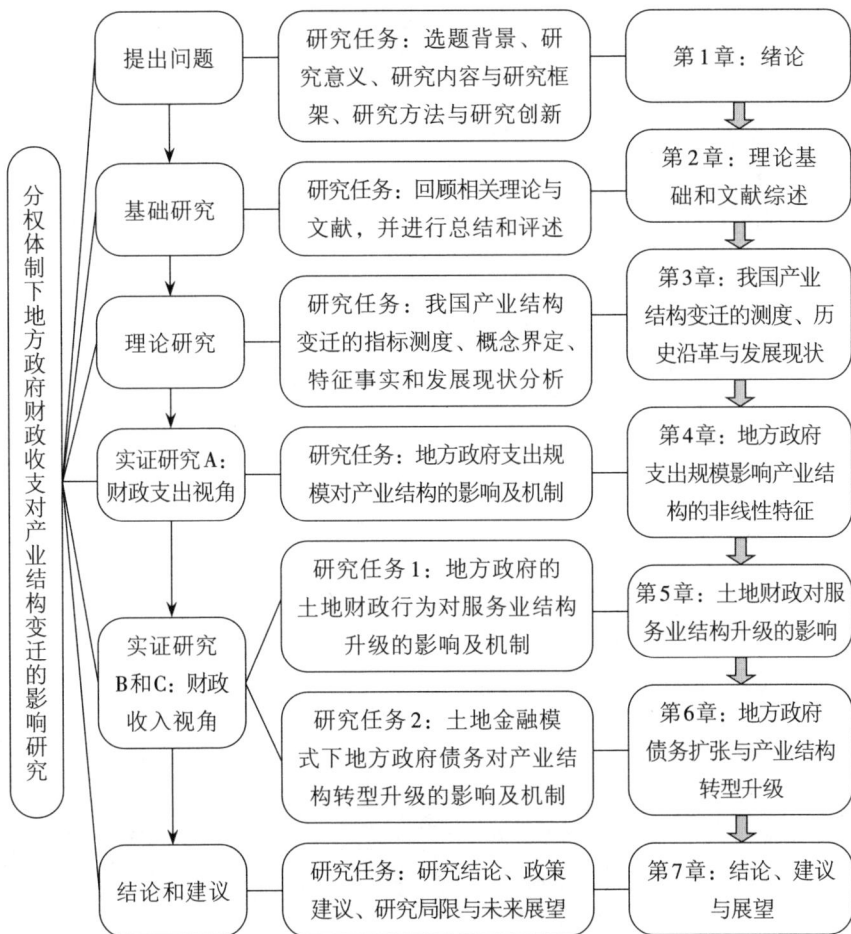

图1-1　本书的研究思路与分析框架

题。首先，为了充分了解和掌握相关的理论进展和前沿问题，本书广泛查阅了国内外相关的文献资料，通过对大量文献资料的阅读、分析、梳理和归纳总结，充分界定了产业结构变迁的具体内涵和测度方式，提出需要研究的相关前沿性问题。其次，基于历史分析法对我国产业结构变迁的历史沿革和发展现状等典型特征事实进行了梳理，加深了对地方政府在其中发挥重要作用的深刻认识，为进一步从财政收支视角进行考察提供了基于全局的分析架构。

第二，规范分析和实证分析相结合的方法。在各章节的实证研究中，本书不仅在理论层面进行定性分析，通过逻辑推理和归纳演绎得出理论假设，还尽可能地通过构建数理模型的分析范式对假设从理论层面进行验证。例如，本书第5章中，通过借鉴 Baumol（1967）、李勇刚和王猛（2015）所构建的理论模型分析框架，将土地作为重要的生产要素引入模型中，构建简单的三部门动态非均衡增长模型，探究土地财政对服务业结构升级的影响。由于理论推演和数理模型高度抽象，因此需要通过现实数据做出进一步的实证检验。本书将规范分析与实证分析相结合，通过构建多因素面板平滑转换模型（PSTR 模型）、线性回归模型、中介效应模型、动态面板模型，以及采用最小二乘估计（OLS）、工具变量（IV）下的两阶段最小二乘估计（2SLS）、系统广义矩估计（SYS-GMM）等多种计量分析方法从实证层面验证逻辑推演和数理模型得出的理论假设是否正确，从不同角度实证研究了地方政府对产业结构变迁的影响，使得各章节得出的研究结论更具可靠性和稳健性。

第三，对比分析研究法。首先，与现有研究大多采用线性设定下的计量模型检验变量之间的因果关系不同，本书通过将线性与非线性分析相结合的方法，采用非线性设定下更具一般意义的 PSTR 模型，主要探究了变量之间的非线性关系；其次，由于产业结构变迁的测度方式没有相对统一的标准，因此，在不同模型设定下，本书不仅研究了地方政府对产业结构高度化和合理化的线性或非线性影响，还分析了地方政府对制造业和服务业结构升级的线性或非线性影响；最后，在本书的实证检验中，着重分析了不同地区或者不同时期的差异化影响，也进行了相应的异质性分析，据此探讨不同情形下地方政府对产业结构变迁的作用差异，从而得出本书的研究结论。

1.4.2 研究创新

本书在现有关于产业结构变迁成因问题的研究基础上，通过机制梳理和实证检验，其创新点体现在以下三个方面：

（1）研究视角方面。中国式分权体制下，一方面，关于地方政府的决策和行为偏好在产业结构变迁中发挥作用的相关研究相对较少，也没有得到系统的经验研究和理论阐述；另一方面，已有基于财政收入视角的研究大多考察税收的产业结构效应，却较少考虑分权体制下地方政府增加自身财政收入的理性选择和行为偏好。因此，与已有研究视角不同的是，本书财政收支视角主要结合了中国式分权体制背景，考虑更多的是地方政府财政收支行为。鉴于此，本书采用严格的理论与实证分析方法，将地方政府作为研究的出发点，以地方政府的财政收支为主线，解析了分权体制下地方政府支出规模和基于土地的地方政府创收行为（土地财政和土地金融）对产业结构变迁的影响及作用机制。因此，本书关于产业结构变迁相关影响因素领域的理论和实证研究不仅丰富了已有的理论框架和知识体系，而且为重新审视我国产业结构变迁过程中地方政府发挥的重要作用提供了一个崭新而系统的分析视角和研究框架，也为后续的进一步研究奠定了理论基础。

（2）研究内容和研究机制方面。具体而言，在实证检验的相关章节中，本书基于现有文献中暂未涉及的不同研究内容和研究机制而展开。首先，本书第4章中，在研究思路上不同于以往仅仅从财政支出角度来考察产业结构升级的效应，而将其上升到地方政府规模变动的视角进行分析；在实证方法上也不同于以往的回归分析，而采用 González et al. (2005) 提出的多因素面板平滑转换模型（PSTR 模型）来验证地方政府规模变动与城市产业升级之间可能存在的非线性特征；基于中介效应模型，进一步验证了其影响机制。其次，本书第5章中，基于 Baumol (1967)、李勇刚和王猛（2015）的研究，创新性地构建了简单的三部门动态非均衡增长模型，从理论和实证层面研究了地方政府基于土地财政的创收行为对服务业结构升级的影响，并丰富了其影响机制分析。最后，本书第5章中，一方面首次从产业结构高度化和合理化两个维度系统分析了地方政府债务扩张引致的产业结构效应，并从细分不同行业性质就业份额视角深入产业结构内部特征进行考察；另一方面进一步从时间维度和地区层面讨论了债务扩张存在的异质性，并分析了非线性关系存在的机制，深化了对产业结构效应的认识。

（3）研究数据方面。首先，本书选择地级市数据作为研究的样本。一方面，分税制改革以来，财政缺口的日益增大迫使地方政府开始了"以地谋发展"模式，通过"经营城市"推动辖区经济发展。而地级市处于我国行政层级的中间位置，更贴近县乡等基层政府，起到了上传下达的作用，能够更好地代表地方政府。另一方面，地级市数据指标较为全面，样本更为细化，从计量理论上来看更具大样本性质，估计结果也较为稳健。其次，在实证研究方面，与以往文献大多采用城投债口径来度量地方政府债务水平不同，本书借鉴 Huang et al.（2020）的方法，将地方政府融资平台公司的总负债加总到地级市层面作为量化地方政府债务的指标，以更加接近于真实的债务水平。

第 2 章　理论基础和文献综述

在正式进行全书的论述和分析之前，我们首先需要厘清以下几个问题：产业结构变迁包括哪些相关理论，并且已有研究进展如何？基于财政收支视角下地方政府存在哪些行为？地方政府的行为偏好与中国式分权体制存在哪些内在的必然联系？地方政府如何在产业结构变迁中发挥作用？鉴于此，本章对相关的理论基础、概念界定以及国内外已有文献的研究进展进行梳理和总结，为本书后续的理论分析和计量检验提供可借鉴的研究基础。

2.1　产业结构的相关理论与文献综述

2.1.1　产业结构变迁的相关理论回顾

20世纪30年代以来形成的现代产业结构理论，为产业结构转型升级提供了一定的理论依据。按照是否考虑外贸因素影响，我们可以将产业结构的相关理论划分为封闭型产业结构理论和开放型产业结构理论，以及最新发展起来的新结构经济学理论。

2.1.1.1 封闭型产业结构理论

封闭型产业结构理论一般不考虑外贸和国际经济环境因素对本国产业结构变迁的影响和作用，主要的代表性理论是配第-克拉克定理、霍夫曼定理、库兹涅茨法则和钱纳里工业化阶段理论。

早在17世纪，英国统计学家威廉·配第（William Petty）发现世界各国国民收入水平的差异和经济发展呈现不同阶段的关键原因是产业结构的不同。其后，20世纪40年代，经济学家科林·克拉克（Colin Clark）通过对20多个国家和地区不同时期三次产业劳动投入和产出资料的整理和比较，在吸收并继承配第关于产业结构理论观点的基础上，总结了劳动力在三次产业中的结构变化与人均国民收入的提高存在一定的规律性。考察发现：随着社会经济的发展，第一产业国民收入和劳动力的相对比重逐渐下降，其后，第二产业国民收入和劳动力的相对比重上升，经济进一步发展，第三产业国民收入和劳动力的相对比重也开始上升。这也是最早关于就业结构和产业结构相互关系的系统性研究，被称为"配第-克拉克定理"。这一定理揭示了三次产业发展的规律，即随着经济发展水平的提高，第二产业和第三产业将成为国民经济的主导产业。

20世纪30年代初，德国经济学家霍夫曼（Waltber Hoffmann）对20多个国家和地区1880—1929年（工业化早期和中期）消费品工业和资本品工业比重的经验数据进行归纳，在其出版的《工业化的阶段和类型》一书中提出了著名的"霍夫曼定理"。该定理指出，资本资料工业在制造业中所占比重不断上升并超过消费资料工业所占比重。霍夫曼比例为制造业中消费资料工业净产值与资本资料工业净产值比值。针对霍夫曼比例的不同，其将工业化过程划分为5（±1）、2.5（±1）、1（±0.5）和1以下四个发展阶段。霍夫曼通过对各国工业化过程中消费品工业（轻工业）和资本品工业（重工业）的相对地位变化进行统计分析，发现各国工业化基本都呈现出相同的趋势，即霍夫曼比例会出现不断下降的趋势。霍夫曼定理主要阐述了各国工业化进程中重工业化阶段的演变情形，对于将重工业确定为国民经济的基础产业和支柱产业具有一定的理论指导意义。然而，这一定理是建立在先行工业化国家早期增长模式之上的，其对工业化进程中经济结构变化的研究主要基于工业和农业两个部门的理论框架，因此，在包括服务业部门的现代经济中未能得到很好的验证。

美国著名经济学家西蒙·库兹涅茨（Kuznets，1949，1957）在配第和霍夫曼等人研究的基础上，首次规范定义了产业结构和国民收入，并将三次产业划分为农业部门、工业部门和服务业部门，从劳动力和国民收入两个方面综合分析了产业结构的变化趋势，这为产业结构变迁后续的理论研究奠定了基础。库兹涅茨指出，无论是用就业结构还是用产出结构来衡量，产业结构转型都会呈现出以下特征事实：伴随着经济发展，第一产业国民收入比重或劳动力比重下降，第三产业国民收入比重或劳动力比重上升，第二产业国民收入比重或劳动力比重先上升后缓慢下降。这一事实总体而言是对配第-克拉克定理的继承和发扬，其得出的结论被归纳为"库兹涅茨法则"。

在以上学者研究的基础上，为进一步深入研究产业结构变迁的一般趋势，霍利斯·钱纳里等人（Chenery et al.，1986）基于9个标准工业化国家或地区的数据，综合运用投入产出法、一般均衡分析方法以及计量模型实证检验了多个国家或地区经济增长和产业结构变迁的关系，在《发展的格局（1950—1970）》一书中提出了著名的"标准产业结构"，即根据人均GDP标准，将产业结构发展阶段分为初期、中期和后期3个时期6个阶段，而从任何一个发展阶段向更高一个阶段的变迁都是通过产业结构转化来推动的。与此同时，他们指出在工业化不同发展阶段，影响产业结构各种因素的相对重要性也不完全相同，而不同国家或地区的结构转型会受到该国的资源禀赋、初始结构以及所采取的产业政策的影响。表2-1列出了工业化不同发展阶段的标志值，参照郭克莎（2000）和刘伟等（2008）的研究，对人均GDP按1964年、1970年和2005年购买力平价（PPP）折算后以美元计。从表中产业结构变迁的6个细分阶段可以看出，前四个阶段是从不发达经济体到成熟经济体的过渡阶段，而后两个阶段制造业内部结构由以资本密集型产业为主导向以技术和知识密集型产业为主导转换，并且第三产业内部开始分化，知识密集型产业开始从服务业中分离出来。这一时期的经济体已具备成熟工业经济体的特征,以2005年不变价的美元计,已达到甚至超过了10 584美元,并且第一产业就业份额控制在10%以下,人口城镇化率超过75%。

表2-1 工业化不同发展阶段的标志值

基本指标		前工业化阶段	工业化实现阶段			发达经济阶段	
		农业	工业化初期	工业化中期	工业化后期	后工业化社会	现代社会
			劳动密集型	资本密集型		技术密集型	知识密集型
人均GDP	1964年美元计	100~200	200~400	400~800	800~1 500	1 500~2 400	2 400以上
	1970年美元计	140~280	280~560	560~1 120	1 120~2 100	2 100~3 360	3 360以上
	2005年美元计	706~1 411	1 411~2 822	2 822~5 645	5 645~10 584	10 584~16 934	16 934以上
三大产业产值比较		A>I	A>20%,且A<I	A<20%,且I>S	A<10%,且I>S	A<10%,且I<S	—
第一产业就业份额		60%以上	45%~60%	30%~45%	10%~30%	10%以下	—
人口城镇化率		30%以下	30%~50%	50%~60%	60%~75%	75%以上	—

注:A、I和S分别代表第一产业、第二产业和第三产业增加值占GDP的比重。

2.1.1.2 开放型产业结构理论

经济全球化背景下,考虑到国际分工和出口贸易对产业结构的影响而发展起来的理论可以归纳为开放型产业结构理论,主要的代表性理论是比较优势理论、要素禀赋理论、动态比较费用论、雁行形态论和主导产业理论。

英国经济学家大卫·李嘉图(David Ricardo)在其代表作《政治经济学及赋税原理》一书中基于亚当·斯密的绝对优势理论,采用两个国家、两种商品和一种要素(劳动力)的分析模型,指出决定国际贸易的因素是两个国家商品的相对劳动成本,而不是生产这些产品所需要的绝对劳动成本,而比较优势实际上取决于劳动生产率的相对水平。比较优势理论的核心是每个国家都应根据"两利相权取其重,两弊相权取其轻"的原则,集中生产并出口其具有"比较优势"的产品,进口其具有"比较劣势"的产品,通过自由交换,既可以发挥各自的长处,又可以提高整体的福利效应。然而,这一理论仍然存在一些不足,仅仅从劳动成本的相对差异进行分析，既没有进一步解释造成各国劳动生产率差异的原因，也没有指出各国未能进行完全产业专业化分工的原因。

两位瑞典经济学家赫克歇尔（Eli Heckscher）和俄林（Bertil Ohlin）从要素禀赋差异角度解释了国际贸易和国际产业分工的起因和影响，又称为 H-O 定理，后经萨缪尔森（Paul Samuelson）等人不断加以完善。要素禀赋理论基于比较优势理论的分析框架引入了另一种生产要素——资本，基于 2×2×2（两个国家，两种商品，劳动力和资本两种生产要素）模型进行分析，模型中要素禀赋主要是指该国拥有的两种生产要素的相对比例。通过模型分析发现，两国在进行贸易时由于要素禀赋的不同，导致供给能力的差异，进而引起商品相对价格的不同。因此，要素禀赋理论指出一国出口密集使用其丰富要素的产品，进口密集使用其稀缺要素的产品。由此引申出某一商品相对价格的上升，将导致该商品密集使用的生产要素的实际价格或报酬提高，而另一种生产要素的实际价格或报酬则下降。从而，通过贸易会导致两国生产要素价格均等化，有利于两国收入分配更加平等。在国际贸易领域，最著名的两个基础理论便是比较优势理论和要素禀赋理论，因为两者涉及劳动生产率的相对差异和国际产业分工的前提。并且，这为我国改革开放后发展以出口制造业为主的外向型经济和引进先进技术发展资本密集型产业提供了理论依据。

日本经济学家筱原三代平在借鉴比较优势理论的基础上于 1955 年提出了著名的动态比较费用论。该理论将传统的比较优势理论动态化，强调了产业政策和贸易政策的协调，从而实现产业结构升级和比较优势转换。他认为每个国家的经济发展过程是动态的，在这一过程中生产要素禀赋也会发生变化，尤其对于后进国家来说，如果政府以增强国际竞争力为目的，扶持和促进国内重点产业的发展，那么通过借助国家的干预力量，将某些产业的产品在生产要素禀赋变化的基础上由比较劣势转化为比较优势，将极大地改变该国在国际产业分工中的地位，从而获得动态的比较利益。与此同时，筱原三代平从日本的实际情况出发，提出了"收入弹性基准"和"生产率上升基准"作为指导日本产业结构规划的基本准则。"收入弹性基准"是指选择将收入弹性高的产业作为优先发展产业，这些产业发展前景良好，具有丰厚的利润空间。而"生产率上升基准"是指选择优先发展生产率上升快、技术进步率高的产业作为受保护的幼稚产业。日本政府依据动态比较费用论的观点制定了若干产业政策并在实践中取得了成功。最为典型的例子便是日本的汽车产业，由于受到政府的扶持和保护，经过短短二十几年的发展，日本的汽车产业拥有了比较优势，成为第一大出口产业。

从国际产业分工和产业转移来看，后发国家和先行国家之间呈现出如雁行般的现象，这便是日本经济学家赤松要提出的著名的产业发展模式——雁行形态论（Flying Geese Paradigm）。其具体的理论内涵是随着一国产业结构和动态比较优势的变化，国内特定产业的生命周期会经历"国外引进—国内生产—产品出口"三个阶段，从而使得后发国家实现产业结构工业化、重工业化和高加工度化。如图2-1所示，这一过程在图形上呈现倒"V"型，如同群雁在空中飞翔一般，故称为"雁行形态论"。图中的"第一只雁"表示由于后发国家国内产业结构薄弱，市场开放后，将大量进口国外优质产品。而随着进口的刺激，国内的市场逐渐发展，通过引进先进技术和管理经验，开始进行国内生产，这一过程由"第二只雁"来表示。"第三只雁"代表国内培育出了该产业的比较优势，生产的产品开始出口其他国家。这一理论最开始用来解释日本产业呈现出的雁行形态发展模式，而后也多被用来说明东亚和南亚各个新兴国家国内产业从一国向另一国的雁行转移，从而形成的产业结构变化和国际分工模式。从我国的具体国情出发，幅员辽阔、地貌特征复杂多样，区域间经济发展、产业布局差异较大，这就形成了我国国内的"雁阵战略"。我国中西部地区积极承接东部的产业转移，工业化速度加快；而东部地区的产业发展进一步向更合理的结构转型升级。

基于国际产业发展和产业关联视角，美国经济学家罗斯托（Walt Whitman Rostow）在《主导部门和起飞》（1998）一书中，开创性地研究了主导产业问题，提出了产业扩散效应理论和主导产业的选择基准，即"罗斯托基准"。他强调了经济发展中应选择具有较强扩散效应（前瞻、回顾和旁侧）的产业作为主导产业，要重视发挥主导产业的扩散效应，将主导产业的比较优势辐射至产业关联链上的各个产业，以带动整

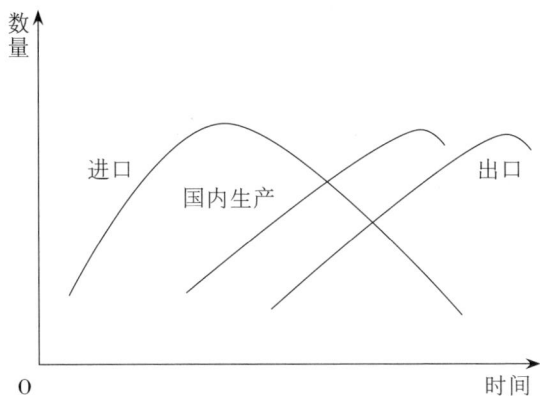

图2-1 雁行形态产业发展模式

体产业结构的优化升级。与此同时，罗斯托将经济成长的过程划分为六个阶段：传统社会阶段、为"起飞"创造前提阶段、"起飞"阶段、成熟阶段、高额群众消费阶段和追求生活质量阶段。这些理论不仅揭示了产业结构中主导产业对关联产业的带动作用，也表明在经济发展的追求生活质量阶段现代服务业将成为主导产业的一般规律。这也为中国经济高质量增长阶段大力促进现代服务业和高端制造业的融合发展提供了理论依据。

2.1.1.3 新结构经济学理论

林毅夫（2012）提出的新结构经济学（New Structural Economics），通过综合开放型和封闭型产业结构理论，并且在比较优势和要素禀赋结构理论基础之上，从市场和政府互动视角探究其在中国以及其他发展中国家的产业结构变迁过程中发挥的作用。该理论以企业自生能力为微观分析基础，认为经济和产业发展是一个动态的结构变迁过程，不仅需要依靠"有效的市场"来形成能够反映要素稀缺性的价格体系以诱导企业按比较优势来选择产业、技术从而形成竞争优势，也需要"有为的政府"来解决结构变迁过程中必然出现的外部性问题和软硬基础设施完善的协调问题。

与原结构经济学相比，新结构经济学指出了市场在资源配置中的核心作用，而政府在产业多样化和产业升级过程中的作用，应被限制在提供新产业的信息、协调同一产业中不同企业的关联投资、为先驱企业补偿信息外部性，以及通过孵化和鼓励外资来培育新产业，以帮助企业进行产业升级。其中，"有为的政府"不仅包括中央政府，也包括地方政府。此外，新结构经济学理论还强调了发展中国家的产业升级过程必须与该国比较优势（物资资本、人力资本的积累以及要素禀赋结构的变化）相一致，才能确保新产业中的企业具备自生能力。

新结构经济学倡导以新古典的方法来研究经济发展过程中产业结构及其变迁的决定因素（Kuznets，1966），强调经济体发展中的比较优势是动态可变的，主张每一时点的产业结构应该内生决定于该时点上劳动力、资本和自然资源的相对丰裕程度，即该时点给定的要素禀赋结构①。因而，如果仅仅依靠对现有产业投入更多的劳动力或物资资本来实现经济绩效的提升，那么经济最终将面临规模报酬递减，从而偏离比较优势。因此，一国如果想在技术发展的阶梯上不断爬升，必须改变当前的要素禀赋结构。随着资本的积累、劳动力素质的提高以及技术和管理经验的丰富，经济的要素禀赋结构不断演进，从而推动其产业结构偏离此前的要素禀赋结构决定的最优产业结构。

新结构经济学理论是林毅夫在反思20世纪80年代政府以被现代主流经济学理论认为的非理性的行政手段来治理高通货膨胀这一看似不合理的治理方式的合理性之后，形成并逐渐丰富的一个有别于西方主流经济学理论的体系框架，用于解释中国和其他发展中国家经济发展和产业结构转型过程中的诸多现象。该理论认为，中国应该实行比较优势战略，并在转型过程中创造条件解决传统部门中企业自生能力不足的问题，消除双轨制遗留下来的扭曲，以建立完善的市场经济体系。

2.1.2 产业结构变迁的影响因素

总体来看，供给和需求是影响产业结构变迁的重要因素，并且在中国经济的发展过程中，政府干预和大国经济的特点表现得尤为明显。因此，通过对现有文献的梳理，本章将诸多因素归纳为供给性、需求性和政府性因素等三个方面，以进一步揭示本书的研究视角和研究内容。其

---

① 关于这一命题的具体数理模型推导，可参考鞠建东、林毅夫和王勇合作的论文（Ju et al.，2015）。

中，供给性因素主要包括：技术进步、自然条件和资源禀赋、人口结构和人力资本等；需求性因素主要包括：需求结构变化、市场环境、国际贸易和国际投资等。

2.1.2.1 供给性因素

（1）技术进步。科学进步和技术创新是推动一国产业结构变迁的最主要影响因素之一。从要素禀赋理论来看，一旦技术发生变革，必定会导致禀赋结构、比较优势和生产率发生变化，进而推动产业结构变迁。技术进步对产业结构升级的促进作用是巨大的，Ngai and Pissarides（2007）构建了一个多部门技术增长率差异化的理论模型，研究发现经济结构发展转变以及产业结构变迁主要取决于不同部门之间的替代弹性以及各个部门的技术增长率。传统的供给理论主要以要素投入和资源配置效率提高为主，着眼于各行业生产技术方面的差异，即存在鲍莫尔效应（Baumol，1967）。如果行业间存在不同的技术进步率且具有一定的互补性，这将引起产品的相对价格变动，进而对要素的需求也会发生变化，从而推动劳动力在不同部门之间的流动，因此产业结构将随着技术进步而发生变动。与此同时，如果不同部门所使用生产要素的要素密集度不同，那么即使技术进步率相同，也会引起产品相对价格的变化，影响要素的行业分配进而推动产业结构转型（Acemoglu and Guerrieri，2008），即存在要素密集度效应。我国国内的研究中，孔宪丽等（2015）定量测算了中国33个工业行业技术进步偏向的方向和程度，研究发现与要素禀赋结构相一致的技术选择和创新投入结构将进一步提升工业结构调整的效率。

（2）自然条件和资源禀赋。一个国家的自然条件和资源禀赋可能是与生俱来的，往往对该国具备资源开发和加工特性的产业结构的形成与发展具有重要影响，尤其是在全球价值链的背景下，要素禀赋结构的差异往往会导致各国国际分工地位的不同（苏杭等，2017）。李虹和邹庆（2018）以2005—2016年中国282个城市层面面板数据为研究对象，在区分资源型城市和非资源型城市的对比分析基础上，研究发现环境规制和资源禀赋均对产业结构高度化和合理化存在显著的门槛效应，环境规制能够推动城市产业转型。但以资源禀赋作为门槛变量时，对资源型城市而言，随着资源禀赋水平的上升，环境规制会阻碍产业结构转型升级，这一影响对非资源型城市并不明显。当然，更多的研究发现资源丰富地区的产业发展更可能出现"资源诅咒"，或称为"荷兰病"（Dutch Disease）现象[①]。因为单一的资源型产业结构容易使资源丰裕地区患上"荷兰病"，资源部门的扩张和制造业的萎缩必将降低资源配置效率，从而掉入了"资源诅咒"的陷阱。王柏杰和郭鑫（2017）基于7个省43个资源型地级市调查数据的研究样本，剖析和分解了资源禀赋和地方政府行为对产业结构的影响，研究发现资源型地方政府行为抑制了第一、三产业发展，显著促进了第二产业发展，造成了产业结构失衡，这一现象尤其体现在采掘业上。Bulte et al.（2018）以2008年汶川地震作为自然实验，利用四川省138个县（县级市）的数据考察了省际对口援建的灾后援助政策是否无意中导致了制造业的衰落，即存在"荷兰病"现象，研究发现接受（更多）援助的县，即使是附近没有受到地震直接破坏的县，也会发生制造业的萎缩。

（3）人口结构和人力资本。人口规模和人口结构影响着劳动力供给的数量和质量，进而影响着从事各个产业的就业人员的结构。我国改革开放四十年来以加工贸易为主的外向型经济的蓬勃发展正是得益于我国人口红利带来的廉价劳动力，从而助推农业人口向工业和服务业转移的速度，加快了我国的工业化和城市化进程。高波等（2012）基于区域房价差异的视角，研究发现劳动力的流动确实会诱发产业转移，促使产业价值链向高端攀升，实现产业升级。苏杭等（2017）基于WIOD数据库和中国工业企业数据库进行实证研究，发现通过提升要素禀赋尤其是人力资本积累，以及积极融入全球价值链分工，能够加快发展资本密集型和知识密集型产业，进而推动我国制造业的产业升级。人力资本扩张的视角下，周茂等（2019）借助始于1999年的"高校扩招"这一外生政

---

① "荷兰病"（Dutch Disease），是指一国（特别是中小国家）经济的某一初级产品部门异常繁荣而导致其他部门衰落的现象。20世纪50年代，已是制成品出口主要国家的荷兰发现大量石油和天然气，荷兰政府大力发展石油、天然气业，出口剧增，国际收支出现顺差，经济显现繁荣景象。可是，蓬勃发展的天然气业却严重打击了荷兰的农业和其他工业部门，削弱了出口行业的国际竞争力，到20世纪80年代初期，荷兰遭受到通货膨胀上升、制成品出口下降、收入增长率降低、失业率增加的困扰，国际上称之为"荷兰病"。"荷兰病"的经典模型是由 Corden and Neary（1982）给出的。两位学者将一国的经济分为三个部门，即可贸易的制造业部门、可贸易的资源出口部门和不可贸易的部门（主要是一国内部的建筑业零售贸易和服务业部门）。

策冲击构造准自然实验，研究发现城市制造业出口升级中约有30%的部分可由人力资本扩张来解释。毛其淋（2019）也以"大学扩招"政策的实施作为准自然实验，系统评估了人力资本扩张对加工贸易企业升级的因果效应，同样发现人力资本扩张显著促进了以出口技术复杂度衡量的加工贸易企业升级。孙海波等（2017）通过构建PSTR模型，研究发现人力资本集聚与产业结构升级之间的U型关系，以及存在经济发展水平的门限效应。与此同时，基于1993—2013年中国省际面板数据，汪伟等（2015）的研究发现样本期内人口老龄化通过加快人力资本积累等渠道"倒逼"企业用资本和技术替代劳动力以应对劳动力成本上升，同时进行技术创新，促进了制造业和服务业内部技术结构的优化。

2.1.2.2　需求性因素

（1）需求结构变化。消费需求、投资需求及其偏好的结构性变化，一方面会引起相应产业部门的扩张或收缩，进而出现新产业部门的产生和旧产业部门的退出；另一方面也会引导劳动力在"停滞部门"和"进步部门"之间进行流动，或从劳动生产率较低的产业部门流向劳动生产率较高的产业部门，从而影响产业结构变迁。传统的需求理论主要建立在恩格尔定律之上，强调了不同产业部门产品需求收入弹性的影响，即恩格尔效应。一方面，由于消费者对不同产品的消费偏好不同，随着消费者收入水平的提高，那些需求弹性大的部门增长更快；另一方面，需求收入弹性高的往往是非农产品，而这些大多由非农产业部门生产，消费者收入水平提高将拉动劳动力向非农产业部门转移（Kongsamut et al.，2001）。李尚骜和龚六堂（2012）认为内生偏好结构的变化会引起消费结构的变化，从而带来生产结构的变化，进而导致产业结构等经济结构发生变化。

（2）市场环境。一个国家的法治水平、金融深化程度、环境治理水平、基础设施的完善程度等市场环境也会影响到产业结构升级的质量和高度。当一国具备良好的产权保护、财产保护和完备的司法体系时，可以促进私营部门在人力资本和物资资本上的投资，从而为创新性的幼稚产业和高新技术产业发展提供保障，促进产业结构高度化。汪德华等（2007）基于114个国家的面板数据进行实证研究，在控制其他影响因素后发现，以一国法治水平衡量的契约维护制度的质量越高，该国服务业所占的比重将相对较高，并且这一影响在中低收入水平国家显得更为重要。因此，应该着重改善我国的法治环境、促进司法体制的完善，引导私人部门进入一些政府垄断经营的服务行业，从而加强竞争、提供更好的高质量的服务。郭晓东等（2009）利用跨国的面板数据研究发现，生产要素积累会影响一国的第二、三产业比重占比。因此，对我国而言，应该着重改变第三产业即服务业内部劳动力和资本这两种生产要素的积累。吴福象和沈浩平（2013）以长三角城市群16个核心城市为研究对象，实证分析发现新型城市化过程中，通过发挥人力资本外部性、基础设施的空间溢出效应以及企业的技术研发创新实现产业资源在城市群中的动态配置，从而通过优化要素空间集聚的外部经济性和规模经济效应推动地区产业结构升级。王勋和 Johansson（2013）研究发现，政府采取的金融抑制政策会阻碍经济结构转型，即金融抑制程度越高，经济中服务业相对于制造业的比例会越低，从而造成产业结构失衡。

（3）国际贸易和国际投资。社会分工一旦打破国际界限，会导致国与国之间在资源、产品、技术、劳务等方面实现交换。因此，国际贸易会通过本国产品出口以增加国外供给以及外国产品进口以刺激国内需求增长来影响本国产业结构变迁。与此同时，国际投资中的外国直接投资（FDI）会促使国外产业的对内转移，例如，国内地方政府常常将兴建各种工业园区和加强当地的基础设施建设、税收优惠和税收减免的力度作为引资竞争的筹码；而对外直接投资（OFDI）会导致本国产业的对外转移，例如，"一带一路"建设。魏作磊（2006）和文东伟等（2009）的研究均发现，FDI对我国制造业的贡献率远远超过农业和服务业，并且推动了我国的产业结构升级，提升了出口竞争力。同时，也有部分研究将我国加入WTO这一政策作为自然实验，基于城市层面数据研究发现，贸易自由化通过进口竞争效应显著促进了产业结构转型升级（周茂等，2016）。来自企业和行业更细化的微观证据表明，进口贸易自由化通过"竞争效应"和"种类效应"显著提高了企业出口技术复杂度，而通过资源再配置渠道显著促进了制造业总体出口技术复杂度的提升（盛斌和毛其淋，2016）。

　　然而，经济全球化背景下，国际环境的变化也会对产业结构变迁尤其是服务业的发展带来一些不利影响。谭洪波和郑江淮（2012）基于部门全要素生产率（TFP）的视角研究发现，国际产业分工格局下生产率较高的生产性服务业并未与制造业大规模实现主辅分离是造成我国生产性服务业对整体服务业TFP增长率贡献偏低的主要原因。并且，我国加入WTO之后大量承接国际制造业外包服务，而就服务业而言，一方面，诸如金融行业、电信产业和文化传媒行业由于涉及国家安全、信息安全和意识形态等，往往由政府所属国有部门垄断经营，不允许民间资本以及外资进入，因此这些部门行业的发展可能会受到一定程度的限制（汪德华等，2007）；另一方面，诸如信息传输、计算机服务和软件业等生产性服务业受到部分发达国家排挤的同时也并没有像制造业一样融入全球价值链和产品分工体系，大多为本土企业服务，这也会造成我国服务业增加值比重偏低的现象（魏作磊，2006；Lo et al.，2009；刘志彪，2011；张平和余宇新，2012）。

2.1.2.3　政府性因素

　　我国产业结构的变迁离不开政府性因素的作用，大量文献探讨了中央政府和地方政府对产业结构变迁的影响。具体来看，可以从政府制定的政策和地方政府的行为两个方面进行概述。

　　从政府政策层面来看，为了实现一定的经济发展目标，中央政府或地方政府可以通过制定产业发展战略和政策来鼓励或限制某些产业的发展，产业结构因此会受到相应变动。通过创新性地利用与产业相关的地方性法规和地方政府规章对产业政策予以定量识别，韩永辉等（2017）在理论阐述地方政府产业政策对产业结构优化升级的作用机理基础之上，采用1997—2014年中国31个省区市面板数据，借鉴干春晖等（2012）的方式对产业结构从合理化和高度化两个维度进行度量，实证分析发现地方政府产业政策的出台与实施显著促进了地方产业结构的合理化和高度化。李力行和申广军（2015）结合中国工业企业数据库和城市统计数据，对设立经济开发区这一政策所带来的产业结构效应进行了政策评估，经过倾向得分匹配后研究发现，经济开发区通过设置目标行业促进了相应行业的快速增长，提高了其在城市工业部门中的份额，总体来看对产业结构调整具有积极作用，当然，在这一过程中需要遵循比较优势的原则。而对于国家高新区政策的研究，袁航和朱承亮（2018）却得出了不同的结论。他们利用1994—2015年中国285个地级市面板数据，采用双重差分法进行因果推断后发现，国家高新区政策显著促进了产业结构高度化的量，但未促进产业结构高度化的质和产业结构合理化，因此并未显著促进我国产业结构的转型升级。刘贯春（2018）通过拓展搜寻模型，基于企业"就业创造"率和家庭"就业接受"率双重视角考察了最低工资制度对城市产业结构变迁的影响，研究发现最低工资标准的提升对三大产业的影响不一致，证实了存在显著的结构性就业效应。王立勇和高玉胭（2018）基于2002—2015年县级面板数据，将山西省"省直管县"改革试点视为一次外生冲击，研究了财政分权改革对产业结构升级的因果效应，研究发现财政分权度的提高能够赋予地方政府更多的经济自主权和财政收支权，从而大大激活地方政府发展经济的活力，有助于促进县域产业结构升级，而这一政策的影响效应随着时间的推移呈现出上升趋势。政策调控下，郭晔和赖章福（2011）定量分析了财政政策和货币政策的区域和产业效应，研究发现同一政策在不同地区对产业结构的影响呈现出明显的区域异质性。

政府不仅通过制定相应的产业政策来引导产业发展，还通过地方政府的财政收支行为、地方政府官员的行为、地方政府竞争等行为或者政府管制措施来影响产业结构变迁。从地方政府行为来看，王燕武和王俊海（2009）认为单一地以GDP为标尺的政治锦标赛模式容易导致晋升激励机制扭曲，而地方政府最大化自身利益的竞相模仿策略更容易导致地区产业结构趋同，基于省级层面数据的实证检验结果支持了来自不完全信息动态博弈理论框架的模型分析。褚敏和靳涛（2013）认为中国经济转型中存在着地方政府对经济的干预和国有垄断利益集团对经济的控制这两个显著的结构性特征，而二者的结合体——行政垄断更是会严重阻碍产业结构升级。在政府管制方面，陈艳莹等（2008）基于细分行业和地区层面数据研究发现，企业在进入服务业时会面临行业的专业化壁垒等进入障碍，并且政府对部分服务业的行政管制、垄断经营以及对制造业的控制都会在一定程度上扭曲服务业的进入退出机制。基于技术复杂程度的视角，安苑和王珺（2012）研究发现，财政行为的波动性越大，那些技术复杂程度越高的产业份额下降得越多。董万好和刘兰娟（2012）通过构建CGE模型模拟分析了财政科教支出对就业及产业结构调整的影响，实证分析发现财政科教支出显著促进了以住宿、餐饮等劳动密集型产业为代表的第三产业就业和增加值的增长。地方政府官员行为视角下，宋凌云和王贤彬（2013）基于新结构经济学理论分析了我国省级官员引领辖区产业结构变动的可能性，研究发现样本期内省委书记、省长在短期内由于具有总量信息优势，因此能够引领辖区产业结构变动，并且引领效应与地方政府官员面临的政治晋升激励正相关，但随政治任期的增加而下降。魏福成等（2013）基于新政治经济学视角进一步讨论了地方政府官员和利益集团之所以会阻碍产业升级，是因为存在不同情形下产业升级降低了地方政府官员和利益集团的税收及中间品价格。

2.2　地方政府的组织架构和中国式分权的内涵

2.2.1　地方政府的组织架构

我国共有23个省、5个自治区、4个直辖市和2个特别行政区。在我国的区域行政层级中，存在"省（自治区、直辖市）—地级市（州）—县（县级市）—乡镇"的四层架构，如果包括中央政府，总共是五级的管理架构。在区域行政层级的四层架构中，城市位于中间，城市包括"直辖市—副省级城市—地级市—县级市"四重架构①。截至2016年底，省级以下行政区划（不包括我国台湾省、香港和澳门特别行政区）包括：334个地级行政区划单位（其中地级市293个），2 851个县级行政区划单位和39 829个乡镇级行政区划单位②，具体如图2-2

---

　　①　这也是本书主要采用城市层面数据进行实证分析的原因。一是城市化进程、产业结构的演进主要依靠城市作为单位进行推进。我国的城镇化体系中，县和乡镇都以农业为主，而城市则以工商业或服务业为主，这种定位之变，能够带来城市主导产业之变。二是城市层面的数据较易获得，指标更加全面。从计量分析的角度来看，城市层面的样本量也基本能够满足大样本性质，研究结论更加稳健。
　　②　数据来自"中国行政区划网"（http://www.xzqh.org/html/show/cn/37714.html）。

所示，其中中央政府只有一个，而其他的都属于地方政府。改革开放以来，为了促进城市化、农业人口市民化以及工业化发展，进一步发挥地区规模经济效应和区域间的产业集聚效应，我国经历了大大小小的行政区划调整，如撤县设市①、撤县设区、撤镇设市②、地市合并和省直管县③等。尽管各项行政区划调整政策此起彼伏，但是整体来看，改革开放四十年来全国地级市行政单位和县级行政单位保持着高度的稳定性。

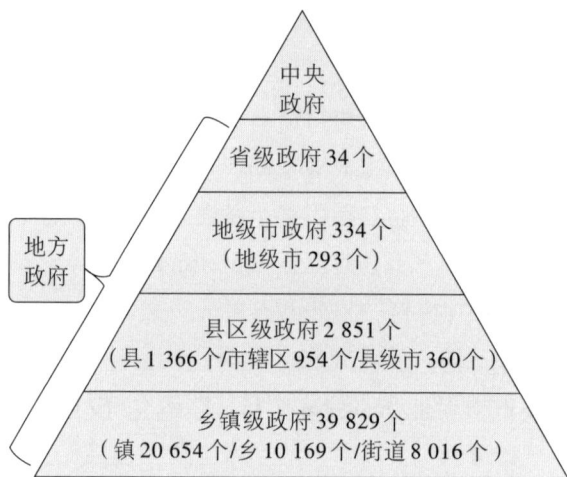

图2-2　我国各级政府的行政架构

以撤县设市政策为例，从1978年到1997年，受到撤县设市政策的影响，我国新增了350个小城市（县级市）（唐为和王媛，2015）。尽管地方政府规模得到了一定的扩张，但是，对县级政府而言，通过撤县设市政策转变为县级市后，在城市规划、行政审批、土地利用、外资引进和税收等方面可获得更多的自主权。因此，撤县设市政策本质上是经济

---

① Fan et al.（2012）的研究表明，撤县设市政策并未实现促进工业化和城市化发展的预期目标，因此，这一政策在1997年也就戛然而止了。唐为（2019）的研究发现，这一政策产生的效应却在Fan et al.（2012）研究的样本期2004年之后对县域经济发展产生了积极作用，但是存在区域异质性。该政策的效果在我国东部和初始集聚水平更高的地区显示出更强的经济促进效应。

② 例如，温州龙港，于2019年8月撤镇设市。龙港镇地处浙江省温州市苍南县东北部，自1984年建镇起，实现了从小渔村到农民城、产业城，再到新兴城市的跨越。当下，龙港镇又面临一次历史性跨越，经国务院批准，民政部同意龙港撤镇设市。龙港市由浙江省直辖，温州市代管。从镇到县级市的提升，不仅是行政级别的提升，更意味着龙港从"乡镇"到"城市"的跨越，标志着城市格局的大变迁。资料来源于"人民网"（http://politics.people.com.cn/n1/2019/0901/c1001-31329654.html）。

③ Li et al.（2016）将2003年以来中国的"省直管县"（PMC）改革作为准自然实验，利用DID的方法评估PMC改革是否减轻了政府的财政压力，提高了行政效率，刺激了地方经济增长。研究发现，政府等级制度的扁平化对经济绩效有负向影响，具体表现在PMC改革使各县的财政收入和转移支付增加，然而监控范围的扩大增加了协调与监督的难度，导致公共支出减少、土地腐败增加。总体而言，PMC改革并没有改善社会福利。

管理权限的下放（唐为，2019），意味着基层政府对产业和经济的发展拥有更多的自由裁量权。尤其是出现了行政体制改革上的强县扩权和财政体制改革上的省直管县之后，行政分权和财政分权下的中国式分权格局更加明晰（刘冲等，2014）。

2.2.2　中国式分权的内涵

经济学者在理论上用"中国式分权"这一概念对我国地方政府所面临的激励与约束以及中央-地方关系进行描述，从而试图对我国转型过程中的经济增长奇迹、产业发展状况以及面临的经济社会问题给出一个政治经济学的合理解释。这种源于体制成因的解读得到了如今大多数学者的认同。

2.2.2.1　"中国式分权"概念的提出及其具体含义

从国际视角来看，分权改革一直是各国政府进行改革的重要举措，最为典型的是中国和俄罗斯的分权改革过程。虽然两国都倾向于向地方政府分权，但是唯独中国经济绩效出现了长达四十年的高速增长，产业出现了快速的蓬勃发展，从中华人民共和国成立初期相对落后的农业国一跃成为如今的制造业大国。这表明，对地方政府行为的考察除了财政分权和财政体制改革外，其他的政治体制背景也很重要。显然，分权已经成为学术领域一个十分热门且专业的词汇用语，并且分权理论首先是从财政分权的理论开始衍生和演化发展的，在国际经济学界大致经历了第一代和第二代财政分权理论的发展。

一般认为，第一代财政分权理论（First Generation Fiscal Federalism，FGFF）是以 Tiebout（1956）发表在《政治经济评论》上的论文《地方支出的纯理论》为标志的，并且经过 Musgrave（1959）、Oates（1972）等学者不断的补充和完善，到现在已经是一门非常成熟的理论学派。其主要的研究议题是政府如何进行财政分权才能更好地满足地方居民对公共物品的需要和异质性偏好以实现社会福利的最大化，关注的问题集中在公共物品的提供责任上。第一代财政分权理论认为地方政府是无私的，并且相对于中央政府而言，地方政府更为接近本辖区居民，从而对本辖区居民的偏好和公共服务需求拥有更多的信息优势，可以因地制宜地提供当地所需的公共服务，因此有必要分层次、分级别提供公共物品。并且，当地居民是可以自由迁徙的，有权通过"用手投票"选举地方官员，"用脚投票"产生地方政府之间的竞争，从而影响地方政府的公共支出模式，在一定程度上决定了地方的公共服务供给水平。Oates（1972）进一步讨论了分权的收益与成本，提出了著名的分权定理：分权供给公共物品的最优边界在于中央政府和地方政府提供的差异化公共物品所产生的外部性的边际成本和所带来的边际收益相等。

然而，与我国的特殊国情相比，第一代财政分权理论仍有一些内容不太适用于我国：①计划经济时期内忧外患下重工业优先发展战略形成了城乡二元结构，伴随着户籍制度、土地制度等的限制导致劳动力无法自由流动，并且农村居民无法享受城市居民的医疗和各项公共服务，"用脚投票"机制在我国无法对地方政府产生压力；②政治集权下，中央政府掌握着人事任命权和调动权，导致地方政府官员形成了"向上负责制"，并且，中央政府不管是计划经济时期政治忠诚的考核方式还是转型期代之以 GDP 为目标考核产生的压力远远大于地方居民"用手投票"机制发挥的作用。第一代财政分权理论基本是围绕着地方公共物品的供给效率以及如何设计一个最优的分权体制展开的。

随着各国经济民主化和分级财政制度的改革，不断的实践探索涌现出一些新的问题，传统的财政分权理论不断得到充实与完善。与第一代财政分权理论将地方政府看作无私的不同，第二代财政分权理论（Second Generation Fiscal Federalism，SGFF）将地方政府视为利己的，在预算约束下最大化自身效用，并且有可能为了自身利益损害当地居民的利益。因此，下级政府需要上级政府提供适当的激励与约束，以更好地完成上级政府的施政目标。SGFF特别强调从财政激励乃至政治激励的视角对分权体制进行实证检验，并且着力对如何设计分权体制提供了新的规范性标准（Oates，2008；Weingast，2009）。相应的代表性文献主要有：Blanchard and Shleifer（2001）、Enikolopov and Zhuravskaya（2007）和Nye and Vasilyeva（2015）。这些研究均认为，地方政府官员是利己的，会被地方利益集团所俘获，其表现在公共物品和公共服务的供给上是为地方利益集团服务的。SGFF是在世界范围内的分权实践改革背景下形成的，因此，SGFF关注和讨论的问题较为庞杂，包含了大量且不同视角的研究。但是，总体来看，研究重点突破了FGFF主要关心公共物品供给的局限，SGFF主要围绕地方政府官员与辖区居民的关系以及地方政府官员与上级政府的关系，关注的问题集中在财政分权与地方政府的激励与竞争，以及区域经济增长等议题，建立了一个解释经济转型的概念框架（张军，2008）。Jin et al.（2005）的研究表明，地方财政分权促进了地方政府竞争，并且地方乡镇企业的迅速发展被视为"市场维持型财政联邦主义"的一个成功案例。SGFF更多地讨论了财政分权给地方政府提供激励以推动经济转型和经济增长。与此同时，在分权的框架下，引入了激励相容与机制设计学说、委托-代理关系等研究框架，比如常被提及的标尺竞争（Yardstick Competition）（Besley and Case，1995；Baicker，2005）。由于存在当地居民以其他地方政府的行为为标尺评价自己所在地区的政府行为，因此有着自利动机的地方政府官员不得不学习并进行制度创新，从而在地方政府间形成了标尺竞争（Weingast，1995；Qian and Weingast，1997；Garzarelli，2004；Oates，2005）。

尤其值得一提的是以钱颖一等（Qian and Roland，1998）为代表的第二代财政分权理论，通过结合我国的现实背景较早提出了"中国式分权"（Fiscal Decentralization，Chinese Style）的概念，文中指出财政分权导致的地方政府竞争硬化了地方政府的预算软约束，改变了地方政府官员的激励，分权化改革成功推动了中国经济的转型和增长。这一理论也可称为"中国特色的市场维护型财政联邦制"。Blanchard and Sheleifer（2001）将中国的政治集权和经济分权结合在一起，强调了中国与俄罗斯等国家政治体制的不同激励。基于俄罗斯的分权让地方政府被利益集团所俘获，成为"攫取之手"（Shleifer，1997；Treisman，1999）的事实。Blanchard and Shleifer（2001）比较了中国和俄罗斯的财政分权和地方政府行为的差异后发现，中国的财政分权之所以产生"趋好的竞争"，主要是因为中国的中央政府在财政分权的同时维持了政治上的集权和对地方政府官员的人事任命权以及奖惩的能力。国内文献中，傅勇和张晏（2007）首次使用了这一概念，并且指出中国式分权的内涵已经突破了钱颖一等提出的中国分散化的财政体制的内容，而主要强调经济分权[1]与中国特有的垂直管理体制的紧密结合，这是中国式分权的核心内涵。

Xu（2011）将这一特色的中国式分权体制概括为"（中央）政治集权，（地方）经济分权"。经济分权最为重要的积极意义在于中央政府向地方政府赋予了较多的相对自主的财政支配权以及发展辖区经济的自由裁量权，向地方政府和企业提供了经济发展的激励。与此同时，垂直的政治治理体制也维持了中央政府的威权性，中央政府掌握的人事任命权和奖惩机制使得地方政府向上负责，从而也形成了一种基于上级政府评价的"自上而下的标尺竞争"，并且有利于中央政策目标的执行（张晏，2005）。21世纪以来，周黎安（2004，2017）进一步将分析的视角从地方政府拓展到地方政府官员上，提出了官员激励与治理的相关理论，主要从行政发包制[2]和官员政治锦标赛两个核心概念出发，解析了我国政府治理所蕴含的灵活性、动员能力和潜在问题，为中国经济转型和面临的各种社会问题提出了新的解释。Li and Zhou（2005）的实证研究证实了中央政府确实是在按照一种相对经济增长绩效的指标来提拔地方政府官员的，即采用相对绩效评估的方式以GDP增长率作为地方政府官员晋升的重要考核指标。

2.2.2.2　中国式分权的利与弊

改革开放四十年以来，我国推行的财政分权改革客观上改变了中央政府对地方政府的激励机制以及央地间的财政分配关系，使得地方政府参与社会经济活动的方式发生了根本性的变革。与此同时，其也深刻改变了我国的所有制结构、市场化程度、城市化和工业化进程，以及经济增长的动力源泉。可以说，财政体制的分权化改革在推进中国经济社会体制变革方面发挥了至关重要的作用。

国际上，随着第一代和第二代财政分权理论的发展以及由此衍生出

---

① 经济分权不仅包括财政分权，还包括金融分权等诸多方面（洪正和胡勇锋，2017）。但是，基于世界各国的财政体制改革经验和中国经济转型发展的典型特征事实，财政分权被普遍认为是分权竞争的核心，其显然构成了经济分权最为重要的内容。因此，本书所指的经济分权主要是财政分权。

② 我国政府间关系呈现出的一系列特征，主要体现为多层级权力关系下以属地管理为基础的行政逐级发包制，或者说是政府内部的发包制，简称为"行政发包制"（周黎安，2017）。

的中国式分权改革的推进，关于各国财政分权实践的文献尤其是基于我国分权改革的研究逐渐丰富起来。自钱颖一和 Weingast 等（1995）提出"中国特色的保护型财政联邦制"概念以来，关于财政分权、地方政府竞争，以及对经济增长绩效影响的文献不断涌现。当然，更多的是研究财政分权与中国经济转型发展之间的关系，主要结论指出中国渐进式分权改革促进了中国经济绩效的提升（Lin and Liu，2000；张晏等，2005）。基于中国经济发展的典型事实，这种趋好的分权竞争体制给地方政府提供了发展经济的动力，完成了地方层面的市场化和竞争性领域的民营化（王永钦等，2007），总体而言促进了市场机制的建立、乡镇企业的发展、城市化和基础设施建设、外商直接投资的流入，以及导致了改革实验的发生和模仿（张军，2008）。

从财政分权的视角来看，中华人民共和国成立以来大致经历了四次较大规模的分权化改革：1958—1961 年的统收统支、1970—1976 年的权力下放、1978—1994 年的财政包干制以及 1994 年以来的分税制。这里尤其需要提及的是 1994 年的分税制改革，因为这次改革对我国的经济和社会发展产生了深远的影响。这一改革的主要内容具体可以概括为"分权、分税、分机构"和"返还、挂钩、转移支付"（周飞舟，2006）。

从 20 世纪 70 年代的放权让利到 80 年代的分灶吃饭，再到 90 年代的分税制改革，分权与集权的改革一直在不断尝试、不断试错，央地关系一直处于集权—分权—再集权—再分权的循环怪圈。但是，总体而言，我国的地方政府一直拥有相对自主的财政支配权，并且具有推动辖区经济发展的巨大激励和能力，与 20 世纪苏联的中央集权计划经济模式相比，这是不多见的。因此，从中华人民共和国成立开始，我国的计划经济模式一直带有分权的烙印（张军，2008）。从计划经济时期开始，中央政府与地方政府之间围绕计划管理权力与财政收支管理的制度就一直处于政策和理论争论的焦点，导致中央与地方之间反复不断地进行权力的划分、调整与妥协。当然，这也容易陷入"一收就死，一死就放，一放就乱，一乱就收"的体制循环。财权的收放并不是简单的循环，随着每一次权力的下放，地方管辖的企业和事业单位都在增加，即使后来再收权，也没有将之前下放的企业和事业单位全部回收（周黎安，2017）。

因此，地方政府（支出）规模的不断膨胀可以认为是分权与集权改革过程中一个不可忽视的典型事实。

除此以外，分权化改革尤其是1994年的分税制改革也逐渐暴露了其固有的体制弊病，即财政分权竞争也可能带来"趋坏的竞争"。陈抗等（2002）构建了一个中央和地方博弈的理论模型并基于省际面板数据实证检验发现，伴随着1994年分税制而来的财政集权式改革改变了地方政府行为，使地方政府从"援助之手"变成"攫取之手"，在加强中央政府对财政汲取能力的同时却导致预算收入和经济增长速度出现下降趋势。尽管方红生和张军（2014）通过改进新近发展起来的新财政集权理论，并基于1999—2009年省际面板数据，实证研究证伪了陈抗等（2002）至今仍被广泛接受的"攫取之手"之观点，但是中国式分权改革的弊端仍不能忽视。傅勇和张晏（2007）不仅指出中国式分权的核心内涵是经济分权和政治集权的紧密结合，还基于实证检验发现我国的财政分权以及基于政绩考核下的地方政府竞争导致地方政府的支出结构存在明显偏向，即"重基本建设，轻人力资本和公共服务"。以财政分权和经济绩效为考核的晋升锦标赛体制导致地方政府官员更加关心辖区内的GDP、财政收入和基础设施建设等可以硬性量化的指标，地方政府官员在任期内更加热衷于政绩工程的重复建设，而对教育、医疗、环境、卫生、文化、住房等"软性"公共物品和公共服务的供给并不感兴趣（周黎安，2007；陈思霞和卢盛峰，2014）。尤其是在中国经济转型发展的后期，分权的外部成本递增得更快了，伴随而来的是市场分割、地方保护主义、重复建设、地方政府间的过度竞争和过度投资、司法不公、地区城乡间收入差距的加大、环境恶化等现象（张军，2008）。

王永钦等（2007）从契约理论的角度全面分析了中国渐进式分权改革的弊端，主要体现在以下方面：第一，以相对GDP增长为标尺的相对绩效评估会造成作为中央政府代理人的地方政府之间形成相互拆台的恶性竞争。地方政府为了发展辖区经济常常采取以邻为壑的手段，最为典型的比如地方政府之间由于排污造成的环境污染日益加剧。与此同时，还会形成形形色色的地方保护主义，导致国内市场分割和地方"诸侯经济"的出现，从而极大地不利于国内市场的整合，阻碍了专业化分工和规模经济，损害中国经济的长期可持续发展。第二，相对绩效是一个噪声很多的指标，而我国各地区之间由于自然地理环境、政治、经济、文化、宗教、历史等诸多方面存在差异，导致基于相对绩效评估的激励方案的效果在此背景下会大打折扣。其主要体现在过度依赖GDP的增长会严重造成地方政府采取城市倾向的经济政策，进一步加剧城乡二元结构、增大城乡收入差距（陆铭和陈钊，2004；Lu and Chen，2006）。由于GDP的快速增长更多地依靠城市第二产业和第三产业的带动，而农业的发展常常容易被地方政府官员所忽视。因此，农民的利益常常容易被当地的主政官员所忽视，尤其体现在地方政府依靠土地财政推动城市化建设中，容易造成社会矛盾的激化。第三，由于我国的地理环境因素，造成了中西部或沿海和内陆地区的分化，而各个地区在改革中享受到的优惠政策是不同的。这种情况会造成各个地区发展的不平衡，贫富差距出现分化，自然增大了相对绩效评估中的噪声，中央政府很难区分地区经济增长绩效是由规模报酬递增带来的还是地方政府官员努力的结果。第四，相对绩效评估机制下，我国金字塔式的科层体制决定了地方政府官员的晋升途径越来越窄。与此同时，我国各地区的分化容易影响落后地区这一评估方式的有效性，在造成地区之间贫富差距加大的同时，也容易给予落后地区地方政府官员权力寻租的可能空间。不同于企业利润最大化的单一目标制，政治组织一般是多目标的，单一目标的考核方式容易造成地方政府对社会公正、环境保护、收入差距、医疗和教育等公共服务质量问题的忽视。

2.3　分权体制下的地方政府规模①

国际化视角下，各国政府自20世纪70年代以来一直在进行分权化的地方政府体制改革，尤其是在发展中国家和新兴国家非常普遍。回顾中华人民共和国成立以来70多年的历史，中央政府和地方政府也是在

---

① 全书中的地方政府规模主要是以地方政府支出规模来度量的，并且为了更好地刻画分权体制下地方政府规模急剧膨胀的特征事实，本书的理论分析和实证研究中采用了更广义的地方政府规模进行分析和论证，以进一步深化全书的研究内容和研究结论。因此，全书中的地方政府规模等同于地方政府支出规模。

分权和集权的道路上不断尝试、不断试错。这里主要对地方政府规模相关的理论和文献进行梳理和介绍。

2.3.1 地方政府规模理论

一般认为，地方政府规模包括内在规模和外在规模两个方面。内在规模是指地方政府职能和行政权力的范围和结构，即职能规模和权力规模。外在规模是指政府机构设置、人员配置的数量、结构以及行政成本消耗的数量。地方政府的内在规模决定外在规模，但内在规模难以用指标进行衡量，所以在有关地方政府规模的实证研究中，常用的是地方政府外在规模的概念。本书所称的地方政府规模主要还是采用"外在规模"的界定，并将其定义为地方政府的外在边界，这才是衡量地方政府规模的具有确定性的指标。首先，政府的外在边界是公域和私域的分界线，这一分界线是地方政府在社会生活中可以拥有的活动空间的划界，即政府应该占据和支配的社会资源，以及运用这些社会资源管理公共事务的质量。其次，地方政府的外在边界是地方政府责任的边界，地方政府从某一经济领域退出的同时必然会存在市场机制作用下社会其他力量的进入。诚然，地方政府责任的大小、幅度有一个应然与实然的不完全等同的现实问题，而测度地方政府规模、优化地方政府规模，就是确定地方政府边界、驱动地方政府高质量地承担起职权责任的过程。最后，地方政府的外在边界就是地方政府能力的边界，地方政府必须有一定的规模，不然不足以维持政权以及承担必要的事权责任。如果财政收入率为零，地方政府就什么也做不了，即使是最低限度的国家安全和社会秩序都将缺乏必要的保障。因此，地方政府规模虽然不代表地方政府实际能力的大小，却能代表地方政府现有能力发挥的程度和质量。

2.3.2 地方政府规模的测度

根据上述对地方政府规模理论的介绍，常用的测度、分析和评价地方政府规模的指标主要有财政规模、人力规模和职能规模。

财政规模是指地方政府财政支出的总量与GDP的相对规模，考虑到我国地方人口分布的不均衡现状，这种度量方式也是学术界最常用的测度地方政府规模的指标，如 Persson and Tabellini（1999）的经验研究发现集中于关键边缘地区的选举竞争会减少公共品的提供以及政客的租金，但是会增加更多的再分配以及导致以财政支出相对规模衡量的地方政府规模的膨胀。无论是采用地方政府财政支出相对规模还是采用每万人的机关人数衡量的地方政府规模，范子英和张军（2010）的研究结论表明转移支付相对于本地财政收入增加时，会使得地方政府规模出现更严重的膨胀。

人力规模是指本地区本级财政供养的人员总量，或者说是依靠本级财政投入支持的地方政府人力资源总量。财政供养人员指的是通过财政支付个人收入和办公费用的人员，相关文献指出这个概念具体应该指在统计口径上表示所有"吃饭财政"的人（陈广桂，2003）。同时，也有相关文献采用政府雇员的概念，以财政供养人员加上"自收自支单位人员"来测算地方政府人力规模（张光和曾明，2008）。

职能规模是指地方政府公共管理与公共服务供给的职能结构及其边界。对地方政府而言，政权运转是保护性政府职能的体现，而公共品提供是生产性职能的体现。通过财政支出的基本功能分类可以看出，地方政府的保护性功能突出表现在行政管理费和公检法司事业费的支出上。而其生产性功能主要体现在两个方面：一是通过直接投资或扶持产业发展的活动支出，直接或间接地参与经济活动，即经济建设费的开支；二是通过购买社会文教科学卫生类公共品和无偿的转移支付支出来满足公民对公共品的需求，即社会文教卫生费支出、社会保障费支出等。总体来看，职能规模主要还是以地方政府在各个不同职能领域内财政支出相对规模来衡量的。

需要指出的是，限于数据的来源以及考虑到指标的可度量性，学者通常采用以下两个指标来描述地方政府规模的大小。第一个指标是政府所控制的财政支出相对规模，第二个指标是地方政府的人员规模，即财政供养人口占总人口的比重。但是，由于财政供养人口不仅包括政府部门人员，还包括事业单位人员，如教师等，因而其不能准确地衡量政府规模（陈工等，2016）。考虑到地方财政支出能够反映地方政府在预算范围内行使政府职能的影响，本书主要采用地方政府财政支出占 GDP

的比重指标来衡量地方政府规模，也指地方政府支出规模。

2.3.3 分权体制与地方政府规模的关系

西方的文献普遍认为分权有利于促进居民参与当地事务、有利于促进地方政府对本地居民负责、有利于发挥地方官员的信息优势、有利于制度创新，并且有利于缩小政府的总体规模。Brennan and Buchanan（1980）认为集权虽然有可能扩大干预范围，但是随之而来的是行政层级的臃肿和人浮于事。越集权，以预算支出占 GDP 比重衡量的政府的总体规模会越大。传统的分权理论认为分权能够调动地方政府将自身利益最大化的积极性，打破中央政府一统天下的局面并且促进地方政府之间的竞争，其结果必然是政府效率的提高和地方政府规模的缩小。但是，地方政府利益的最大化并不等同于当地居民利益的最大化，反而过度的分权容易引致地方政府之间的恶性竞争，当各地为了本地利益最大化而相互竞争时，可能会出现囚徒困境，其结果是各方的利益均受损（王绍光，1995）。

即使基于分权体制和地方政府规模的研究，国外文献的实证研究得出的结论也不一致。自从 Brennan and Buchanan（1980）提出他们的假设后，很多学者已经试图采用现实数据对其进行证实，有些学者通过实证检验证实了这一假设，表明分权体制会减少政府总体规模（Marlow，1988；Zax，1989；Grossman and West，1994）。但是，有些学者也得出了相反的研究结论，表明分权会增加地方政府规模（Forbes and Zampelli，1989；Cassette and Paty，2010）。Cassette and Paty（2010）利用欧盟 15 国的一组面板数据，分析了权力下放对总体、国家和地方政府规模的影响，将权力下放的长期影响从短期动态中分离出来。从长远来看，税收自主权减少了中央支出，但在更大程度上增加了地方政府的公共支出，从而导致公共支出总额的增加。研究还发现，财政纵向失衡往往会增加地方政府、国家政府和总体的规模。也有相关研究发现，收入分权和支出分权的不同可能会对国家和地方层面的政府规模产生不同影响。Jin and Zou（2002）基于 32 个工业化发展中国家 1980—1994 年跨国面板数据，考察了不同财政分权措施对国家和地方政府规模的影响，研究发现支出分权会导致较小的国家政府规模、较大的地方政府规模，而收入分权增大地方政府规模的同时会减小国家政府规模。与此同时，纵向的财政不平衡会增加国家和地方层面的政府规模。此外，甚至有些学者的研究表明分权与政府规模大小不存在必然的联系（Brennan and Buchanan，1985）。那么，基于我国的特殊国情，中国式分权体制与地方政府规模存在怎样的决定关系呢？

与行政区划的级别划分并不完全一致，我国政府纵向的层级结构极为复杂，细致来看，可分为七级架构，分别是中央政府、省级（含自治区和直辖市）政府、副省级政府（包括10个副省级的省会城市和5个计划单列市）、地级市政府、副省级城市市辖区政府、县级政府（包含县、县级市及地级市的市辖区）、乡（镇）政府。此外，在某些地方还存在副地级的县（市、市辖区）政府以及副县级的镇政府。然而，就单个省级行政区而言，其地方政府的纵向层级结构一般为前文提及的四级架构。一方面，我国宪政与政府层级设计之初，就已经确定了"中央政府管宏观，地方政府管微观"。然而，计划经济与高度集权的性质架构使得现实中中央政府通过以行政审批为代表的手段行使着原本属于地方政府的微观管理职能。与之相对应的是，地方政府尤其是直接面对乡村社会或城市社区的基层政府，其机构设置既要与上级"对口"，又要直面乡村、社区的需要，容易导致地方政府机构规模急剧膨胀、机构臃肿、人浮于事，且与施政政绩不成正比。另一方面，尤其是分税制改革的不完善成为维持推动地方政府规模扩张的一个主要因素（张光和曾明，2008），不仅转移支付制度存在的粘纸效应会使得地方政府规模迅速膨胀（范子英和张军，2010），并且地方政府财权与事权存在事实上的不匹配现象，更容易导致地方政府规模的急剧膨胀。

我国的财政分权具有特殊性，中央政府在赋予地方政府更多的财政支配权和自由裁量权的同时，却牢牢掌握着人事权，这种政治集权下的经济分权构成了中国式分权的核心内涵（傅勇和张晏，2007）。尤其是在1994年分税制改革之后，我国形成了独特的财政收入和支出分权体制。国内的相关研究中，王文剑（2010）基于省级面板数据实证检验发现，"怪兽理论"①所阐述的财政分权遏制地方政府规模的机制在我国

---

① 怪兽理论又称为利维坦假说，指的是财政分权能够控制政府规模的恶性扩张，提高地方政府的行政效率。该假说认为财政分权会导致地方政府间非合作的竞争，降低地方政府财政收入的能力（王艺明等，2014）。因此，财政分权会制约地方政府规模（Oates，1985）。

并不存在，因为无论是用收入分权还是用支出分权指标衡量的财政分权水平均能扩大地方政府的支出规模。张永杰和耿强（2011）应用1997—2005年1 938个县级面板数据，得出的结论也能够基本印证王文剑（2010）的实证结果。他们的研究发现，县级政府干预的强化会进一步导致地方政府规模膨胀，"利维坦效应"在我国并不存在，反而"瓦格纳定律"（Wagner's Law）[1]在我国得到部分实现。孙群力（2008）基于省际面板数据的实证研究也发现，中央政府和地方政府的规模大小受到不同财政分权水平指标测度的影响，支出分权和纵向不平衡提高了地方政府规模，而收入分权则缩小了地方政府规模。总体而言，财政分权扩大了地方政府规模，缩小了中央政府规模。一些学者也发现，在我国确实存在这样的现象，并且指出在我国"用手投票"和"用脚投票"[2]机制发挥作用受到很大程度的制约，并且受到来自财政纵向不平衡和净转移支付的粘纸效应的负面影响（苏晓红和王文剑，2008）。

2.4 分权体制下地方政府的土地财政和土地金融行为

2.4.1 分权改革下地方政府增加自身财政收入的理性选择

与原财政集权理论认为的财政分权促进了地方政府竞争，而财政集权弱化了地方政府竞争不同（Brennan and Buchanan，1980；Oates，1972），以张军等为代表的新财政集权理论（陶然等，2010；Su et al.，2012；Zhang，2012）认为，财政集权将激励地方政府为追求财政收入（这里包括预算内和预算外）和非预算资金而展开 Tiebout 竞争，从而导致工业化和资本积累的加速（方红生和张军，2014）。当然，这一作用的发挥也是基于一定前提的，主要包括资本要素流动、制造业和服务业之间的产业关联度高、地方政府是土地市场的一级垄断者等，这也基本

---

① 瓦格纳定律（Wagner's Law）是指政府规模会随经济增长而扩大，即财政支出占国内生产总值的比重是不断增长的，随着经济中人均收入的增长，公共部门的相对规模也相应扩大。
② 政治集权体制下中央政府掌握着地方政府的人事任命权，使得地方政府官员更多的是对上负责而非对下负责，"用手投票"机制在我国基本不存在。与此同时，计划经济体制下存在的户籍制度和土地管理制度导致了城乡二元经济结构，人口迁移受到了户口、公共服务等的限制，这进一步制约了"用脚投票"机制作用的发挥。

符合我国特定的制度背景。

1994年分税制改革以后，中国式财政分权鲜明的特征是财政支出分权伴随着税收收入的上收（陈思霞等，2017）。首先，从财政收入的角度来看，分税制改革无疑是一次财政集权式改革（方红生和张军，2014），因为改革的内容将工商税划分为增值税、消费税和营业税，明确将地方政府税收主体的增值税增量的75%集中到中央政府，于是中央和地方政府之间的财政收入由"倒三七"变为了"正三七"，同时将消费税的100%划归中央所有（陈思霞等，2017）。然而，从财政支出的角度来看，分税制改革又是一次分权式改革，因为将事权大量下放到地方政府，体现在行政性分权①上。其主要体现在两个方面：一是除了国防、外交和货币发行之外的几乎所有政府事务的执行权均在地方政府，事权高度分散在地方政府；二是由于中央政府监督和控制的困难，地方政府事实上享受大量的关于地方事务的自由裁量权，主要包括地方事务的经济决策权和行政决策权。

其次，2001年底，国务院颁布《关于印发所得税收入分享改革方案的通知》（国发〔2001〕37号），规定自2002年1月1日起实施所得税中央与地方分享改革。2002年的所得税分享改革，中央政府对税收收入的纵向分配关系进行了调整，因此被视为又一重要的税收收入上收过程。其具体体现在改革按企业隶属关系划分所得税收入的办法，对企业所得税和个人所得税收入实行中央和地方按比例共享，将原先100%归属于地方政府的所得税收入调整为50%，并且在2003年将中央和地方政府的分成比例进一步调整为中央政府拥有所得税收入的60%，从而进一步加强了中央对财政收入的汲取能力。与此同时，为方便税收征管，国家税务总局规定以2001年12月31日为界，当天及以前成立的企业由地税局征管，此后成立的企业由国税局征管，央属国有、外商投资企业不受影响，始终由国税局征收，由此形成了我国企业所得税征管的二元体制②（李明等，2018）。Han and Kung（2015）的研究表明，2002年以

---

① 行政性分权是指地方政府在执行其职能时实际拥有的决定资源配置或影响政策实施效果的能力。
② 2018年3月，国务院机构改革方案实施，将省级和省级以下国税地税机构合并，实行以国家税务总局为主与省（自治区、直辖市）人民政府双重领导管理体制。2018年6月15日，全国各省（自治区、直辖市）级以及计划单列市国税局、地税局合并且统一挂牌。

来企业所得税的税收留成率的下降使得地方政府更加青睐房地产业和建筑业，而营业税和预算外收入的增长能够弥补由于财政分成比例降低造成企业所得税收入损失的一半。

最后，为了减轻企业税收负担和深化产业间的专业化分工（范子英和彭飞，2017），2012年以来渐进推开的"营改增"政策改变了1994年分税制框架下导致的对服务业的重复征税问题。其具体体现在1994年分税制改革对制造业和服务业分设了两种完全不同的税制，即制造业以增加值为税基缴纳增值税，而服务业以销售额为税基缴纳营业税。然而，这两个税种同属于流转税，当同一产品在制造业和服务业之间流通时，不可避免会造成在生产环节和销售环节重复征税的问题。并且，在征管制度上国家分设国税局和地税局两套系统分别进行征税，其中，增值税相关的进销项税额直接关系到企业税负，由国税局统一征收。相比较而言，营业税的数目繁多，征收难度较大，由地税局负责征收。然而，2012年渐进推开的"营改增"政策在一定程度上会造成地方财政税收收入的流失，由于营业税改为增值税之后剥夺了原先100%留存给地方政府所有的营业税份额，因此不可避免会造成地方财政压力的进一步增大，导致地方与中央之间财力不平衡。

总体来看，一方面，一系列的分权式改革导致地方政府被逐层下发的支出责任与财政自有收入出现极大的不匹配，从而形成了较大的财力缺口，不足以支撑辖区经济发展和提供教育、医疗、卫生等公共服务和公共产品。而一些县乡级基层政府的财政缺口更大，甚至出现了"吃饭财政"乃至财政危机，导致基层政权的"悬浮"状态（周飞舟，2012）。另一方面，分税制只是规范了预算内财政收入的运作模式，如财政收入被划分为中央税、地方税和中央与地方共享税，并且税收实行分级征管①，但是并没有对预算外收入和非预算资金进行更加规范化的管理，留给了各地方政府进行操作的可能空间。并且，在以GDP增长为标尺的官员晋升机制下，地方政府具有强激励去扩大预算外收入，加大对地

---

① 主要成立了国税局和地税局，中央税（如关税、消费税、中央企业所得税、中央企业上缴利润等）和共享税（如增值税、资源税和证券交易税）由国税局负责征收，共享税中的地方分享部分由国税局直接划入地方金库，地方税（如营业税、地方企业所得税、地方企业上缴利润、个人所得税等）由地方税务机构负责征收。

区经济的攫取（吴群和李永乐，2010）。中国式分权体制下，不仅存在着财政分权和以GDP为标尺的考核机制，与之相伴随的还有官员任期制度以及地区间的标尺竞争、税收竞争等横向竞争。地方政府官员为了获得晋升，会尽一切可能整合其所能控制和影响的经济与政治资源，以推动本地区的产业转型和经济的快速增长。尤其是在我国特殊的土地管理制度以及城乡分割的二元土地结构下，地级市政府扮演着国有土地垄断者、供给者和经营者"三位一体"的特殊身份（邵朝对等，2016），而土地作为地方政府垄断的生产要素，自然成为官员发展辖区经济、参与晋升锦标赛的筹码，并且具有通过"经营城市"获取巨额土地财政收入的强烈动机。

分税制以来财权的上收给地方政府带来了巨大的财政压力，与此同时也改变了地方政府的发展模式。中央政府与地方政府是一种纵向的财政竞争关系，两者在不断的博弈过程中进行"讨价还价"以实现短期平衡。而作为理性经济人的地方政府，总是会规避对自身不利的局面，而去寻求一些额外的途径和方式以达到总的经济发展和财政收入最大化目标，以实现制度期间对自身相对有利的平衡。与1994年之前财政包干制下税收留成率的提高以及拥有税收收入的剩余索取权（Residual Claimant）从而促使地方政府大力发展乡镇企业不同，分税制以后地方政府的理性选择更多地由"经营企业"①转向"经营城市"，将组织税后收入的主要精力集中于营业税等地方税种（周飞舟，2006；田彬彬和范子英，2016），并且"经营城市"成为地方政府重置和盘活城市资产、招商引资、创造财政收入、提高城市经济竞争力的重要手段。尽管2012年之后渐进推开的"营改增"政策可能会改变地方政府的策略性行为，但是分税制以来地方政府形成的以土地为核心的土地财政和土地金融模式依旧未能改变。地方政府通常采用两手供地策略（赵祥和曹佳斌，2017），一方面，地方政府赖以存在的土地出让收入大部分投入了基础设施建设以利于以地引资，通过低价出让工业用地，直接或间接强化了以发展中低端制造业和建筑业为主导的产业结构刚性，同时也能获

---

① 20世纪80年代初期至90年代中期，地方政府最重要的工作就是"经营企业"，通过扩大企业的产值和利润增加地方财政收入和促进辖区经济发展。

得产业税收收入的增长；另一方面，地方政府高价出让商服住宅用地，导致以房地产业为主的消费性服务业的发展大大超前于以信息传输、计算机服务、金融、物流等研发为主的生产性服务业，致使"产业结构虚高"和第二、三产业互动不足（郭志勇和顾乃华，2013），进一步抑制了生产性服务业结构升级。

除了以上提及的分权改革之外，1998年的城镇住房体制改革取消了城市福利分房制度，以及2002年的土地"招、拍、挂"制度等都进一步促成了地方政府基于土地财政和土地金融的城镇化发展模式，深刻影响着社会经济的方方面面。因此，从体制成因和因果关系来看，分权体制尤其是财政分权改革导致了地方政府财政收支行为的变化，主要体现在地方政府对土地财政和土地金融模式的极度依赖，从而影响了产业结构变迁的过程。

2.4.2 土地财政和土地金融的具体内涵

2.4.2.1 土地财政

我国地方政府土地出让收入的增长离不开我国房地产市场的迅速发展。1994年，全国开始试点福利房私有化，即允许国有企业和行政事业单位的职工出钱购买福利房的产权。1998年，我国正式废除了单位福利分房，大力鼓励商品房市场的发展。同年，中国人民银行也出台相关规定，允许个人购房向银行分期贷款支付房款，使得限制个人购房的流动性约束大为放松。由此，从20世纪80年代中期开始，我国房地产市场经过十几年的发展逐渐驶入了快车道。一个地区不管是房地产市场的发展，还是制造业和服务业的繁荣以及城市建设，最终都会体现在土地升值上。正是出于对这一点的预见，各地方政府都开始逐渐步入"经营城市"，从而促进辖区经济发展的模式。

理解土地财政的内涵是分析分权体制下地方政府财政收支行为的基础。那么，究竟何为土地财政？作为中国经济转型时期特有的一个现象，"土地财政"特指1994年分税制改革后，中央政府财权层层上移，事权层层下放，地方政府面临极大财政压力的情况下，为了缓解巨大的财政收支缺口，在一般预算财政之外利用现行的土地管理制度的不足，以城市用地规模扩张为核心，通过低价从农民手中获得农业用地，平整开放后采用不同供地策略出让工业用地和商住用地获取土地出让收入和相关税费，从而发展出了另一个资金规模巨大、完全由地方政府自己掌控、以土地出让收入为中心的财政收支活动和利益分配体系。与地方政府预算收入财政相比，可以称之为"第二财政"。地方政府流行的说法"第一财政靠工业、第二财政靠土地"说明了二元财政的收入来源，而"吃饭靠第一财政、建设靠第二财政"则说明了二元财政的支出（周飞舟，2007）。由此可见，土地财政对于地方政府的意义，不仅是推动产业结构变迁及经济快速发展的重要制度诱因，与此同时，也对中国经济社会发展的可持续性产生了广泛而深远的影响。

目前，理论界对土地财政所包括的内容并没有一个明确的界定，但是从大口径来看，一般包括三个方面：地方政府通过"招、拍、挂"等方式直接出让土地获得的土地出让金收入；与土地直接相关的税费收入，包括地方税务系统征收的城镇土地使用税和土地增值税、地方财政系统征收的耕地占用税和契税等；与土地间接相关的税费收入，如通过划拨、协议等方式低价出让工业用地以地引资、高价出让商服住宅用地以地生财，从而促进制造业、建筑业和房地产业快速发展带来的包括涉及土地使用权转让收入的营业税、房地产税以及建筑企业上缴的企业所得税等产业税收收入等。除此之外，土地税费还包括与土地有关的部门收费，例如，耕地开垦费、土地主管部门征收的新增城镇建设用地有偿使用费以及政府各部门在土地征用、出让、房地产开发过程中收取的种类繁多、内容复杂的收费项目。地方政府土地财政的构成情况，如图2-3所示。

土地直接税收在地方财政收入中的比重较小，大约为5%～15%，而保守估计来看，土地间接税收占到地方财政收入的26%（周飞舟，2012），因此，土地开发间接推动了地方财政收入的迅速增长。需要指出的是，与土地相关的直接或间接税收或税费和土地出让金相比仍然只占土地收入的一小部分，一次性的土地出让金仍是土地收入的大头。并且，这些与土地相关的税费或税收项目种类繁多、内容庞杂，尚没有完整而准确的统计数据，因此，尽管其具有一定的规模，但仍然未能对其进行直接的估算，也不能进行可靠的实证分析。相对而言，土地出让金规模巨大并且数据较易获得，因此，本书主要分析土地出让金。

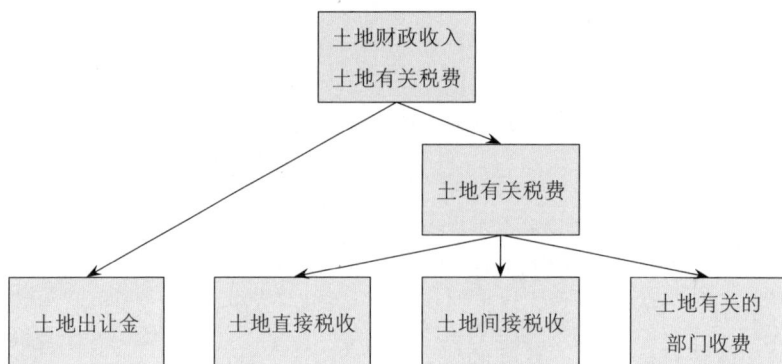

图2-3　地方政府土地财政的构成情况

土地出让金不是税费，而是指土地以"招、拍、挂"等方式出让之后地方政府从中得到的土地租金。从资产性质来看，其是用地企业一次性支付的一笔多年的预付租金。1989年，《中华人民共和国城镇国有土地使用权出让和转让暂行条例》明确规定，土地出让主管部门可从地方政府获得的土地出让金中提取2%～5%作为业务费。除此之外的土地出让收入预留20%作为城市土地开发建设费用，剩下的40%归中央财政、60%归地方财政。财政征收部分一律专项用于城市的基础设施建设和市政建设。土地出让净收益是指扣除土地出让成本后的收益。土地出让成本包括以下几个方面：①出让土地缴纳税费；②土地开发费用；③土地补偿费用；④土地出让业务费等。

2.4.2.2　土地金融

伴随分税制而来的是中央对于预算制度改革的努力。预算管理制度改革是将预算外资金纳入预算内进行管理，同时推进预算外资金的"收支两条线"和国库统一支付制度的管理办法，其主要目的是使得地方政府的财政资金收支更加透明化和规范化（周飞舟，2007）。这也进一步挤压了地方政府获取预算外收入和非预算资金的可能空间。但是，土地金融模式蓬勃发展的导火索归咎于2008年国际金融危机的爆发给国内宏观经济带来的冲击。为了减轻国际金融危机对国内宏观经济的影响，中央政府推出了四万亿元的大规模投资计划，同时配套以适度宽松的宏观经济调整政策。该期间内，央行的货币发行大幅增长，其中一个主要的支出方向便是通过银行等贷款机构发放给地方政府进行城市化建设过程中的基础设施建设和公益性项目，当然，这为后期出现的产业同构和产能过剩问题埋下了伏笔。围绕土地建立起来的土地金融是一个比土地财政更加庞大的资金体系，因此很有必要讨论其具体内涵和运行机制，以进一步审视其所带来的经济社会效应，尤其体现在对产业发展、经济增长和城市化方面的影响。

土地出让金的一部分会作为地方政府的基本资产用来成立一些地方政府下属的城市开发和建设投资公司（简称"城投公司"）。这些公司的注册资金表面上看是会被用于城市公益性基础设施建设和市政建设，但其实这些资金和公司成立的另一个目的并非直接进行城市建设，而是要为城市建设进行融资。这些"城投公司"（或称为"地方政府融资平台"）是联结土地财政和土地金融的关键机构。并且，地方政府持续的土地收入以及未来增长的预期可以作为抵押品，让这些"城投公司"从金融机构（主要是银行）获得贷款。按照1994年《中华人民共和国预算法》的规定，地方政府不能直接从银行贷款，但是地方政府通过设立各种各样的融资平台公司，以土地出让收入或政府信用作抵押，从各种金融机构主要是银行获得巨额融资，从而形成了以地融资的"土地金融"模式。这里主要涉及的行为主体是银行、地方政府融资平台等金融机构。图2-4列示了地方政府控制的融资平台公司通过土地抵押进行借款和还款的流程。

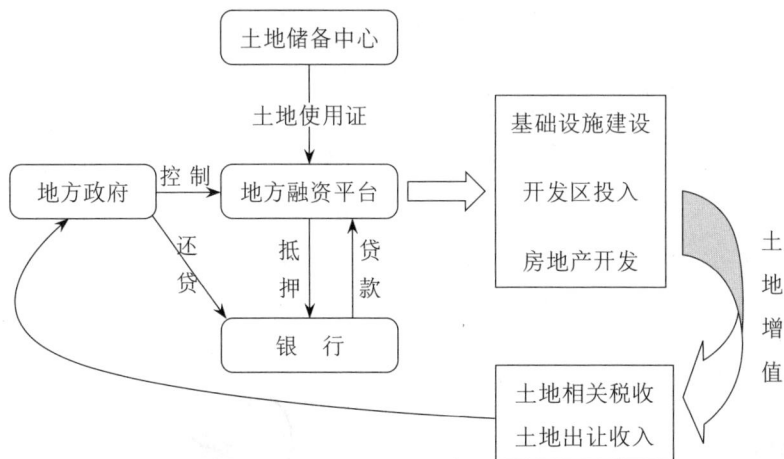

图2-4　地方融资平台公司通过土地抵押借款及还款流程

资料来源：何杨，满燕云.地方政府债务融资的风险控制——基于土地财政视角的分析［J］.财贸经济，2012（05）：45-50.

　　地方政府正是以土地出让金作为金融资产来撬动国有银行和大型商业银行进行放贷，进而利用贷款来进行城市化建设。不仅如此，政府的信用担保在其中也起到了极大的推动作用。由于我国实行的是单一制的治理结构，这样的治理体系使得地方政府即使出现债务危机也不会破产，即存在预算软约束问题（钟辉勇和陆铭，2015）。我国现行的财政体制下，由地方政府控制的投资项目一旦经营失败，如果地方政府财力有限，最终的损失只能由中央政府来承担。换言之，一旦地方政府债务出现实质性违约，地方政府的债务风险就会转变为中央政府的债务风险。因此，中央政府对地方政府债务存在实质性的连带责任（刘尚希，2004；郭玉清，2011）。这种预期又会进一步助长地方政府肆无忌惮地进行粗放型的财政支出行为和债务融资行为。一方面，地方政府通过土地的征用、开发和出让获取巨额的土地出让收入；另一方面，只要财政和金融资金能够不断投入城市建设，那么支撑地方政府预算收入的建筑业、房地产业和制造业的产业税收收入也会不断增长，从而进一步促使地方政府进行以地融资的活动。通过解剖土地金融模式，我们可以发现地方政府无形中已经形成了"土地征用、开发和出让—高额土地出让金—以地融资获取银行贷款—城市建设—土地征用、开发和出让"这样一条循环往复的促进辖区产业发展和经济增长的行为模式，因此，也可将其称为土地、财政和金融"三位一体"的发展模式。

2.4.3　土地金融与地方政府债务的关系

　　土地金融模式虽然给地方政府乃至整个中国经济创造了一个低息的融资环境（赵燕菁，2019），但是其也存在一个巨大的弊端，就是给地方政府积累了巨大的债务风险和财政风险，为日后地方政府可能存在的违约问题埋下了隐患。就体制成因而言，土地金融模式下地方政府债务的急剧膨胀与分税制改革后中央–地方政府财权事权不匹配、以GDP为标尺考核的晋升锦标赛机制下地方政府官员盲目追求经济增长的投资冲动以及央地关系下的预算软约束是分不开的。

　　2008年之后广泛出现的地方政府融资平台，使得地方政府绕开了1994年《中华人民共和国预算法》规定的地方政府不允许发债的禁令，即地方政府没有发行地方债券的权利（法律和国务院另有规定的除外），并且依据中国人民银行制定的《贷款通则》，严格限制了地方政府直接向商业银行贷款。而2014年之前，地方政府如果需要发行债券，只能通过融资平台代为发行，也就是我们所称的"城投债"。融资平台的出现进一步提升了地方政府的融资能力，使得融资方式从股权融资向债务融资演变。然而，相关统计资料表明，债务融资导致地方政府债务出现爆发式增长，尤其体现在以地方政府融资平台债务为代表的政府债务上。到2009年年末，全国地方政府融资平台的负债余额接近6万亿元，其中新增贷款规模3.8万亿元。到2010年底，地方政府融资平台的负债总规模接近10万亿元。到2015年年末，地方政府债务甚至高达16万亿元。2013年，审计署公布的《全国政府性债务审计结果》显示，虽然以负债率衡量，我国政府性债务尚未达到国际警戒线，还不存在大范围的系统性金融风险，但地方政府除负有直接偿还责任的债务，还存在大量的负有担保责任及可能承担救助责任的或有债务，这部分或有债务在非市场化机制下难以规范运作和透明管理，成为可能诱发系统性金融风险的潜在隐患（牛霖琳等，2016）。在缺乏严格的债务规范和信息披露制度下，地方政府隐性债务统计口径不一、无法准确度量，因此，对地方政府债务风险以及有可能引发的系统性金融风险的科学监控也成为一项重要挑战。

从现有国内外的文献研究来看，大多表明土地金融模式下的一个典型现象便是地方政府债务的迅速扩张。Tsui（2011）的研究表明，地方政府正是通过以地引资和以地融资行为促进了辖区经济的快速发展，并且地方政府扮演着国有土地垄断者、供给者和经营者"三位一体"的特殊身份，使得土地日渐成为地方政府获得暴利的工具及融资的杠杆。余晨阳和邓敏婕（2013）从城市化融资途径角度探讨了地方政府可能的融资方式，他们认为传统的融资方式如土地财政、税收融资等都存在极大的局限性，而通过发行市政债务以及设立地方政府融资平台等渠道进行债务性融资能够解决我国城市化进程中存在的融资困境，尽管会极大地造成地方政府债务规模的扩张。余靖雯等（2015）通过构建动态最优化的理论模型和计量检验，研究发现土地价格是决定地方政府融资模式的主要因素，即土地价格如果上涨得较慢，地方政府倾向于直接出让土地，而如果上涨得较快，地方政府倾向于用土地抵押获得贷款资金。

我国特殊的土地管理制度使得土地要素在其中扮演着重要角色，并且逐渐形成以土地要素为核心的地方政府债务形成机制，土地金融模式成为地方政府债务积累的重要原因。现有文献认为，土地财政收入能够引起地方融资平台的债务规模膨胀，土地财政的收入越高，意味着地方的财政基础越好，地方融资平台越有能力和动机进行举债，从而债务规模越大。面对快速的城市化发展，地方政府需要巨额资金投入到基础设施建设和市政建设中，因此催生出了一种新的"土地融资"方式——土地出让收入不仅可以直接构成城市建设资金（郑思齐等，2014），而且可以作为担保和偿债来源发行地方债，具有融资放大效应（张莉等，2018）。这意味着，我国特有的土地金融模式在很大程度上造成了地方政府债务的膨胀。

2.5 地方政府财政收支影响产业结构变迁的文献综述

2.5.1 地方政府规模的产业结构效应

我国的地方政府规模增长可能会引发地方政府行政效率低下、地方政府官员责任互相扯皮推诿、挤出效应以及行政和经济寻租等负面影响（周黎安和陶婧，2009；余华义，2015）。最为典型的结果是财政供养人口的不断增长会产生"吃饭财政"，呈现出"机构臃肿、人员杂冗"的拥挤效应（杨子晖，2011；文雁兵，2014）；与此同时，也会导致地方政府竞争加剧，进而产生市场分割、产业同构和重复建设问题。

从产业结构效应来看，汪德华等（2007）基于跨国横截面数据计量检验发现，政府支出规模和政府投资规模对服务业比重都有负向影响。姜磊（2008）基于1982—2006年中国省级层面数据的计量检验也表明，地方政府规模膨胀对服务业存在负向影响，但这一影响主要体现在2002年之后，而积极影响主要体现在早期阶段。其内在的解释逻辑是，当地方政府规模较小时，地方如医疗、教育、卫生等具有积极外部性的公共物品和公共服务的供给往往是不足的，此时地方政府扩大供给支出能够弥补私人投资无法触及的领域，以及存在的市场失灵与缺位现象，这对经济增长乃至产业的发展可能都是有利的。但随着地方政府规模的扩大甚至过度膨胀，会导致机构臃肿、人员冗杂、权力寻租等问题，而且更重要的是政府对经济的过度干预将引发政府融资需求的增加，从而会增加税负并且为经济个体带来沉重的负担，往往会导致资源配置效率的恶化，因此对经济发展带来的负面影响会逐渐凸显出来（杨子晖，2011）。郭小东（2009）利用20个国家的跨国面板数据实证研究发现，政府支出规模通过生产要素积累促成了不同产业间的相互替代，在一定程度上抑制了第一、第二产业发展的同时却促进了第三产业的发展。

从其他的经济社会效应来看，Guseh（1997）基于1960—1985年59个中等收入发展中国家的跨国面板数据，研究发现政府规模对经济增长存在显著的负向影响，而这一效应受到一国政治经济制度的影响。Folster and Henrekson（2001）基于1970—1995年跨国发达国家的研究也发现，政府规模和经济增长之间存在显著的负向关系。Roy（2009）基于1950—1998年美国时间序列的研究样本构建联立方程模型研究发现，政府规模膨胀显著抑制了经济增长。随着实证研究方法的逐步丰富，越来越多的研究发现政府规模同经济增长之间的长期关系可能并非一种单调的非正即负的线性关系，而有可能存在非线性关系。Chen and Lee（2005）基于中国台湾地区的研究样本，使用门限回归模型得出政府规模的适度扩张能够促进经济增长，而超过门限值后过度扩张的政府支出并不会促进经济增长，反而会因为拥挤效应或税收增加而对经济造成损害的结论。上述结论可以解释为何政府规模与经济增长之间的关系在以往的研究中没有得到明确的界定。因此，政府在制定公共财政政策时，应研究政府规模是否过度扩张。如果政府规模过度扩张，那么一国应该缩减政府规模，以提高政府支出的效率，促进经济增长。国内的研究中，杨子晖（2011）在非线性框架下基于面板平滑转换模型（PSTR模型）对政府规模与经济增长之间的关系展开深入研究，发现随着政府规模的逐步增大，税负增加等因素的影响使得政府支出规模对经济增长所产生的负效应影响逐步凸显，当超过警戒水平时，政府规模的膨胀对经济增长的促进作用转变为阻碍作用。从资源配置效率的角度来看，朱荃和张天华（2016）精准测算了我国各地级市1998—2007年的资源配置状况，并在此基础上实证检验发现，以地方政府规模衡量的政府对经济的干预恶化了我国的资源配置效率，而这一影响显著存在于国有经济部门。文雁兵（2014）基于2002—2011年中国省际动态面板数据，利用系统广义矩估计（SYS-GMM）实证检验发现，适度的地方政府规模有利于经济增长和社会福利的增进，具体来看，地方政府规模对社会福利的影响呈现倒U型关系，并且适度的地方政府规模在0.2左右。

2.5.2 土地财政的产业结构效应

分权体制下，土地财政作为一种地方政府应对巨大财政压力的财政收支活动，其所带来的经济社会效应十分广泛，并且受到了众多学者的关注。从现有文献来看，其主要研究了土地财政对经济增长、经济波动、产业结构、城市化、城市集聚、企业杠杆率等方面的影响。

从对产业结构以及城市集聚特征的影响效应来看，李勇刚和王猛（2013）在经典的两部门非均衡增长模型中引入了土地财政因素，实证分析发现虽然土地财政有助于工业化进程，但是其显著抑制了产业结构服务化的发展，具体体现在抑制了产业结构由以工业为主导转向以服务业为代表的第三产业的变动过程。分税制改革后，地方政府所面临的财政压力急剧增大以及地方政府官员在政治晋升激励下的投资冲动被认为是土地财政兴起的重要制度诱因（范子英，2015）。郭志勇和顾乃华（2013）认为土地财政是导致城市化虚高和产业结构虚高的重要因素。邵朝对等（2016）将土地财政和房价纳入统一分析框架，首次系统构建了房价、土地财政与城市集聚特征的影响机制，基于中国282个地级及以上城市面板数据，采用系统GMM方法研究发现，土地财政由于存在基础设施投资偏向进一步激化了产业结构刚性，抑制了城市产业结构向多样化发展，而房价通过扩散机制与城市多样化特征之间存在倒U型关系。由于土地财政会过度吸引原本应该投入高端制造业的资源要素，损害了企业的融资环境，长期内会导致第二产业的峰值提前，因此，土地财政具有提前去工业化效应（周彬和周彩，2018）。

从对工业化和城市化的影响来看，大多数学者均认为土地财政为城市基础设施建设筹集资金并进一步带来了产业税收收入，从而推进了城市化和工业化发展。以土地为中心的中国式分权体制，不仅带来了辖区间竞争和土地融资的创新，并且进一步改善了我国的基础设施建设。汤玉刚和陈强（2012）基于1999—2007年省际面板数据论证了这一观点，并且指出无论是显性的土地财政抑或隐性的土地财政，都显著促进了城市基础设施的供给。雷潇雨和龚六堂（2014）通过将城市集聚特征以及地方政府的土地财政行为纳入城市经济模型，理论分析发现地方政府高价出让商住用地、低价出让工业用地的不同供地策略能够降低企业成本从而吸引工业企业入驻，与此同时，可以最大化财政收入进而促进城市化发展。并且，实证分析进一步发现，这一效果随着城市集聚效应和经济发展水平的提高而不断削弱。杜金华和陈治国（2018）通过理论模型和计量检验发现，地方政府对土地财政的依赖促进了城市建成区面积的扩张，由此体现出土地城市化快于人口城市化水平的提高，而分区域的研究发现土地财政依赖的城市扩张效应在中部地区城市尤为明显。当然，也有部分研究认为，土地财政推高了房价，并且通过推高土地租金等方式增加了劳动力成本，从而提高了城市化成本。宫汝凯（2012）通过考察影响我国城镇房价持续快速上涨的制度性因素发现，正是分税制改革下大规模的土地财政推高了城市房价。张平和刘霞辉（2011）认为，尽管土地财政扩张了公共基础设施投资，推动了土地城市化，但是土地的供给特性和跨期分配效应也增大了宏观风险，并且阻碍了人口城市化，具有明显的去工业化效应。与此同时，超前的土地城市化会对城市的可持续发展构成威胁。崔军和杨琪（2014）的研究发现，地方政府的土地财政收入对空间城镇化的推动作用远远大于对人口城镇化的推动作用，由此造成的城市化失衡现象普遍存在。

从微观企业层面的视角来看，在非金融类企业杠杆率过高的背景下，周彬和周彩（2018）基于2004—2016年沪深A股非金融类上市公司的研究样本，实证检验发现地方政府对土地依存度的增加会提高企业的过度负债概率，与此同时，地方政府对土地财政的过度依赖也会提高企业的短期偿债风险并且降低过度负债企业的盈利能力。也有部分文献研究土地出让对全要素生产率的影响，张少辉和佘永泽（2019）基于2004—2013年中国230个地级及以上城市面板数据，计量分析发现地方政府的土地财政扩张显著抑制了城市全要素生产率的提升，并且地方政府的两手供地策略扭曲了土地价格和土地要素资源配置，导致行业和城市层面的资源错配，进一步抑制了全要素生产率的提高。

从经济增长和经济波动效应来看，陈志勇和陈莉莉（2011）的研究发现，2000年以来的财税体制变迁驱使地方政府依赖土地出让收入改善营商环境从而促进辖区经济发展，并且土地财政模式也驱使地方政府加大了对房地产业的扶持力度。张平和刘霞辉（2011）通过分析我国地方政府从支持乡镇企业发展向经营城市转型的行为变化中发现，分税制以来快速的城市化发展使得土地价值被重估，直接导致了地方政府走向以土地征用、开发和出让为主的模式，从而形成了对土地财政的极度依赖。而这一过程中地方政府依靠土地财政的创收行为确实扩大了公共基础设施投资和区域经济增长。李勇刚等（2013）通过构建面板联立方程模型，实证检验发现政治晋升激励和土地财政在我国改革和发展过程中扮演着重要角色，二者之间存在着显著的正向互动关系，并且共同正向作用于经济增长。吕炜和高帅雄（2016）通过构建包含居民、政府和工业企业部门在内的DSGE模型，并且在模型中详细刻画了政府部门在土地市场上的作用，研究发现房地产经济使得政府在获得土地财政收入的同时也损失了大量税收收入，并最终有损于实体经济的发展。梅冬州等（2018）基于地方政府依赖土地财政的特征事实，构建了一个房地产和非房地产部门的DSGE模型，研究发现外部冲击带来的房价变动会影响地方政府财政收入，而地方政府的土地出让行为联结了房价变动与地方政府的财政收入，因此在金融加速器效应的作用下进一步放大了房价变动对总投资和整个经济的影响。总体来看，他们的研究表明地方政府在基础设施建设的投资倾向、土地财政、金融加速器效应三者共同的作用下使得房地产部门成为中国经济波动的重要来源。

2.5.3　地方政府债务的产业结构效应

现有文献基于地方政府债务问题的研究也十分丰富，对地方政府债务带来的经济社会效应的讨论也大多集中在经济增长、城市化融资、债务风险、企业投融资等方面。需要指出的是，地方政府债务的扩张正是地方政府以土地抵押进行融资（土地金融）后的结果，因此，部分研究地方政府债务的文献也是基于土地财政的进一步拓展。

从地方政府债务的产业结构效应来看，司海平等（2017）以2009—2014年地级市层面的城投债数据衡量地方政府债务规模，对地方政府债务在产业结构变迁中的作用进行了实证分析，研究发现地方政府债务发行产生了明显的经济结构效应，即增加了第三产业占比、降低了第二产业占比。地区的异质性分析表明，这一效应显著存在于东部地区而在中西部地区并不明显。刘焕鹏和童乃文（2019）基于省级面板数据研究发现，政府债务对高技术产业创新具有显著的门槛特征，而在这一过程中，市场化因素可以显著弱化这一影响。现有文献对地方政府债务的产业结构效应的研究往往语焉不详，一方面，限于数据的可获得性，真实的地方政府债务规模难以直接获取，现有研究大多基于城投债数据或其他方式进行估算；另一方面，产业结构变迁仍需要从多个角度进行考察，比如产业结构的合理化和高级化程度。

关于其他的经济社会效应方面，从城市化融资和债务风险方面来看，刘守英和蒋省三（2005）认为20世纪90年代以来城市化发展主要依靠土地财政，其主要表现为政府主导和城市外延扩张，并且地方政府通过储备土地进行土地抵押从而获得银行贷款的方式进一步支撑起新一轮的城市扩张。张莉等（2019）基于地方融资平台的土地抵押数据分析发现，地方融资平台在抵押金额和抵押率上，都显著高于非融资平台的土地抵押。并且，出于地方政府强烈的举债动机和对信贷市场的干预，融资平台获得的土地抵押较高，会导致信贷资源的无效率配置，进而有可能触发潜在的债务风险。从地方政府债务的经济增长效应来看，目前文献十分丰富，但是并没有得出一致的结论。随着实证方法的不断更新以及非线性建模技术的不断完善，部分文献发现地方政府债务与经济增长之间存在非线性关系。受到较多关注的是 Reinhart and Rogoff（2010）的研究，他们基于1949—2009年包含20个发达国家的跨国面板数据进行实证研究，发现政府债务对经济增长的影响存在门槛效应：当债务率

（政府债务/GDP）低于90%时，两者之间没有显著关系；而当这一比例高于90%时，两者之间的负向关系十分明显。国内的研究中，毛捷和黄春元（2018）通过典型事实和理论分析，并基于2004—2015年中国地级市数据研究发现，地方政府债务对经济增长的影响呈现倒U型关系。从地方政府债务对企业投融资的影响来看，Bai et al.（2016）定量分析了地方政府债务对银行资产质量和配置的长期影响，研究发现地方政府通过融资平台为其偏好的企业融资提供便利，这可能会恶化信贷配置的整体效率。当前，我国国有企业以及地方政府、非金融类上市公司均面临杠杆率居高不下的难题，因此，降杠杆成为供给侧结构性改革的重要方面。从地方政府债务对企业杠杆率的影响来看，Liang et al.（2017）基于典型化事实分析表明，国有企业的加权平均杠杆率迅速上升，而此时非国有企业的加权平均杠杆率却相反。通过将地方政府融资平台发行的城投债作为地方政府债务水平的度量，计量检验发现地方政府债务扩张显著挤出非国有企业的杠杆，而挤入国有企业的杠杆。

2.5.4　现有研究不足及值得拓展之处

通过对现有理论与文献的梳理和总结，我们发现目前尚未系统地从地方政府的财政收支视角考察研究我国的产业结构变迁过程。鉴于此，本书将分权体制下的地方政府作为研究的切入点，以地方政府的财政收支为主线，从地方政府支出规模、土地财政行为和土地金融模式下的地方政府债务三个维度渐进式分析了其对我国产业结构变迁的影响及其作用机制。具体来看，主要可以从以下三个方面进行拓展：

第一，既有研究往往只局限于讨论地方政府的财政支出及其支出结构偏向在产业结构转型升级中的作用，却忽视了分税制改革下地方政府规模迅速膨胀的典型事实。现有研究在考察地方政府支出对产业结构的影响时，往往忽视了以下几点：首先，并没有将地方政府支出上升至地方政府规模变动的视角进行分析；其次，受制于经济发展水平和自身规模的大小，地方政府规模变动对产业结构转型升级并非简单地表现为线性的正向或负向作用，两者之间可能存在非线性特征；最后，现有的实证检验也忽视了对二者传导机制的研究。

第二，产业结构变迁的影响因素分析中，基于地方政府财政收入视角的研究往往忽视了地方政府预算外资金存在的客观事实，而更多考虑的可能是税收的产业结构效应。分税制改革之后，财权层层上收，事权层层下移，并且地方政府还有大量的资金配套任务。所幸的是，行政分权改革使得地方政府拥有大量自主的经济管理权限，在政治锦标赛的晋升压力下，地方政府有能力也有动力进行大刀阔斧的改革，而土地财政便是在这样的制度背景下衍生而来的。分权体制下，地方政府对土地财政的依赖可能是导致中国经济高速增长和服务业结构升级滞后并存的重要诱因，而现有文献既没有进一步考察地方政府的土地财政行为对服务业结构升级的影响，也缺乏相应的机制讨论。

第三，体制成因和宏观经济波动导致土地财政模式已经不能完全满足地方政府促进产业升级、加快辖区经济发展的需要。于是，地方政府开始以土地作抵押和政府信用作担保向银行贷款，或是以发行城投债的方式进行债务融资，依靠融资平台来为城市基础设施建设项目筹集资金并推进地方经济发展，这种土地融资方式我们称之为"土地金融"。土地金融模式的兴起导致地方政府债务大量积累，尤其是在2008年之后，地方政府依靠融资平台获得的债务（以借款为主）规模之高、增速之快前所未有。需要指出的是，地方政府债务扩张导致的产业结构效应及其传导机制，现有研究往往语焉不详，缺乏深入的分析和讨论，并且对于产业结构变迁的指标测度，现有研究较为单一，这也成为本书第6章展开进一步研究的出发点。

第3章　我国产业结构变迁的测度、历史沿革与发展现状

如第2章的引言所述，研究财政收支视角下地方政府如何影响产业结构变迁，首先需要准确地定义和测度产业结构变迁，并且清楚地知道可以从哪些维度进行科学度量；其次，需要对我国产业结构变迁的历史进程有一个大致的概括和了解，例如，各个发展阶段下产业结构演进的主旋律，进而有针对性地从体制成因上剖析产业结构变迁过程；最后，重点介绍地方政府作用下我国产业结构变迁的发展现状，主要包括取得的成就和存在的问题。

3.1　我国产业结构变迁的测度、概念界定及现象说明

3.1.1　产业结构变迁的测度

3.1.1.1　已有文献中的指标测度

关于产业结构变迁的指标测度，现有文献对其进行了一系列的研

究，并采用了各种方式衡量产业结构变迁或产业结构升级水平。基于文献的梳理，从研究的不同维度出发存在以下视角：

从国家或省际宏观层面来看，李子伦（2014）认为产业结构升级应该从产业体系的科技创新能力、人力资本积累水平和资源利用效率水平等三个方面的标准进行衡量，并基于这三个方面利用因子分析法对指标体系进行测度。他基于这一思路构建了国家层面的产业结构变迁指标，并针对经济合作与发展组织（OECD）的六个代表性国家和金砖五国数据，研究发现金砖五国与发达国家之间的产业结构升级水平仍然存在较大差距。徐仙英和张雪玲（2016）在科学界定产业结构优化升级内涵及其表现的基础上，从高级化、高效化和合理化三个维度构建产业结构优化升级评价指标体系，并运用变异系数法对指标进行赋权，研究发现我国产业结构优化升级总体呈现上升趋势，但仍存在诸多问题。干春晖等（2012）在研究我国产业结构变迁对经济增长和波动的影响过程中，首次基于省际面板数据对产业结构变迁从产业结构高级化和合理化两个维度进行衡量。因此，该文具有极高的引用率，受到了学术界的广泛关注。徐敏和姜勇（2015）通过构建产业结构层次系数来衡量各省份的产业结构升级水平，运用空间计量模型从时间维度和区域差异视角研究了产业结构升级缩小城乡消费差距的作用机理。汪伟等（2015）在研究人口老龄化作用于产业结构升级的影响机制时，也构建了产业结构层次系数进行实证检验。通过将第一、二、三产业均包含在内，并且赋予了各个产业产值比重不同的权重来反映各个产业在国民经济中的重要地位。韩永辉等（2017）在理论阐述地方政府产业政策对产业结构优化升级的作用机理基础上，采用1997—2014年中国31个省区市面板数据，借鉴干春晖等（2012）的方式对产业结构从合理化和高度化两个维度进行度量，实证分析发现地方政府产业政策的出台与实施显著促进了产业结构合理化和高度化。吴万宗等（2018）基于省际面板数据，从产业结构高级化和合理化两个维度对产业结构变迁进行测度，考察了改革开放四十年来产业结构变迁与居民收入差距的关系，研究发现对居民收入分配具有积极改善效果的是产业结构合理化，而来自产业结构高级化的影响并不清晰。

从城市或县域中观层面来看，Au and Henderson（2006）利用第二、三产业增加值之比测度城市产业结构，研究其对中国城市规模的经济效率的影响，研究发现产业结构不同的城市具有不同的规模-效益曲线。豆建民和汪增洋（2010）利用城市第二、三产业产值比例衡量城市产业结构，研究发现产业结构对土地产出率的影响因城市规模的差异而有所不同。毛丰付和潘加顺（2012）分别以第二产业产出占非农产业产出比重的"工业化"水平与第三产业占非农产业产出比重的"服务化"水平来衡量产业结构，研究发现产业结构对我国城市劳动生产率的提升显著为正并且呈现倒 U 型变动。王垚等（2017）在研究城市最优规模时，其理论模型刻画的产业结构变量为制造业与生产性服务业之比，但限于县域层面数据的可得性，计量检验中采用第二、三产业产值比作为代理变量。袁航和朱承亮（2018）采用不同测算方式分别表示了产业结构高度化的"质"和"量"以及产业结构合理化，利用 1994—2015 年中国 285 个地级市面板数据，采用双重差分法研究发现，国家高新区政策显著促进了产业结构高度化的"量"，但并未促进产业结构高度化的"质"和产业结构合理化，因此并未显著促进我国产业结构转型升级。王立勇和高玉胭（2018）基于 2002—2015 年县级面板数据，将山西省"省直管县"改革试点视为一次外生冲击，研究了财政分权改革对产业结构升级的因果效应。该文借鉴的是干春晖等（2011）对产业结构的测度方式，采用第三产业与第二产业产值之比来衡量产业结构升级，同时参考徐敏和姜勇（2015）和汪伟等（2015）构建产业结构层次系数（产业结构升级指数）作为稳健性检验。刘贯春等（2018）从城市层面的数据出发，以各行业从业人员占该地区总从业人员的比重衡量分行业层面的产业结构水平，以各行业从业人员占所在产业从业人员总数的比重衡量产业内部结构变迁水平，从就业视角研究发现最低工资制度对城市产业内部的结构变迁具有一定的解释作用。邵朝对等（2016）也同样采用城市层面不同行业部门就业人数占总就业人数的比重来衡量城市产业结构及其集聚特征。

从微观层面来看，周茂等（2016）基于特征事实和影响机制检验了贸易自由化与我国产业结构升级之间的关系。该文采用中国工业企业数据库和海关数据库的匹配数据，借鉴 Hausmann et al.（2007）的方法来测度产业的技术复杂度，然后利用我国每个城市的生产结构（权重）来构建城市生产结构的产业升级变量。周茂等（2018）认为传统的产业结构测度方式简单地根据产业比重或不同要素特征产业比重来判断某时期或某地区产业发展的优劣并不准确，因此借鉴周茂等（2016）的方式构造城市技术复杂度指标来度量城市层面的产业结构升级水平，能够衡量产业向较高附加值和较高生产率经济活动的转移过程。周茂等（2019）借助始于1999年的"高校扩招"这一外生政策冲击，采用双重差分法评估人力资本扩张对我国城市制造业出口升级的因果效应时，也是采用了技术复杂度这一测度方式衡量城市制造业出口升级。无独有偶，毛其淋（2019）也以"大学扩招"政策的实施作为准自然实验，在采用双重差分法系统评估人力资本对我国加工贸易企业升级的影响及其作用机制时，对我国加工贸易升级采用的是制造业增加值率的方式，这样的衡量指标在盛斌和毛其淋（2017）以及苏杭等（2017）的研究中同样得到了广泛应用。此外，李力行和申广军（2015）在考察开发区的经济效应时，在城市制造业产业结构变动的衡量方面，主要借鉴了宋凌云（2012）的方式，构造产业结构变动指数（Structure Change Index，SCI）来度量不同行业在制造业总额中的份额变动，能够有效衡量一个城市制造业内部各行业资源重新配置的汇总情况。

研究者们基于不同的研究维度和数据从多角度考量产业结构变迁或升级的测度指标，真正将其量化为可行的计算公式的测度方式，具体见表3-1。从中观城市层面的数据维度来看，基于产值比重和就业比重及其耦合关系衡量产业结构变迁仍然是测度指标的核心内容。

3.1.1.2 本书中的测度说明

产业结构变迁是指生产要素在经济各部门和不同产业之间的重新配置，以及经济各部门和不同产业产值的比重变化（Kuznets，1957；韩永辉等，2017），并且，我国整体经济效率提高的重要前提也是产业结构调整过程中跨地区跨部门的劳动力流动。本书所指的产业结构变迁主要包括产业结构内部各个产业组成和不同性质行业部门的演进和变迁过程。周振华早在1990年就系统论述了产业结构理论，将产业结构优化

表3-1　　不同层面的产业结构变迁（升级）度量指标

不同层面	产业结构变迁（升级）度量指标	采用依据或主要观点	代表性文献
宏观：国家或省级数据	（1）因子分析或主成分分析构建综合指标； （2）产业结构高度化和合理化； （3）分行业从业人员数占产业从业人员总数的比重； （4）产业结构层次系数： $upgrade = \sum_{i=1}^{3} w_i \times i = w_1 \times 1 + w_2 \times 2 + w_3 \times 3$，其中 w_i 为第 i 产业的产值比重	产业结构升级表现在要素特征上由劳动密集型产业向资本和技术密集型产业转变的过程，表现在产值结构上由第一产业产值比重向第二、三产业产值比重或增加值占比，表现在劳动生产率上由低劳动生产率向高劳动生产率转变的过程	李子伦（2014）；徐仙英和张雪玲（2016）；徐敏和姜勇（2015）；干春晖等（2012）；韩永辉等（2017）
中观：城市或县域数据	（1）第二、三产业产值占比或增加值占比； （2）产业结构高度化和合理化； （3）产业结构层次系数： $upgrade = \sum_{i=1}^{3} w_i \times i = w_1 \times 1 + w_2 \times 2 + w_3 \times 3$，其中 w_i 为第 i 产业的产值比重		豆建民和汪增洋（2010）；邵朝对等（2016）；王立等（2017）；袁航和朱承亮（2018）；刘贯春等（2018）
微观：中国工业企业数据库和海关数据库等数据	（1）产业技术复杂度或出口技术复杂度： $Sophistication_{ct} = \sum_i \dfrac{Output_{i,c,t}}{\sum_i Output_{i,c,t}} \times Prody_{i,97}$（具体下标含义参考周茂等（2016）或周茂等（2018））； （2）产业结构变动指数： $SCI_c = 0.5 \times \sum_i^{L} \left| indshare_{ic,2008} - indshare_{ic,2004} \right|$（具体下标含义参考李力行和申广军（2015）或宋凌云等（2012））； （3）制造业增加值率（盛斌和毛其淋，2017；苏杭等，2017）	根据某个产业在全球价值链中的环节位势判断该产业的发展水平，表现在产业向价值链中高附加值的产业转型的过程；产业结构变动越剧烈，即生产要素在制造业内部各行业的重新配置幅度越大	周茂等（2016）；周茂等（2018）；周茂等（2019）；宋凌云等（2012）；李力行和申广军（2015）；苏杭等（2017）；盛斌和毛其淋（2017）；毛其淋（2019）

定义为产业结构合理化和产业结构高度化两个方面，并且，这两个维度被学者们广泛引用，如干春晖等（2011）、韩永辉等（2017）、袁航和朱承亮（2018）等。从动态的角度看，一个经济体的产业结构变迁应该具有两个维度，即产业结构高度化和产业结构合理化（干春晖等，2011）。本书也主要借鉴了他们在实证研究中对产业结构转型升级的测度，从产业结构高度化和产业结构合理化两个维度进行衡量。

产业结构高度化反映的是产业结构根据各国经济发展的一般规律和逻辑次序从低水平向高水平顺次演进的过程，其理论内涵突出表现为产业比例关系的改变和劳动生产率的提高。其中，一是指产业结构从劳动密集型到资本密集型再到知识密集型的顺次转换，或由低附加值产业向高附加值产业的转换；二是指传统产业生产技术的持续升级创新和产品技术含量的提高，或劳动力向生产率更高的产业部门流动以实现优化配置。相关文献一般依据库兹涅茨事实采用非农业产值比重，或依据克拉克定律采用第二、三产业产值比重来衡量（干春晖等，2011；韩永辉等，2017；袁航和朱承亮，2018）。产业结构高度化的常用测度方式：一是采用第三产业与第二产业增加值比重（$ais1$）；二是采用产业结构层次系数（$ais2$）来表示，即从份额比例的相对变化刻画了三大产业在数量层面的演进过程，具体计算公式为：

$$ais2_{i,t} = \sum_{m=1}^{3} y_{i,m,t} \times m, \quad m = 1, 2, 3 \tag{3-1}$$

其中，$y_{i,m,t}$ 表示 i 城市第 m 产业在第 t 年占城市生产总值的比重。

产业结构合理化反映的是产业间协调能力不断加强和关联水平不断提高的动态过程，是对要素投入结构和产出结构耦合的一种度量，体现的是产业间的协调程度和资源有效利用程度（干春晖等，2011）。现有研究中涉及产业结构合理化的定量研究并不多，其指标的确定也尚未统一。一些学者以要素投入结构和产出结构的耦合程度来度量产业结构合理化，即产业结构偏离度，具体测算公式为：

$$E = \sum_{m=1}^{3} \left| (y_{i,m,t} / l_{i,m,t}) - 1 \right| \tag{3-2}$$

其中，E 表示结构偏离度，$y_{i,m,t}$ 表示 i 地区第 m 产业在第 t 年占城市生产总值的比重，而 $l_{i,m,t}$ 表示 i 地区第 m 产业在第 t 年从业人员占总就业人员的比重。根据古典经济学假设，经济最终处于均衡状态，各产业部门生产率水平相同。因此，当经济均衡时，E 为零。E 值越大，就表示经济越偏离均衡状态，产业结构越不合理。但是，结构偏离度指标的局限是将各产业"一视同仁"，忽视了各产业在经济体中的重要程度，同时绝对值的计算也为研究带来了不便。因此，本书主要采用两种测度方式衡量产业结构合理化水平。其一，本书借鉴干春晖等（2011）、袁航和朱承亮（2018）的做法，采用泰尔指数（$Theil\ Index$）来测度各地级市的产业结构合理化程度，该指数具有兼顾度量不同产业产值与就业的结构偏差以及各产业不同经济地位的优良性质，具体计算方式为：

$$theil1_{i,\ t} = -\sum\nolimits_{m=1}^{3} y_{i,\ m,\ t}\ ln(y_{i,\ m,\ t}/l_{i,\ m,\ t}) \tag{3-3}$$

其中，$y_{i,\ m,\ t}$ 的含义同上，表示 i 城市第 m 产业在第 t 年占城市生产总值的比重，而 $l_{i,\ m,\ t}$ 表示 i 城市第 m 产业在第 t 年从业人员占总就业人员的比重。同样地，如果经济处于均衡状态下，也有 $theil1=0$，而且该指数考虑了产业的相对重要性并避免了绝对值的计算，同时其还保留了结构偏离度的理论基础和经济含义。因此，该指数是一个衡量产业结构合理化较好的度量指标。其二，考虑到结果的稳健性，本书借鉴韩永辉等（2017）的做法，在产业结构偏离度的基础上，构建产业结构合理化水平的新指标，具体计算方式为：

$$theil2_{i,\ t} = -\sum\nolimits_{m=1}^{3} y_{i,\ m,\ t}\ \left|(y_{i,\ m,\ t}/l_{i,\ m,\ t}) - 1\right| \tag{3-4}$$

其中，$y_{i,\ m,\ t}$ 和 $l_{i,\ m,\ t}$ 的含义同上。该指标既保留了产业结构偏离度的优点，又通过产值加权体现了各产业的重要程度。

本书主要基于城市层面数据展开研究，借鉴现有文献的做法，主要从以下方面来衡量产业结构变迁：第 4 章中基于产业结构层次系数对产业结构水平进行测度，主要研究了地方政府（支出）规模对产业结构升级水平的影响；第 5 章实证中主要以服务业结构升级水平来反映地方政府作用下产业结构变迁的典型现象——经济高速增长与服务业结构升级滞后之谜；从动态的角度看，一个经济体的产业结构变迁应该具有两个维度，即产业结构高度化和产业结构合理化（干春晖等，2011），因此，第 6 章实证中借鉴干春晖等（2011）、韩永辉等（2017）、袁航和朱承亮（2018）等对产业结构变迁或产业结构转型升级的测度，从产业结构高度化和产业结构合理化两个维度衡量产业结构变迁水平。

3.1.2 概念界定

3.1.2.1 产业结构、产业结构升级与产业结构变迁的内涵

产业结构是经济结构的重要组成部分，是指在社会再生产过程中一个国家或地区的产业组成，即资源在产业间的配置状态，同时也指各产业所占比重以及产业间的技术经济联系，即产业间相互依存、相互作用的方式。从中观层面来看，产业代表部门内部的行业，如服务业生产部门内部的生产性服务业和生活性服务业等；从宏观层面来看，按照克拉克定义的三次产业分类法进行分类，通常认为第一产业为农业，第二产业为工业或制造业，第三产业为服务业。产业结构具体可以从两个维度进行考察：一是从"质"的角度来看，动态地揭示产业间技术经济联系与联系方式不断发生变化的趋势，揭示在经济发展过程中，国民经济各部门主导或支柱地位的产业部门不断替代的规律及其相应的结构效益；二是从"量"的角度来看，静态地研究一定时期内产业间经济数量的比例构成关系，也包括产业间投入量和产出量的比例关系。

产业结构升级是指产业结构由低级形态或低附加值向高级形态或高附加值的演进过程。周振华早在1995年就将产业结构升级定义为产业结构由低级阶段向高级阶段动态演化的过程，主要包括产业结构高度化和产业结构合理化两个维度，具体体现在产业部门数量增多，产业间的比例均衡、关联协调程度以及耦合关系不断加强，产业技术水平不断提升，资本密集型和技术密集型产业占据主导地位等方面。从产业结构升级的表现来看，基于目前文献的梳理可以发现不同的视角：一是从中观和宏观层面来看，产业结构升级表现在要素特征上由劳动密集型产业向资本和技术密集型产业转变的过程，表现在产值结构上由第一产业产值比重向第二、三产业产值比重倾斜的过程，表现在劳动生产率上由低劳动生产率向高劳动生产率转变的过程，表现在价值构成上由低附加值产业向高附加值产业转型的过程。二是从微观层面来看，基于全球价值链的考察，产业结构升级是一个企业或经济体提升迈向更具获利能力的资

本和技术密集型经济领域的能力的过程，其具体表现在以下四个方面：第一，产品层次上或流程上的升级，即通过引入先进的生产技术重组生产系统从而使得同类型产品生产从简单到复杂；第二，经济活动层次上的升级，即从微笑曲线的两端入手，包括不断提升研发、设计、营销和售后服务能力，从而提高单位增加值；第三，生产部门内层次上或功能上的升级，包括获得价值链上新的更好的功能，从最终环节产品的制造到更高价值产品的生产等；第四，部门间层次上的创新升级，也称链升级，即将价值链中一个特定环节获得的生产能力应用于或转向新的领域，其基本动力是要素禀赋和企业能力变化驱动下的诱致性创新（Gereffi，1999；Humphrey and Schmitz，2002；周端明，2014）。

本书所指的产业结构变迁是较产业结构升级更加广义化的概念，既可以指产业结构升级过程，也包括特定国家或地区产业结构演进过程中可能出现的各种现象和规律。显然，后者是前者的一个子集。以我国特定的制度背景为例，经济发展过程中产业结构变迁出现了许多特征现象，如分税制改革以来，我国存在着"中国经济高速增长与服务业升级滞后并存之谜"，同时也出现了产业结构刚性与产业结构虚高并存、"逆库兹涅茨化"等现象。此外，在我国的财政分权体制改革中，早期以GDP为考核的政治晋升激励和地方政府竞争导致的地方保护主义和市场分割造成的产业同构和重复建设问题，都可以视为我国特有的产业结构变迁历程。如果从狭义上理解，也可以将其视为经济社会发展和产业结构演进中产业结构向合理化和高度化发展的升级历程。

3.1.2.2 服务业升级的内涵

英国经济学家威廉·配第最早在《政治算术》（1960）中阐述了产业间收入相对差异的规律性，认为不同产业间收入的相对差异是导致劳动力向更高收入部门转移的原因。配第定律首次阐释了服务业在产业结构变迁中的作用，认为经济增长的根本推动力在于产业劳动效率的提高以及劳动力由低劳动生产率向高劳动生产率部门的转移。从最早的配第定律，到钱纳里的产业结构理论，再到20世纪50年代以来的库兹涅茨、里昂惕夫、刘易斯、赫希曼、罗斯托等都提及了关于服务业与产业结构之间的密切关系。

21世纪以来，一方面，我国的产业结构变迁过程中出现了各种难以用传统理论解释的现象，如"逆库兹涅茨化"、产业结构迈入第三产业比重占优势但经济增长速度趋缓、生产性服务业发展不足进一步制约高端制造业结构升级等问题；另一方面，随着制造业和服务业部门的进一步细分，为了解释产业结构变迁过程中的各种特征事实，关于制造业和服务业全要素生产率的讨论得到了进一步的开展。传统理论认为服务业的生产效率高于工业，而工业的生产效率高于农业，这样才能解释为何发达国家产业结构演进的事实以及服务业比重占比过高的特征。然而，事实可能并非如此。我国的产业结构变迁中一直存在着服务业结构升级滞后的现象，这也解释了为何自20世纪70年代以来关于生产性服务业的研究大量涌现。

现有文献大多得到了一致共识，即中国经济增速放缓与服务业增加值比重超过工业增加值比重之间并不矛盾，其原因是服务业的性质差异、目标多元和构成庞杂，并非所有服务业类型的劳动生产率都高于工业或制造业。服务业的构成庞杂体现在既包括传统服务业也包括现代服务业。传统服务业或称为生活性服务业，主要包括批发、零售、家庭保洁、保安、居民服务等行业。传统服务业往往是指早于现代制造业就存在和发展的服务产业。由于该类服务业具有生产消费同步、不可储存、不可贸易、所有权不能完全让渡等特点，导致其很难产生规模经济以及存在的技术含量低、劳动生产率提高缓慢等特征。与之相对的现代服务业是指伴随人们生活方式的改变而发展起来以及与现代制造业相匹配的服务行业，主要包括交通运输、仓储和邮电业、信息传输、计算机服务和软件业，金融业，租赁和商务服务业，科学研究、技术服务等生产性服务业。由于现代服务业或生产性服务业具有规模经济显著、技术含量高等特点，导致此类服务业总体来看劳动生产率提高迅速，甚至高于一般制造业。与此同时，服务业还包括大量超出经济意义的行业，并且这些行业的服务性质决定了其目标是社会福利最大化，如文化、体育和娱乐业，公共管理和社会组织等（江小涓，2011）。

欧美、日本等发达国家的服务业在整个国民经济中的占比高达

70%~80%。然而，发达国家的服务业大多是在高度工业化基础上发展起来的现代服务业，在微笑曲线两端上发展起来的以研发、设计、营销和售后服务为主的生产性服务业与高端制造业相匹配，不仅进一步促进了制造业的优化升级，同时也提高了服务业的生产效率。与之相对的是陷入"中等收入陷阱"的发展中国家很多也拥有着占比过高的服务业，但往往制造业在国际市场上缺乏竞争优势，表现为以传统服务业为主的特征。这有可能是产业结构去工业化的结果，并不代表产业结构的高度化和合理化（蔡昉，2015）。因此，中国经济发展所呈现出的"新常态"或许可以从传统服务业的增长明显快于现代服务业的增长从而拉低了服务业的总体效率这一角度进行解释。

3.1.3 现象说明

3.1.3.1 卡尔多事实和库兹涅茨事实

产业结构变迁过程中存在两个特别著名的现象，或者说是特征事实：一是卡尔多事实（Kaldor，1963），二是库兹涅茨事实（Kuznets，1971）。卡尔多事实主要指出了产业结构变迁过程中出现的以下几个特征事实：第一，人均实际产出在较长时间内大致保持稳定增长率；第二，人均资本存量在较长时间内保持稳定增长率；第三，以名义利率扣除通货膨胀率而得到的实际利率大体上稳定不变；第四，资本-产出比率大体上稳定不变，或产出和资本存量增长速率大致趋同；第五，国民收入中各种生产要素收入所占份额，如劳动份额和资本份额大体上稳定不变；第六，人均产出增长率在不同国家之间具有很大差别，收入和利润份额较高的国家倾向于拥有较高的资本-产出比例。而库兹涅茨事实是指伴随着经济发展以三大产业衡量的结构变迁过程一般会呈现出如下特征：第一产业（农业）的经济比重会逐渐下降，第二产业（工业）的经济比重先上升后缓慢下降，第三产业（服务业）的经济比重逐渐上升。与此同时，剩余劳动力会出现从农业向工业和服务业流动的劳动力要素再配置过程。从三大产业就业比重以及增加值比重来看，我国改革开放以来的产业发展也基本符合这一趋势（郭凯明等，2017）。

国内外学者对这两个特征事实做了深入研究，并且众多学者针对卡尔多事实和库兹涅茨事实构建了理论模型，试图同时解释平衡经济增长的特征和经济结构变迁的特征。Kongsamut et al.（2001）开创性地使用了广义平衡增长路径的概念，实现了同时解释两个特征事实的融合。该文首次采用了非一致性偏好的特殊效用函数形式来刻画代表性家庭对农业、工业和服务业产品消费所产生的效用。Ngai and Pissarides（2007）构建了一个多部门技术增长率差异化的理论模型，研究发现经济结构发展转变主要取决于不同部门之间的替代弹性以及各个部门的技术增长率。Acemoglu and Guerrieri（2008）在 Kongsamut et al.（2001）研究的基础上，构建了一个同时包含劳动密集型和资本密集型的一般均衡模型，通过给定两个部门的生产函数为 CES 生产函数，研究表明非平衡增长来源于资本和劳动密集型部门生产要素比例差异以及资本深化的结果。国内研究中，徐朝阳（2010）在 Acemoglu and Guerrieri（2008）两部门模型的基础上，通过引入双层 CES 生产函数而非单纯 CES 生产函数从而能够实现不同部门替代弹性不同的设定，构建了一个农业、工业和服务业等三部门的产业结构变迁模型，不仅很好地融合了库兹涅茨事实，解释了经济发展过程中的工业化过程，也解释了发达国家第二次世界大战以后出现的后工业化工程。李尚骜和龚六堂（2012）认为内生偏好结构的变化会引起消费结构和生产结构的变化，从而导致产业结构等经济结构发生变化。因此，他们也构建了三部门的广义平衡增长模型，进一步将偏好结构内生化，通过刻画部门平衡增长路径（SBGP）和整体平衡增长路径（ABGP）分析了部门经济结构变迁的性质，进而实现了经济增长理论与经济结构变迁理论的有机融合。

3.1.3.2 鲍莫尔-富克斯假说和"逆库兹涅茨化"现象

鲍莫尔-富克斯假说是由 Baumol（1967）和 Fuchs（1968）分别提出的，其主要关注的是产业结构中的第三产业服务业劳动生产率增长、就业增长以及服务业的需求价格弹性等相关问题。这一假说的基础理论模型是 Baumol（1967）提出的两部门非均衡增长宏观经济模型，主要是为了剖析当时美国城市存在的财政危机，后续的研究发现这一模型更适合分析服务业。鲍莫尔-富克斯假说的基本观点可以概括如下：第一，与农业和制造业等其他产业相比，服务业劳动生产率增长存在滞后现象；第二，由于服务业劳动生产率增长相对滞后，以及其他因素的共同作用，导致服务业就业增长反而较快；第三，服务业的需求价格弹性对服务业增长具有重要影响，并且经验分析发现服务业需求的收入弹性并不明显大于 1，而较低的价格弹性往往会导致"成本病"（Cost Disease）现象。Baumol（1967）通过构建简单的两部门非均衡增长模型，假设包括两个部门——"停滞部门"和"进步部门"。该模型分析表明，在生产率增长内在不均衡的经济中，名义工资的同步增长会导致停滞部门（主要指服务部门）的工资成本不可避免地不断累积、无限上升，在停滞部门的需求价格弹性较低的情况下，其对产品服务的消费成本相对于进步部门将会不断增大，从而出现所谓的"成本病"现象。服务部门的成本越来越高，一方面会导致居民的消费成本越来越高，甚至造成整个经济的通货膨胀倾向，导致服务部门的市场逐渐萎缩甚至消失；另一方面也会给城市政府带来巨大的财政困难，从而导致服务质量的下降，进而给服务业自身发展带来巨大的冲击。与此同时，Fuchs（1968）从服务业就业视角展开考察，得出了与 Baumol（1967）相似的结论，研究发现如果服务业存在较低的劳动生产率增长率，并且需求的收入弹性低于其他产业尤其是制造业，那么随着国民经济的进一步扩张，服务业就业占总就业的份额将会不断增加。这一假说对服务业发展具有较强的解释力，也经常被用于检验和解释我国改革开放以来服务业发展中存在的增加值比重偏低、就业比重偏低和劳均增加值比重偏低的"三低"现象（陈大中，2004）。当然，也有基于我国的相关经验研究证实，服务业生产率并非如鲍莫尔-福克斯假说中提及的那样，由于我国的特殊国情，在考虑环境污染和能源消耗的情况下，通过改善传统的方向距离函数重新进行测算，发现服务业效率平均来说高于工业，但 TFP 增长稍逊工业（庞瑞芝和邓忠奇，2014）。

库兹涅茨事实指出了产业结构变迁过程中存在的一般规律，但是，随着经济发展水平的提高以及各国地方政府不同的发展目标，产业结构变迁过程中也可能会出现"逆库兹涅茨化"现象。库兹涅茨将产业结构分为农业、工业和服务业等三大产业部门来划分国民经济体系，并且指出产业结构升级的关键在于劳动、资本等资源要素从全要素生产率较低的部门向全要素生产率较高的部门流动，从而使得经济整体资源配置效率得到提高。否则，生产要素出现逆向流动将会降低全社会的资源配置效率，导致资源错配。现有文献中将这一现象称为"逆库兹涅茨化"（蔡昉，2015；李玉梅，2017）。蔡昉（2015）详细界定了"逆库兹涅茨化"的概念，并且指出在现阶段我国的这一现象至少表现在两个方面：一是由于大城市存在的城市病、户籍制度和农民工不能均等地享受城市的基本公共服务等问题，使得农民工存在大量返乡的情况，从而减少了劳动力的供给，加剧了劳动力市场上的空间错配；二是劳动力从第二产业制造业向第三产业尤其是生产率较低的传统服务业（如卫生、社会保障和社会福利业，文化、体育和娱乐业，公共管理和社会组织，居民服务等）而非现代服务业（如交通运输、仓储和邮电业，信息传输、计算机服务和软件业，金融业，租赁和商务服务业，科学研究、技术服务和地质勘查业等）转移存在的资源错配问题。

中国经济进入新常态以来，虽然增长速度下降，但是更加注重增长质量的提高。尽管2014年的第三产业产值比重首次超过第二产业产值比重，但是这并不意味着由于第三产业服务业生产率较低从而拉低了经济增长速度。部分研究（蔡昉，2015）指出以比较劳动生产率（产值占比与就业占比的比率）衡量的第二产业和第三产业的比值中，第二产业的比较劳动生产率一直明显大于1，但是有向1收敛的下行趋势；与此同时，第三产业的比较劳动生产率一直小于1，但是有向1收敛的上行趋势。而正是生产性服务业的发展滞后，导致服务业整体对经济的外部效应较为有限（渠慎宁和吕铁，2016）。因此，在这一阶段只有生产要素价格充分反映资源的稀缺性，并且实现资源向生产率较高的方向和产业部门流动，尤其是对传统制造业进行技术改造以及加强生产性服务业和高端制造业的融合互动发展（王文和孙早，2017），才能显示出产业结构调整的方向与要素禀赋结构赋予的比较优势相符，从而确保资源配置效率的最大化。

3.2 我国产业结构变迁的历史沿革

我国产业结构的变迁历程一直都离不开中央政府和地方政府的干预以及政府制定的产业发展政策和区域平衡政策的影响。因此，通过系统地梳理和总结，并且回顾和展望我国成立以来尤其是改革开放以来我国产业结构的变迁历程，对当前阶段及时调整并促进产业结构优化升级、推进产业体系现代化和高质量发展具有重要的理论和现实意义。这部分我们主要基于政府干预的不同时期分阶段论述我国产业结构变迁的历史沿革，包括如下所述的四个发展阶段。

3.2.1 计划经济下重工业优先发展阶段（1949—1977年）

1949年中华人民共和国成立，当时的经济基础薄弱，产业结构分布极不均衡。一方面，我国还没有摆脱农业大国的身份，农业生产凋敝，但是在国民经济中所占比重仍然较高；另一方面，近代逐渐发展起来的民族工业在半殖民地半封建社会的形态下寻求生存，发展过程十分艰难，工业生产能力落后，体系不够健全。1949年中华人民共和国成立之初，GDP仅为557亿元，人均GDP仅为102.8元。其中，农业总产值为326亿元，工业总产值为140亿元（张辉，2019）。经过三年的恢复，到1952年，国民经济得到一定的发展，工农业生产能力均超过中华人民共和国成立以前的最高水平。1953—1957年间，国家开始执行第一个"五年计划"，主要任务是集中力量发展重工业，建立国家工业化和国防现代化的基础。这段时期的国民经济基本处于良性循环的轨道。与此同时，国家对农业、手工业和资本主义工商业进行了社会主义改造，建立起了社会主义经济制度的基础。

1958—1977年间，由于严峻的国际、国内形势，中国经济建设进入探索阶段。从三大产业产值角度来看，到1977年底，三大产业产值分别为 1 018 亿元、1 745 亿元、861 亿元，相较于 1952 年分别增长了 3.0 倍、12.3 倍、4.4 倍。从就业结构来看，三大产业就业比重从 1952 年的 83.5：7.4：12.2 变为 1977 年的 70.5：17.3：12.2，第一产业从业人员比重显著下降，而第二产业和第三产业从业人员比重均显著提高。从生产产品的规模和结构来看，1977 年底煤炭、原油、发电量、钢材、水泥等都比 1952 年提高了十几倍甚至几十倍，而以汽车、发电设备、化工等为代表的机器制造均从零的突破到实现大规模的生产应用，工业部门结构、工业体系不断健全。总体来看，我国从传统的农业大国逐渐过渡到工业占主导地位的国家。然而，这一阶段也暴露出诸多弊病，例如，产业结构主要以重工业为主，出现轻重工业比例失调、发展失衡、生产效率不高等问题。从轻重工业的产值比重来看，重工业与轻工业的产值比重从 1952 年的 35.3：64.5上升到 1977 年的 56.9：43.1，轻工业呈现下降趋势，而重工业的产值占比则大幅上升（见表 3-2）。

表3-2 　　　　　　　　1953—1977年轻重工业产值比重

年份	1952年	1957年	1962年	1965年	1970年	1975年	1977年
轻工业	64.5%	55.0%	47.2%	51.6%	46.1%	44.1%	43.7%
重工业	35.5%	45.0%	52.8%	48.4%	53.9%	55.9%	56.3%

资料来源：国家统计局工业交通统计司.中国工业经济统计年鉴1990［M］.北京：中国统计出版社，1990.

　　当时，作为社会主义大国的中国，不仅改变了世界的政治格局，也引发了西方部分国家的政治敌视和经济封锁。出于国防安全以及经济赶超的需要，中华人民共和国成立以后选择了与自身要素禀赋结构并不相符的重工业优先发展战略和赶超战略，并形成了以庞大的国有企业、固定的价格机制和物资计划调拨体系为特征的计划经济体制。与此同时，与计划经济体制相配套，还促成了户籍制度等的建立，形成了城乡二元经济结构。以林毅夫为代表的新结构经济学学派，从要素禀赋结构和发展战略的矛盾出发，详细剖析了中华人民共和国成立初期由于依靠重工业发展战略而导致的产业结构失衡问题，并且阐述了我国传统经济体制中"三位一体"模式形成的内在机理（如图3-1所示）。显然，中华人民共和国成立初期，复杂的国际环境迫使我国不得不违背自身的比较优势，制定了与本国要素禀赋结构特征不相一致的发展战略。虽然我国政府凭借强大的政治动员能力，发挥了大国优势，建立了较为完备的工业体系，但始终未能解决宏观经济波动和微观经济效率不高的问题。同时，与国防安全、军工等领域相关的工业化或重工业得到了极大提高，但是农业、服务业等产业的发展仍然十分落后，装备制造业和高端制造业也未能得到有效发展。总体而言，1949—1977年间，尽管重工业得到了极大发展，但是产业结构失衡问题仍然十分严重。

3.2.2 纠正失衡和产业协调发展阶段（1978—1997年）

随着党的十一届三中全会的胜利召开，我国改革开放的步伐也越迈越大，经济政治体制改革从农村到城市、从农业到工业和服务业的渐次推开深刻地改变着改革开放前重工业主导战略下造成的产业结构失衡问题。由此，我国开始释放了产业发展的活力，推动了产业结构的均衡化和协调化发展。

1978年，以重工业为主导的工业产值比重仍然占据着国民经济的半壁江山，而以服务业和先进制造业为代表的产业发展仍然十分滞后。与此同时，农村发展的体制障碍也未被打破，农业发展相对滞后。家庭联产承包责任制的推开释放了以家庭为单位的农业生产积极性，农业产值从1978年的27.7%上升到1984年的31.5%，从粮食消费量、肉食消费量来看，基本解决了国民的吃饭问题。之后，国家在1979年的4月和11月分别做出了发展轻纺工业等劳动密集型产业、调整经济结构比例失衡的重要指示，例如，制定了轻纺工业"六优先"的扶持政策。此后，轻纺工业和耐用消费品工业的快速发展改善了轻重工业比例失衡问题，使得工业内部结构趋于合理。而从1986年开始，我国产业结构又从优先支持轻纺工业发展转向优先支持基础工业

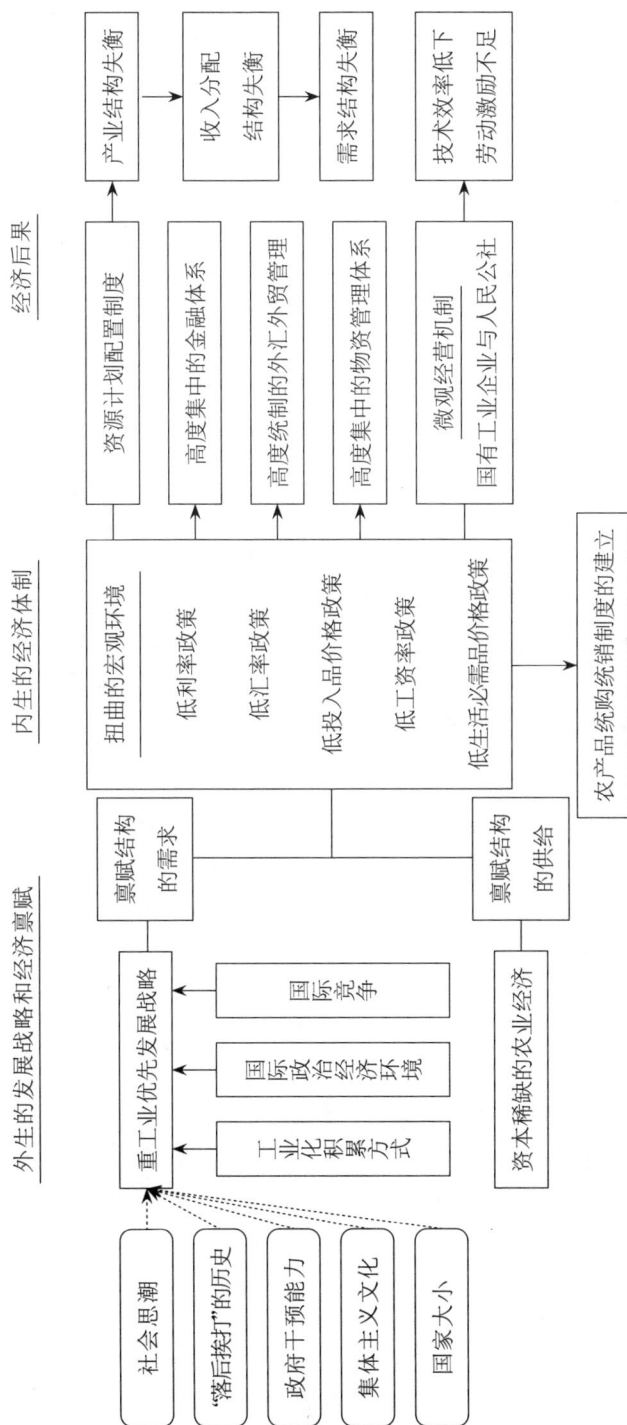

图 3-1 "三位一体" 的传统经济体制

资料来源：赵秋运，王勇. 新结构经济学的理论溯源与进展——庆祝林毅夫教授回国从教 30 周年 [J]. 财经研究，2018，44 (09)：4-40.

和基础设施发展。同一时期，实施的"三保三压"方针对国民经济薄弱的能源、交通、通信和原材料等工业加大投资规模。"七五"时期，国家向工业交通部门减税让利，促进了交通运输业等服务业部门的发展。

三大产业产值（就业人员）占总产值（总就业人员）的比重，如图3-2所示。

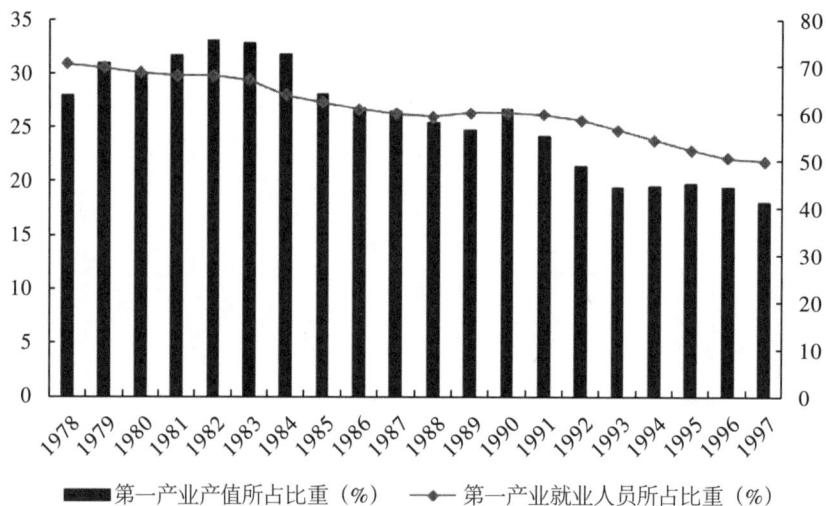

（a）第一产业比重

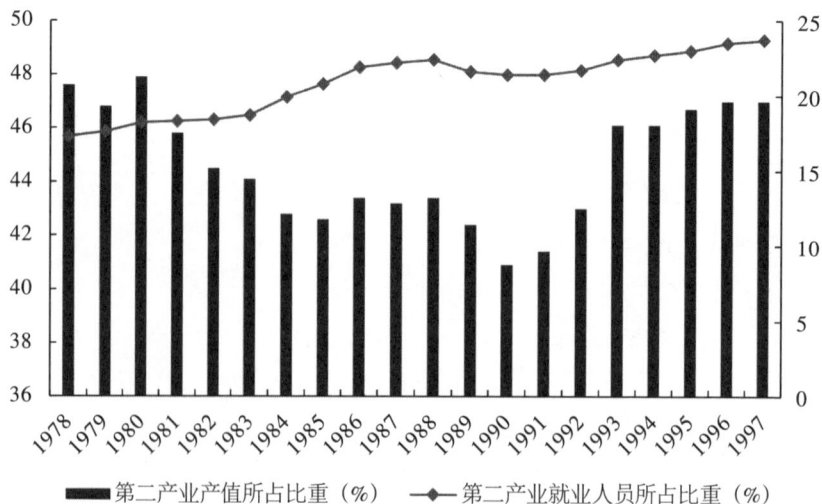

（b）第二产业比重

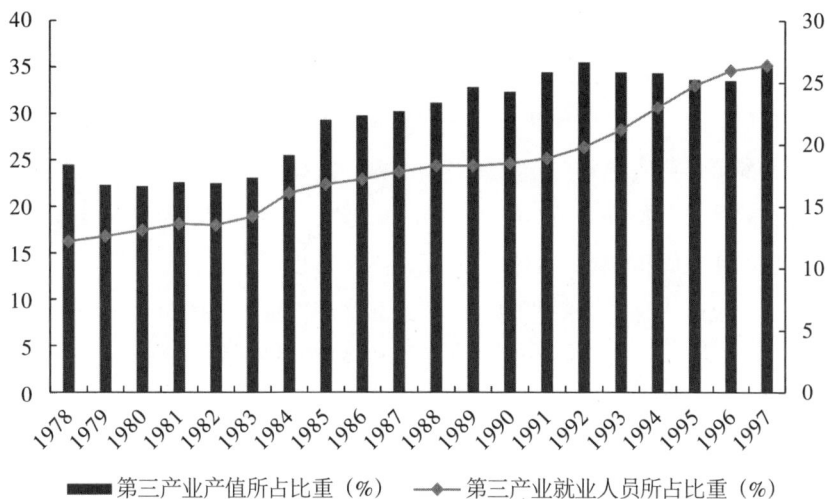

图 3-2　三大产业产值（就业人员）占总产值（总就业人员）的比重

资料来源：根据 EPS 平台的相关数据整理绘制而得。

　　图 3-2 中，左轴表示产值结构比重，右轴表示就业结构比重。总体来看，随着经济体制改革的不断深入，1978—1997 年间，第一产业产值占 GDP 比重缓慢下降，就业人员比重在持续下降的同时仍保持在 50% 以上的较高份额，可以看出，第一产业就业结构和产值结构不成比例，农业生产效率仍然存在很大的提升空间；第二产业产值虽然呈现出先降后升的趋势并且在 1989 年左右有所波动，但总体来看没有发生大幅度的变化，仍保持相对较高的份额，就业人员占比稳中有升；以服务业为代表的第三产业，无论是从产值比重还是从就业人员结构占比来看，都出现大幅上升。产业结构经过这一阶段的纠偏发展后，从改革开放初期的重工业占主导转换为三大产业间比较均衡协调的发展状态。

　　我国经历了一个发展不平衡的艰难阶段，在计划经济时期由于国际经济政治环境复杂变幻，出于多方因素的考虑，我国政府运用强大的政治动员能力将资源集中投入内地地区，而东部沿海地区却没有发挥先天的地理位置优势和要素禀赋优势，发展相对缓慢。改革开放以后，和平与发展成为国际经济社会的主题，我国的区域政策也发生较大变化，东部沿海地区率先发展，而中西部地区和东北地区也逐渐改变着重工业过重的局面。

这一阶段产业结构的协调和均衡发展离不开以下三个方面：首先，伴随着这一阶段我国的财政体制改革，财政包干制下，极大地促进了地方政府发展乡镇企业的积极性，成为早期区域经济和工业化迅速发展的主要推动力（孙秀林和周飞舟，2013）。农村改革的成功和乡镇企业的发展，促成了改革开放后第一轮工业化的浪潮，当然，也促成了农业和服务业的协调发展。在这一时期，主要的生产要素和产品价格采用的是计划与市场并行的渐进双轨制形式，地方政府的计划和决策对经济增长和产业发展有着重要的影响和推动作用。财政体制为地方政府促进辖区经济和产业协调发展提供了制度上的激励，并且税收体制也为地方政府通过扩大投资规模促进经济增长和乡镇企业发展提供了手段。其次，改革开放以前中国经济长期处于短缺状态，改革开放激发了巨大的市场潜力，使得强大的市场需求为产业经济发展提供了庞大广阔的卖方市场，极大地促成了轻工业产品市场的发展。最后，对外开放使得外商可以来中国投资办厂，跨国技术扩散通过溢出效应和规模经济，辐射到全国市场，使得我国可以充分依靠人口红利和改革红利发挥产业发展中的后发优势，极大地开拓了国内外市场潜力。而外资、先进的管理经验和技术的引入，也极大地缓解了产业结构协调发展中的融资约束、管理经验缺乏和技术瓶颈。

3.2.3 市场经济体制确立下内外需扩大和产业结构升级阶段（1998—2012 年）

爆发于 1997 年的亚洲金融危机使得中国经济出现了一定程度的波动，然而中国经济仍然实现了"软着陆"，国民经济的"短缺"状态基本结束，我国首次出现了"买方市场"（郭旭红和武力，2018）。随着社会主义市场经济体制的确立，经济发展由工业化初期步入工业化中期，产业结构出现重型化加速特征，尤其是在 2008 年国际金融危机爆发之后，为应对外部冲击，产业结构呈现出明显的重化工业重启态势。当然，这一阶段也是中国经济高速增长的阶段，年均 GDP 增长率接近 10%。

图 3-3 直观地显示了 1998 年和 2012 年三大产业增加值占 GDP 比重

的变化情况。从中可以发现，这一阶段以农业为代表的第一产业比重再次下降，从17.2%下降至9.1%，该期间从2003年开始在全国逐步推开的农业税减免政策能够进一步为发展本就缓慢的农业彻底松绑，激发农业发展的新活力；第二产业依旧是国民经济的支柱产业，比重始终稳定在45%左右；增加值占比提升最为明显的是以服务业为代表的第三产业，由1998年的37%提高至2012年的45.5%，甚至超过了第二产业。可见，经过这一阶段的发展，产业结构呈现出明显的服务化倾向。从三大产业对GDP增长的贡献率来看（如图3-4所示），1998—2012年间，三大产业中对GDP贡献最大的是第二产业，其次是第三产业，农业的贡献率最低，只有不足10%的贡献率来源于第一产业。从趋势变化上分析，第二产业贡献率有所降低，下降部分基本由第三产业替代。因此，可以看出，GDP增长越来越依赖于第二、三产业的发展。

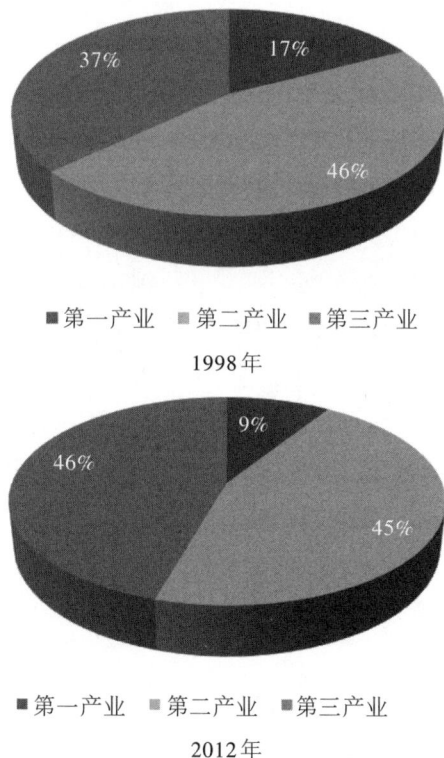

■第一产业 ■第二产业 ■第三产业

1998年

■第一产业 ■第二产业 ■第三产业

2012年

图3-3　1998年和2012年三大产业增加值占GDP的比重

资料来源：根据《中国统计年鉴》的相关数据整理绘制而得。

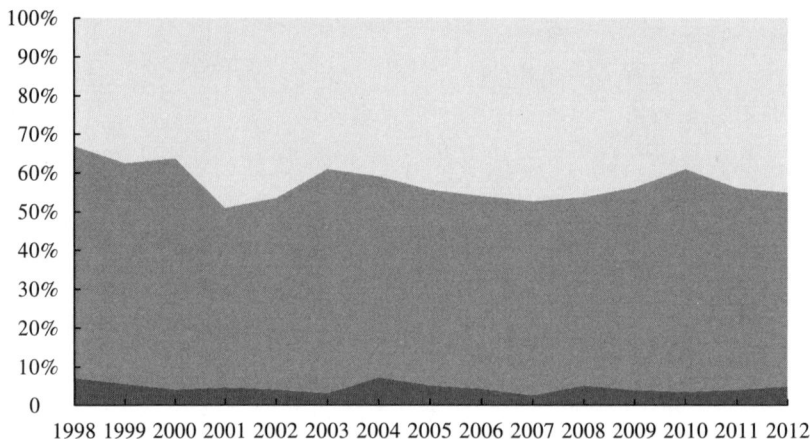

图3-4 1998—2012年三大产业对GDP增长的贡献率

资料来源：根据《中国统计年鉴》的相关数据整理绘制而得。

一方面，我国曾经处于半计划经济半市场经济，然而国有体制"尾大不掉"，产出效率低下导致产品无竞争优势，很多国有企业一直依靠国家的财政补贴存活，而1998年的国有企业改革为市场经济的彻底贯彻扫平了道路。另一方面，伴随着1994年的分税制改革，地方政府发展辖区经济的动力从乡镇企业转向了经营城市，通过招商引资和引资竞争促进辖区产业发展，而1998年的国有企业改革和城镇住房体制改革，导致这一趋势更加明显。地方政府面对分税制改革后的财政压力以及迫切发展辖区经济的激励，通过土地财政弥补了财政收入的不足，但是，也造成了产业发展所面临的一系列难题。与此同时，经济全球化进程加剧，2001年我国加入世界贸易组织，进一步加快了中国参与国际产业分工的步伐，而我国东部沿海地区依靠大港口等地理区位优势和廉价的劳动力大力发展加工贸易和出口贸易，由此也推动了以劳动密集型和资本密集型为特征的制造业的飞速发展，从而成功促成了我国成为世界的制造工厂。

随着社会主义市场经济体制的确立，内需不足成为制约我国发展的重要因素。为避免2008年以来经济增长速度的滑坡，我国政府采取了一系列措施扩大需求，我国产业结构呈现重化工业重启的特点。为扩大内需，促进区域经济协调发展，我国政府制定了一系列的区域平衡发展战略，如"西部大开发"（2000 年）、"振兴东北老工业基地"（2003年）、"中部崛起"（2006 年）等战略。改革开放以来，沿海地区凭借着大港口、大平原等独特的地理区位优势以及低廉的人力资本大力发展外向型经济，要素禀赋结构的变化和比较优势使得这一时期产业结构出现了大国内部的"雁阵模式"。然而，重化工业重启推动了中国经济高速增长的同时，也造成了外向型经济发展模式难以为继的问题。尤其是在2008 年金融危机之后，我国政府启动了"四万亿经济刺激计划"，使得各地区的环境污染、产能过剩、重复建设以及重基建轻民生和公共服务的投资倾向十分严重，迫切需要转变经济发展方式以及调整产业结构，从而顺利跨越"中等收入陷阱"。

3.2.4　经济新常态以来产业结构调整阶段（2013年至今）

中国经济自 2012 年后经历了改革开放以来保持两位数增长后的断崖式下降，甚至一度徘徊在 8% 左右，进入经济"新常态"。2008 年全球性金融危机的大时代背景与我国阶段性因素的叠加，决定了中国经济进入增速阶段性回落的"新常态"时期，并呈现出与周期性调整不一样的新现象和新规律，表明中国经济将下行进入中高速增长和高质量发展阶段，经济增长的核心动力将从要素驱动、投资驱动转向服务业发展及创新驱动。作为对中国经济阶段性特征的描述，"新常态"的提法及其背后的政策含义，在政治层面和经济学界已经达成高度的共识。尽管如此，从三大产业产值占比来看，2013 年我国产业结构出现历史性变化，第一产业增加值比重为 10%，比上年略微下降 0.1 个百分点，比重基本持平；第三产业增加值比重为 46.1%，比上年提高1.5 个百分点，并且比第二产业比重高出 2.2 个百分点，首次超过第二产业。这一变化不仅是消费结构升级不断加快的客观反映，也标志着中国经济正式迈入产业结构服务化时期。2015 年，我国第三产业增加值比重为 50.5%，首次突破 50%。因此，在服务业产值比重超过工业产值比重并且持续增加的情况下，经济增速不升反降的事实引起了社会的广泛关注。

　　经济新常态以来，产业结构也面临着增长速度换挡期、结构调整阵痛期、前期刺激政策消化期"三期叠加"的局面。不仅如此，面对数量型"人口红利"逐渐消失、劳动力成本逐渐提高，沿海地区以出口加工贸易为主的制造业发展也遇到了一系列瓶颈。根据图3-5所示的我国人口结构变化情况可知，65岁以上人口所占比重在2014年首次突破10%，并且之后持续攀升；从老年抚养比①来看，2001年以来比重也在持续增长，2012年可视为一个转折点，2013年之后比重增长速度越来越快。

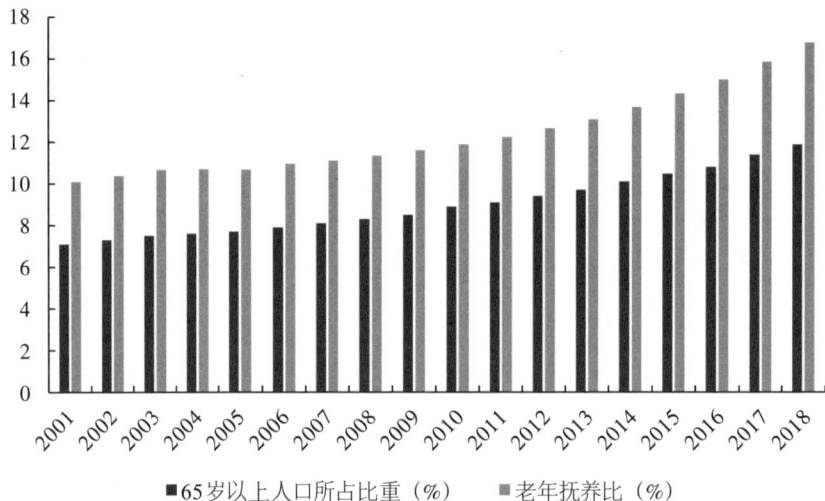

■65岁以上人口所占比重（%）　　■老年抚养比（%）

图3-5　我国人口结构变化情况（2001—2018年）

资料来源：根据EPS平台的相关数据整理绘制而得。

　　由此可见，我国的老龄化程度越来越严重，进一步表明当前我国依靠传统的廉价劳动力优势和大量劳动力投入发展经济的模式已经一去不复返，人口红利和改革开放释放的制度红利正在逐步消退。与此同时，这也意味着从前依靠出口、投资和消费带来经济增长的"三驾马车"也将不可持续。

　　经济新常态下的中国经济，不仅面临劳动力成本逐渐提高的境况，而且随着城镇化进程的不断推进，房价高企，土地的租金成本也在不断

---

①　老年抚养比是指人口中非劳动年龄人口数中老年部分对劳动年龄人口数之比，用以表明每100名劳动年龄人口要负担多少名老年人。

提高。地方政府在推动辖区经济增长的过程中，普遍采用二手供地策略，即高价出让商服住宅用地、低价出让工业用地。表3-3和图3-6对全国35个大中城市2013—2017年商业、住宅、工业用地价格进行了统计描述。从中可以看出，商业用地价格和住宅用地价格都呈现出持续上升的趋势，5年均值分别为6 755元/平方米和5 646.8元/平方米，而工业用地价格一直都处于低水平，5年均值为758元/平方米。并且，工业用地价格和商服住宅用地价格之间存在明显的差距，5年商业/工业用地价格比值和住宅/工业用地价格比值均值分别为8.912和7.435。与此同时，从图3-6中还可以看出，随着时间的推移，这种地价差距还在缓慢扩大。城市层面的特征事实表明，地方政府在进行土地供给时确实存在不同的供地策略，以实现财政收入的最大化和官员自身利益的最大化。虽然低价出让工业用地的过程中确实降低了工业用地价格，促进了制造业尤其是低端制造业的繁荣，但是，高价出让商业用地不仅造成了房价高企，也使得服务业的租金成本普遍上升，显著抑制了服务业尤其是生产性服务业和高端服务业的发展。

表3-3　　　　　　2013—2017年全国35个大中城市商业、
住宅和工业用地价格描述

年份	2013年	2014年	2015年	2016年	2017年	均值
商业用地价格（元/平方米）	6 306	6 552	6 729	6 937	7 251	6 755
住宅用地价格（元/平方米）	5 033	5 277	5 484	5 918	6 522	5 646.8
工业用地价格（元/平方米）	700	742	760	782	806	758
商业与工业用地价格比值	9.009	8.830	8.854	8.871	8.996	8.912
住宅与工业用地价格比值	7.190	7.112	7.216	7.568	8.092	7.435

2012年前后，中国经济进入工业化后期，三大产业内部结构基本合理，其主要矛盾在于之前的经济发展模式粗放造成的产业整体发展层次低、产品质量低下，主要表现在高端制造业发展不足而低端行业如钢

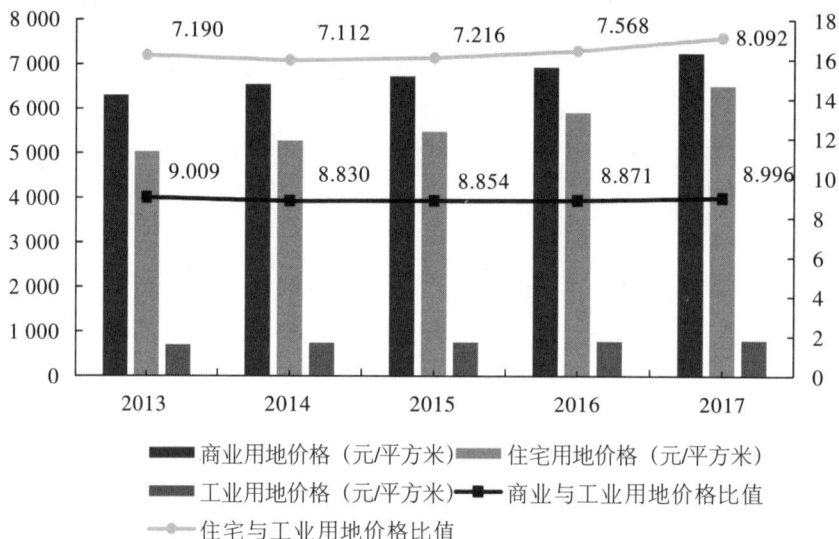

图3-6 2013—2017年全国35个大中城市商业、住宅和工业用地价格变动趋势

资料来源：根据《中国国土资源统计年鉴》的相关数据整理绘制而得。

铁、煤炭、有色金属等原材料行业却出现了产能过剩现象，严重挤占了原本应该投入到高端制造业和现代服务业发展的生产要素和金融资源，挤压了相关产业的发展空间。供给侧结构性改革的背景下，如何通过产业结构调整促进经济高质量发展，实现稳增长和调结构之间的平衡成为这一阶段产业结构面临的重要挑战。而从政府层面来看，经济新常态下的产业结构调整也需要地方政府适应新的发展阶段转变，并且深化财税、金融体制方面的改革，从而实现从生产型政府向发展型服务业型政府的职能转变。

3.3 地方政府作用下我国产业结构变迁的发展现状

3.3.1 地方政府作用下我国产业结构变迁取得的成就

总体来看，伴随中国经济改革开放四十年来的高速增长，地方政府作用下的产业结构从低级到高级、从不协调不合理到比较协调合理的方向转变，不断优化升级，取得了瞩目成就。与此同时，从动态的国际视野来看，我国产业结构变迁也遵循着世界产业结构的演进规律。具体而言，地方政府作用下辖区经济的高速增长离不开产业结构的优化升级。

地方政府作用下三大产业的蓬勃发展正是促进经济结构转换和经济高速增长的关键。中央政府自建立以来有计划地实施了十三个"五年规划"，然而中央政策的实施最终还是需要地方政府进行贯彻执行。表3-4中的第3列示了各个"五年规划"时期的GDP实际增速，可以看出，改革开放四十年以来，中国经济经历了持续的高速增长，年均增速达到了近10%。表3-4中的第4～6列分别列示了各个"五年规划"时期的农业、工业和服务业发展对经济增长的贡献率。从三大产业对经济增长贡献率的分解来看，除了"二五"时期受到的特殊影响，农业对经济增长的贡献率都是不断下降的，而工业的贡献率总体呈现上升后下降的局面，服务业对经济增长的贡献率总体来看是不断上升的，变迁过程也基本符合库兹涅茨规律。

表3-4　　**各个"五年规划"时期三大产业对经济增长的贡献率**　　单位：%

五年规划	年份	GDP实际增速	农业贡献率	工业贡献率	服务业贡献率
"一五"时期	1953—1957年	9.38	20.95	49.16	29.44
"二五"时期	1958—1962年	-0.52	-57.88	95.49	62.42
调整时期	1963—1965年	15.17	38.06	46.21	15.74
"三五"时期	1966—1970年	7.42	3.74	90.69	5.54
"四五"时期	1971—1975年	5.94	24.82	56.57	18.61
"五五"时期	1976—1980年	6.62	18.80	56.61	24.60
"六五"时期	1981—1985年	10.70	34.75	33.48	31.77
"七五"时期	1986—1990年	7.98	25.84	39.33	34.83
"八五"时期	1991—1995年	12.28	14.27	49.07	36.66
"九五"时期	1996—2000年	8.62	5.90	41.94	52.36
"十五"时期	2001—2005年	9.78	7.67	47.01	45.32
"十一五"时期	2006—2010年	11.32	6.90	45.29	47.81
"十二五"时期	2011—2015年	7.90	6.86	31.12	62.02
"十三五"时期	2016—2018年	6.70	3.37	37.83	58.80

注：表中贡献率为各个时期贡献率的算术平均值。

资料来源：根据中国经济信息网统计数据库整理而得。

与此同时，我国地方政府在特定的制度框架下具有促进辖区经济发展和产业优化的动力，制定的诸多产业政策也有效促进了产业结构向合理化和高度化方向转型，尤其是战略性新兴产业成为经济增长的新引擎。其一，地方政府多以"规划""目录""纲要""通知""决定""复函"等形式出台相关行政法规及规范性文件、地方性法规和地方政府规章文件，如《产业结构调整指导目录》等，对产业结构、产业组织、产业技术和产业布局进行调控和指引。在地方政府机构中，地方人大常委会、地方人民政府、政府办公厅、发改委和工信厅是出台地方性法规和规章的主体，而其中的发改委和工信厅是地方政府组织结构中制定产业政策、对地方经济发展实施调控和管理的核心职能部门。其二，地方政府还会通过建造各种工业园区、高新技术产业园区、出口加工区、保税区等形式引导和培育战略性新兴产业和其他具有比较优势的产业，从而促进产业结构优化升级，实现辖区经济绩效提高的最终目标。

目前，以移动互联网、物流快递、新能源汽车和高端装备制造业等为代表的战略性新兴产业快速崛起，并且移动支付、快捷支付、互联网+等数字经济新业态异军突起、方兴未艾，正在成为中国经济新的增长点和新引擎。"十二五"期间，战略性新兴产业增加值增速是同期GDP增速的2倍以上，占GDP的比重高达8%。培育和发展战略性新兴产业和生产率较高的现代服务业，占领高新技术产业制高点正在成为产业结构调整的主攻方向。

3.3.2 地方政府作用下我国产业结构变迁存在的问题

地方政府作用下我国产业发展带来经济高速增长的同时，也面临着一系列的冲突和矛盾。在财政分权和政治晋升锦标赛的制度背景下，地方政府往往具有透支未来发展空间以保持短期产业升级和经济发展的投资倾向，这也造成了产业结构变迁过程中遇到一系列的困境和挑战。

3.3.2.1 市场分割、重复建设与区域产业同构

改革开放之后，经过国民经济第六个"五年规划"（1981—1985年）的调整，国民经济各部门轻重工业比例严重失调、产业结构失衡等状况得到了初步改善，但同时也涌现出加工业发展过快、地区产业结构

同构化等现象。尤其体现在加工业方面，生产能力过剩、低水平重复建设、企业平均规模过小和产业结构地区性趋同等问题较为突出。相关研究表明，20世纪90年代时期，工业结构相似系数达到90%以上的省级行政区有22个，区域间中部地区和东部地区工业结构相似系数率为93.5%，西部地区和中部地区工业结构相似系数率为97%（李寿生，2000）。当然，这一时期与财政包干体制下乡镇企业的蓬勃发展分不开。各个地区一拥而上竞相进入某一国家重点项目或相关行业，从20世纪80年代的"轻纺热"到90年代的"开发区热"，以及热衷于各种基础设施建设，如高速铁路和机场等。进入21世纪以后，我国进入了工业化和城市化加速发展时期，尤其是从2002年下半年开始，中国经济步入了新一轮以重工业快速增长为特征的经济增长周期。这一阶段以粗放增长为主要特点，伴随而来的则是低技术含量、高能耗和高污染。在产业结构中，低附加值、高污染和高消耗的产业比重偏高，以知识和技术为主要特征的高附加值产业比重偏低。尤其是外向型经济的发展，更是造成了我国被锁定在低端制造业的局面。

中国式分权体制下，由于财权事权的不匹配使得地方政府的财政支出占比很高，而地方政府基于财政收支平衡的考虑，越有激励对本地市场进行保护，并且形成了"大而全"的地区发展战略，从而造成市场分割现象。尤其是在经济开放程度较高的地区，地方政府越有可能充分利用来自国际贸易的规模经济优势，而放弃来自国内市场的规模经济效应（陆铭和陈钊，2009）。虽然整合的国内市场有利于发挥更大的规模经济效应，但是，在我国特定的制度背景下，各省之间分割的市场策略和地方保护主义在各地区之间的博弈中却有可能是一个占优策略。20世纪80年代的财政包干体制强化了地方政府的财政和经济激励，通过提高地方保护从而获取政治晋升中所需的资源、市场和税基（周黎安，2004）。当然，市场分割和地区间的恶性竞争不仅会导致辖区内的重复建设和产业结构趋同，还会进一步制约产业结构的优化升级和总体宏观经济效率的提升。Young（2000）强调了中国式分权改革下地方政府的财政激励和扭曲的价格体系是造成地区重复建设和产业同构化的原因。吴意云和朱希伟（2015）的研究发现，地方政府将中央政府的产业政策作为重要参照，制定相似的产业政策，导致了我国工业的地理集中和地区分工专业化在2005年前后均由上升转为下降，从而加剧了省际产业同构的现象，造成经济上的效率损失。

分权竞争体制下的地方政府行为不仅能够解释中国经济高速增长的特征事实（张军和周黎安，2008），而且能够解释由于地方保护主义造成的市场分割、重复建设和区域产业同构现象（周黎安，2004）。由于规模经济效应和产业集聚带来的规模报酬递增能够为地方政府创造竞争优势，因此，出于晋升激励考核和标尺竞争，地方政府往往会选择那些发展背离比较优势但又具有短期效应的产业，从而导致区域产业分工背离比较优势，进一步造成了重复建设和区域产业同构。

3.3.2.2 产业发展模式粗放，环境污染、产能过剩等问题日益突出

20世纪90年代以来，出于迫切提高经济增速的需要，地方政府往往以牺牲环境为代价发展辖区经济，发展方式粗放引发产业发展层次低、产品质量低下，能源消耗和环境污染严重。财政分权和政治锦标赛的晋升激励下，一方面，地方政府的理性选择是通过招商引资发展那些能够较快带来经济效益的制造业，然而这类产业往往是发达地区不愿意发展并且会带来巨大污染的高能耗产业，造成的环境污染等问题日益突出；另一方面，由于基础设施建设能够给地方政府带来较大的政绩，因此，地方政府往往存在着重基础设施建设、轻人力资本和公共服务的投资倾向，这样会造成公共产品和公共服务的供给不足，并且地方政府的盲目投资也会进一步加剧环境污染问题。

21世纪以来，重化工业重启在推动经济高速增长的同时，也对资源、能源、环境产生了较大的压力。目前来看，我国的人均资源仍然是十分匮乏的，人均国土面积（0.76公顷/人）只有世界平均水平的1/3，并且国土的65%是山地或丘陵，33%是干旱或荒漠地区。我国的石油及天然气人均拥有量也仅为世界平均水平的1/15左右。我国的大宗矿产品对外依存度居于高位，其中，石油、铁矿石均为56%以上。因此，在人均资源承载力有限的情况下，一方面，产业发展方式粗放会造成能源利用效率低下；另一方面，发展重污染行业会造成废弃物高强度排放，更容易加剧环境污染。以废气排放为例，图3-7显示了2000—2015

年工业废气排放量和二氧化硫排放量的趋势。从中可以看出，产业发展模式的粗放造成了工业废气排放量从2000年的138 145亿标立方米持续增加到2015年的将近700 000亿标立方米。并且，二氧化硫的排放量尽管有所下降，但仍然徘徊在2 000万吨的高位。

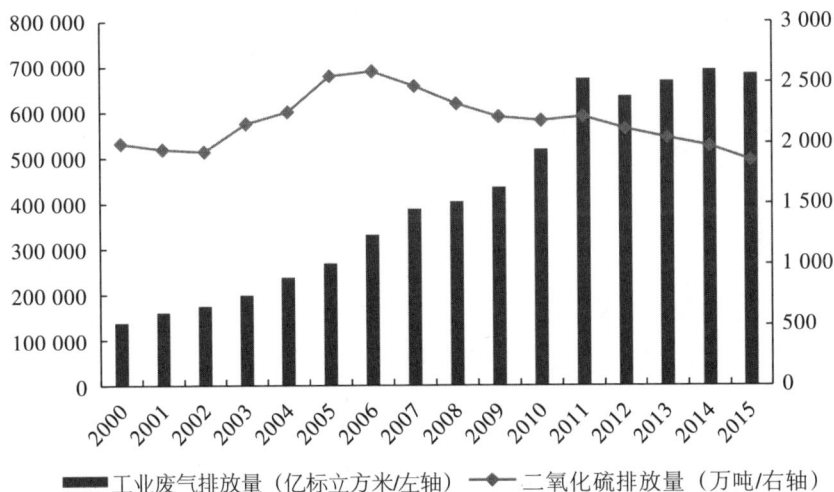

图3-7　2000—2015年工业废气排放量和二氧化硫排放量

资料来源：根据《中国环境统计年鉴》的相关数据整理绘制而得。

政治和经济的双层激励往往使得地方政府出现盲目过度投资，尤其是在2008年以后，中央政府出台了"四万亿经济刺激计划"，然而这并非完全由中央政府买单，在四万亿元的投资中，中央政府财政支出仅负责1.18亿元，其余资金则需要地方政府自筹以进行相应的配套。这一刺激计划一方面造成了地方政府债务的过度膨胀，相关研究估算表明，当时全国仅24个省市（自治区）公布的投资计划总额就已经接近18万亿元，远远超过中央政府制定的四万亿元的经济刺激目标（钟辉勇和陆铭，2015）；另一方面，地方政府的过度投资也造成了我国一些资本密集型的重化工产业领域出现了产能过剩现象，生产要素未能得到充分利用，生产能力在一定程度上出现了闲置，由此带来的能源利用效率和产能利用效率低下，进一步加剧了高能耗产业的发展，造成了环境污染问题。根据世界银行数据库计算可知，虽然2018年我国GDP为90.03万亿元，占全球份额约为15%，人均GNI高于中等收入国家平均水平，但却消耗了全球22.4%的能源，单位GDP能耗是全球平均水平的2.6倍，可见，当时我国的产能利用效率极低。

通过借鉴韩国高和胡文明（2017）的测算方式，计算出2002—2014年我国31个省级行政单位的产能利用率。图3-8列示了我国东部、中部、西部不同地区产能利用率的对比图。其中，东部地区包括北京、天津、河北、辽宁、上海、江苏、浙江、福建、山东、广东和海南11个省（市）；中部地区包括山西、内蒙古、吉林、黑龙江、安徽、江西、河南、湖北、湖南和广西10个省（自治区）；西部地区包括四川、贵州、云南、西藏、陕西、甘肃、青海、宁夏和新疆9个省（自治区）。总体来看，进入21世纪以来，我国产业发展模式粗放造成的产能利用效率低下、产能过剩问题严重，尤其体现在2008年金融危机之后。分区域对比来看，东部地区产能利用率较高，中部次之，西部地区存在的问题最为严重。

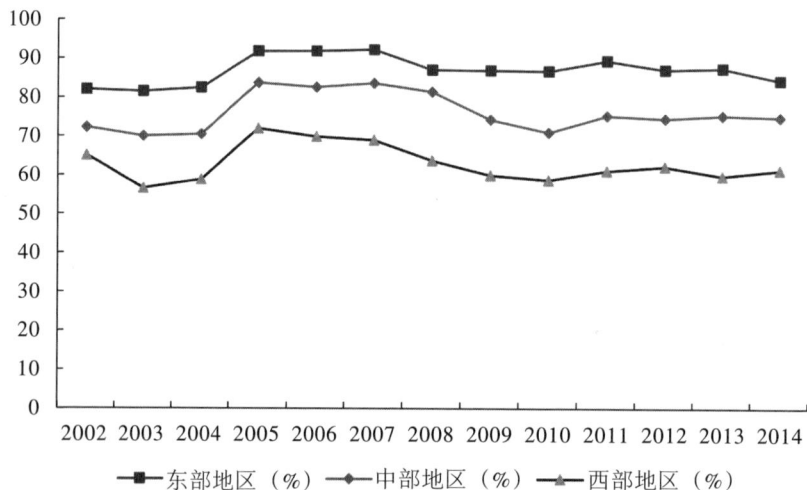

图3-8 我国东部、中部、西部地区产能利用率对比图

资料来源：根据文献的相关数据整理绘制而得。

3.3.2.3 现代服务业与先进制造业融合程度偏低

全球视角下，高端制造业与现代服务业融合发展的例子比比皆是，传统制造业供应商纷纷向生产服务化转型。例如，美国苹果公司从传统的手机制造商和开发商转向全球移动终端与互联网内容提供商，并且加强了品牌营销、研发设计、售后服务等处于微笑曲线两端具有高附加值的现代服务业。作为全球计算机硬件提供商和计算机产业长期的领导者，美国IBM公司在2004年将个人电脑业务出售给我国电脑厂商联想集团，正式标志着从"海量"产品业务向"高价值"业务全面转型，并且也开始涉足移动互联网服务、软件、研发及相关融资服务。与此同时，一些以现代服务业如互联网服务为主的公司也开始涉足附加值较高的制造业领域，如美国Google公司开始制造智能手机、智能眼镜，并在移动互联时代研发无人驾驶汽车等。

从历史沿革和发展历程来看，地方政府主导下我国产业结构变迁中面临的调整困境主要是产业结构不协调，突出体现在生产性服务业结构升级滞后和高端制造业发展不足，主要是名义产业结构高度化过快，而以附加值、技术含量为主要特征的实际高度化较低，即存在产业结构虚高现象。长期以来，产业同构造成产品同质化现象严重，供给质量不高。与此同时，地方政府作用下依靠高投入高速度追求的外延型增长主要发展的是中低端制造业和建筑业，造成产业结构刚性和产业结构虚高并存、"高速度"和"低质量"并存等现象。

与发达国家相比，一方面，我国制造业增加值率偏低，制造业大而不强，企业盈利能力略差；另一方面，制造业沿价值链攀升和与服务业融合程度偏低，融合效益不明显。相关资料表明，进入21世纪以来，我国制造业增加值率平均为20%，严重低于同期欧美和日本等发达国家30%的平均水平。不仅如此，基于世界投入产出表的测算表明，2000—2014年，我国制造业投入服务化水平在10%左右，而同时期的美国为16%以上；2000—2014年，我国高端制造业投入现代服务化水平为4%左右，而同时期的美国为7%（郭朝先，2019）。可见，我国高端制造业与现代服务业融合发展的水平还有待提高。此外，从我国金融业对制造业尤其是中小微等民营企业的支持来看，脱实向虚的倾向明显，对实体经济的支持力度明显不足。中国人民银行调查统计司公布的《2018年金融机构贷款投向统计报告》显示，2018年年末，金融机构人民币各项贷款余额136.3万亿元，其中，人民币房地产贷款余额38.7万亿元，占金融机构人民币各项贷款余额的28.39%；而包括普惠口径小微贷款、农户生产经营贷款、建档立卡贫困人口贷款、创业担保贷款和助学贷款在内的普惠金融领域贷款余额13.39万亿元，仅占金融机构人民币各项贷款余额的9.82%。

生产性服务业和高端制造业的融合发展是数字经济时代背景下大力推进服务业和制造业转型升级的重要方向，也是工业化后期工业经济转向服务经济时代的一个重要标志。现代服务业和高端制造业的深入融合带来的服务制造化和制造服务化能够创造更广阔的利润空间和增长潜力，克服"鲍莫尔成本病"，一方面能够避免单独的服务业发展造成产业结构脱实向虚，另一方面有助于提高我国制造业在国际产业链中的分工地位。这对现阶段我国建设制造强国，实现"中国制造2025"，助推制造业高质量发展具有重要的现实意义。

3.4 本章小结

本章主要从理论层面说明和界定了我国产业结构变迁的概念内涵和指标测度，以及详细梳理、归纳了我国产业结构变迁的历史沿革和发展现状。具体来看：

首先，基于已有文献的指标测度，从不同的数据层面和研究维度出发，总结了现有研究中对产业结构升级或变迁的测度方式，发现基于产值比重和就业比重及其耦合关系衡量产业结构变迁仍然是测度指标的核心内容。从具体的概念界定出发，指出本书所指的产业结构变迁是较产业结构升级更加广义化的概念，既可以指产业结构升级过程，也包括特定国家或地区产业结构演进过程中可能出现的各种现象和规律。

其次，系统地总结和梳理并且回顾和展望了中华人民共和国成立以来，尤其是改革开放以来我国产业结构变迁的历程，基于政府干预的不同时期分阶段论述了我国产业结构变迁的历史沿革，包括如下所述的四个发展阶段：计划经济下重工业优先发展阶段（1949—1977年）、纠正失衡和产业协调发展阶段（1978—1997年）、市场经济体制确立下内外需扩大和产业结构升级阶段（1998—2012年）、经济新常态以来产业结构调整阶段（2013年至今）。

　　最后，分析了地方政府作用下我国产业结构变迁的发展现状，主要包括取得的成就和存在的问题。总体来看，地方政府作用下产业结构从低级到高级、从不协调不合理到比较协调合理的方向转变，不断优化升级，取得了瞩目成就。然而，地方政府往往具有透支未来发展空间以保持短期产业升级和经济发展的投资倾向，这也造成了产业结构变迁过程中遇到一系列的困境和挑战，具体表现在市场分割、重复建设与区域产业同构，产业发展模式粗放、环境污染、产能过剩等问题日益突出，以及现代服务业与先进制造业融合程度偏低等方面。

第4章 地方政府支出规模影响产业结构的非线性特征①

在前文基础研究和理论研究之上，全书从本章开始进行相关问题的实证研究。本章主要基于财政支出视角，考察了地方政府支出规模影响产业结构的非线性特征及其传导机制。需要指出的是，依据现有文献惯例（Persson and Tabellini，1999；范子英和张军，2010；余华义，2015），地方政府规模也常常采用地方政府支出规模进行度量。因此，为了更好地刻画分权体制下地方政府规模急剧膨胀的特征事实，本章实证研究中采用更广义的地方政府规模进行分析和论证，以进一步深化本章所研究的内容。

4.1 本章问题的提出

研究我国的产业结构问题离不开讨论1994年分税制改革以来地方

---

① 本章节部分内容发表于《山西财经大学学报》2018年第5期，题为"地方政府规模影响产业结构的非线性特征——基于中国地级市数据的经验研究"。

政府支出规模变动和政府对经济的干预。自20世纪80年代以来，为了发展市场经济，提高地方政府的行政效率，前前后后我国经历了多次像国企改革这样比较大规模的机构性改革。但是，经历了"精简—膨胀—再精简—再膨胀"的循环后，始终无法彻底解决精简后的再膨胀问题（李勇刚等，2016）。地方政府支出规模过度膨胀导致了一系列问题，比如地方官员队伍过于庞大且缺乏有效的监管机制，政府提供的行政服务过于繁杂且低效，地方政府的策略性行为以及企业的寻租行为难以有效避免，同时所造成的"吃饭财政"问题仍然存在。此外，由于地区之间不同的发展战略所造成的财政资源的结构性变动使得东部、西部地区之间产业结构存在巨大差异，西部的政府支出规模更加庞大，所造成的不良后果可能更为严重。地方政府支出规模变动会对城市的产业结构升级造成什么样的影响？影响到底有多大？这是本章所主要探究的问题。

已有文献对我国产业结构调整问题的研究，主要集中在对三次产业结构的最优占比和对产业结构的影响因素的研究与分析，定性以及定量方面的实证研究都颇为丰富。其中，对产业结构升级的影响因素的研究中，不乏从人力资本集聚（孙海波等，2017）、财税政策（毛军和刘建民，2014）、城乡消费差距（徐敏和姜勇，2015）、财政行为波动（安苑和王珺，2012）、要素积累（郭小东等，2009）、人口老龄化（汪伟等，2015）、城市化进程（吴福象和沈浩平，2013）、制度质量（Krishna and Levchenko，2009）、区域房价差异（高波等，2012）、金融效率（Liu et al.，2017）、地方政府供地策略（赵祥和曹佳斌，2017）等视角加以展开讨论的文献。对产业结构变迁的研究中，许多学者也开始强调依靠政府干预来促进产业的转型。虽然已有研究的视角非常丰富，但是鲜有学者从地方政府规模的视角来研究产业结构升级效应。一方面，由于"粘纸效应"的存在，地方政府规模的大小往往能够反映中央对地方的专项转移支付力度的大小（范子英和张军，2010）。同时，限于我国"以收定支"的财政传统，地方政府规模的大小也能够反映地方政府的公共财政收入和支出行为。另一方面，我国地方政府规模的增长可能引发行政效率低下，挤出效应以及寻租腐败等负面效应会影响产业结构变迁以及溢出效应的发挥（周黎安和陶婧，2009）。

在对地方政府规模的衡量中，已有文献（Persson and Tabellini，1999；范子英和张军，2010；余华义，2015）大多采用的是地方财政支出占 GDP 的比例。对于使用这一指标来衡量地方政府规模的大小，我们认为其有一定的合理性。因为地方财政支出通常指地方政府为提供公共产品和服务，满足社会共同需要而进行的财政资金的支付。因此，对于衡量指标刻画的地方政府规模，其对产业结构转型升级的影响可以理解为财税政策的产业结构升级效应。当然，对地方政府规模大小的理解不能仅仅局限于财税政策，还应该包括地方政府官员的干预行为。已有研究表明，地方政府在促进经济增长的同时，其行为的特定方面也包含着引发经济结构和产业结构失衡的可能（安苑和王珺，2012）。在市场经济背景下，充当"守夜人"角色的政府对产业发展的过度干预会导致官员的"晋升锦标赛"和"以邻为壑"的地方保护主义等负面效应，致使地区产业同构现象普遍发生，从而对产业结构转型升级带来不利影响（毛军和刘建民，2014）。

基于这样的分析思路，通过对既有文献的梳理，我们发现从财税方面来研究产业结构升级效应主要集中在以下四个角度：一是研究财政行为波动性通过对技术复杂程度不同的产业产生影响，从而影响产业结构升级（Aghion et al.，2010）；二是研究财政支出或收入政策的产业升级效应（郭小东等，2009；郭晔和赖章福，2011；董万好和刘兰娟，2012）；三是研究财政分权的产业结构效应（Liu et al.，2017；龚六堂和邹恒甫，2002；严冀和陆铭，2003；魏福成等，2013）；四是研究政府干预行为的产业结构效应（王燕武和王俊海，2009；宋凌云等，2013）。已有文献虽然在考察影响产业结构变迁的影响因素方面和基于财税视角对产业结构转型升级的影响效应方面都做了较为全面的理论研究和实证考察，但是仍然存在诸多不足。比如在考察产业转型升级的影响因素和效果时，大多建立在线性相关和参数同质性的假设前提下，而忽略了地方政府规模与产业结构之间的非线性关系以及基于时间和个体层面的参数异质性。事实上，受制于经济发展水平和自身规模的大小，地方政府规模变动对产业结构转型升级的影响并非简单地表现为线性的正向或负向作用，两者之间可能存在非线性特征。同时，我国幅员辽阔的地理特征决定了即使在同一个省份内其产业结构也会存在一定的差异性,比如苏南和苏北地区。因此,研究地方政府规模变动对产业结构的影响从地级市层面着手可能更为妥当。

鉴于此,相较已有研究成果,本章可能的贡献主要体现在以下两个方面:(1)在视角方面,思路上不同于以往仅仅从财税角度来考察产业结构转型升级的效应,本章将其上升到地方政府规模变动的视角进行分析;(2)在实证方面,方法上不同于以往的回归分析,本章采用González et al.(2005)提出的多因素面板平滑转换模型(PSTR模型)来验证地方政府规模变动与城市产业升级之间可能存在的非线性特征,同时,基于中介效应模型考察其具体的传导机制,并且在样本选择上本章采用中国282个地级及以上城市的面板数据进行实证分析。

4.2 地方政府支出规模的现状分析

改革开放以来,我国经历过大大小小七次的政府精简改革,主要从精简人员、机构数量入手,改革以机构的职能转变为核心,以实施简政放权和提高行政效率为目的。比较大型的政府精简改革分别发生在1982年、1998年、2003年、2008年和2013年。例如,1993年要求各级机关精简20%,1998年要求国务院和省级政府精简50%、省级以下精简20%的比例(高楠和梁平汉,2015)。然而,改革的现实情况却与预期效果背道而驰,陷入了"精简—膨胀—再精简—再膨胀"的恶性循环(王艺明等,2014)。我国地方政府规模并未得到有效抑制,从1998年以后其规模增长呈现出加速趋势(范子英和张军,2010),这可能与1994年的分税制改革有关(文雁兵,2014;周黎安,2017)。

为了理解地方政府在产业发展和地区经济建设中的重要作用,我们首先通过研究地方财政支出规模占GDP的比重来衡量政府规模(Persson and Tabellini,1999;范子英和张军,2010)。如图4-1所示,从长期来看,1994年是一个临界点,从1994年开始,地方政府规模开始迅速增长,并且期间经历了两轮大的跳跃。从2004年开始,地方政府规模又出现了新一轮的大规模增长,从2004年的12%增长到了2015

年的最大值22%，这可能与"西部大开发""振兴东北老工业基地""中部崛起"等为标志的倾斜性区域平衡政策有关。比如国务院发布的《关于西部大开发若干政策措施的实施意见》中，就规定了中央在一般性转移支付、专项转移支付、税收返还、扶贫资金以及县乡财政等方面要对中西部地区有所倾斜。从分区域的视角来看，地方政府规模的膨胀也存在区域的异质性，具体来看，自1996年以来我国地方政府规模的膨胀主要来自中西部地区政府规模的超常增长（范子英和张军，2010）。

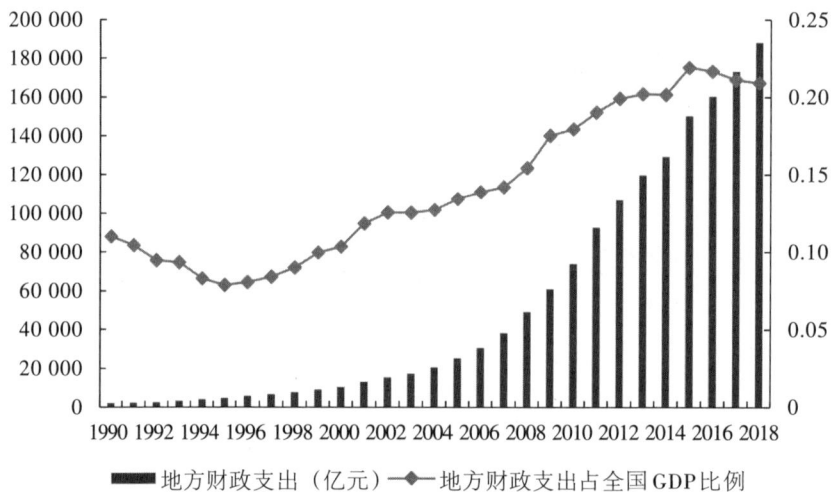

图4-1 1990—2018年地方财政支出规模及占全国GDP比例

资料来源：根据中经网统计数据库的相关数据整理绘制而得。

为了便于对比，我们也列出了地方政府（包括从省到乡镇的各级地方政府）财政支出（收入）占全国GDP的比重和中央政府财政支出（收入）占全国GDP的比重，如图4-2和图4-3所示。从中我们可以看出几点有趣的经验事实：第一，改革开放四十年以来，地方财政收入规模占全国GDP的比重经历了一个先下降后上升的过程，从1978年的26%一路下降到1994年的4.7%。分税制改革后，地方财政收入的比重有所上升，到2016年已经达到11.7%的水平。第二，与地方财政收入比重相对应的是，地方财政支出的比重也出现了先缓慢下降后急速上升的过程，从1978年的16%下降到1994年的8.3%。经历了1994年的分税制改革，到1996年触底后出现了较大幅度的上升，甚至一度达到2015年的最大值

21.8%。近年来，随着中央一直强调的财权与事权相匹配，地方政府财政支出比例有所下降，但是幅度不大。第三，从中央政府的财政支出占全国GDP的比重来看，明显是一个下降的过程，从1978年改革之初的14.5%一路下降到2016年的3.7%。可见，尽管经历了1994年的分税制改革，中央政府的事权责任并没有明显下降，表明分税制改革明显是一次财政式的集权过程，而在事权责任上层层下放至地方政府，却仍然是高度分权的。第四，从中央政府的财政收入占全国GDP的比重来看，经历了1978—1993年的大幅下降之后触底反弹，从1993年的不到4%一路上升至2016年的10%左右。通过对图4-2和图4-3的对比分析，我们可以发现，1994年的分税制改革确实是一次具有重要意义的财政体制改革，它改变了地方政府和中央政府对财政收入和支出的分配方式，无论是财政汲取能力、国家能力还是政府所承担的公共职责和事权责任都是一个分水岭。与此同时，我们可以发现，相对于中央政府而言，地方政府财政收支占全国GDP比重衡量的相对规模一直都是较高的，尤其体现在财政支出责任方面，地方政府所承担的事权责任之多毋庸讳言。

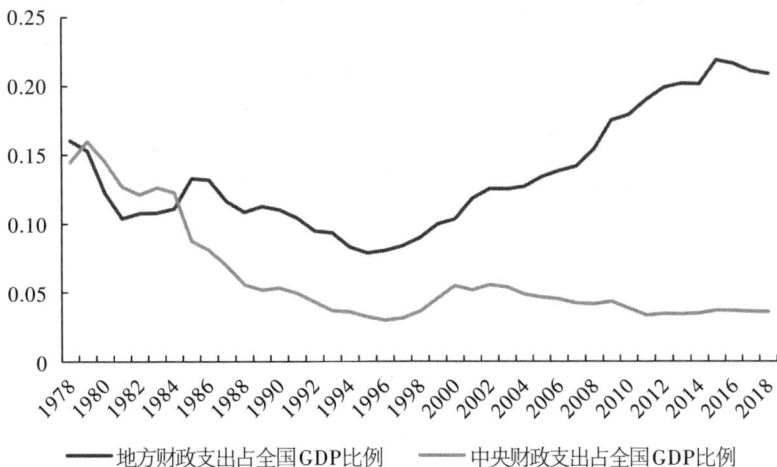

图4-2　1978—2018年地方财政支出（中央财政支出）占全国GDP比例
资料来源：根据中经网统计数据库的相关数据整理绘制而得。

　　为了更加清楚地界定中央政府和地方政府规模的相对大小，我们绘制了地方财政支出（地方财政收入）的占比趋势图，如图4-4所示。从中可以看出，改革开放以来，地方政府的财政支出占全国总财政支出的

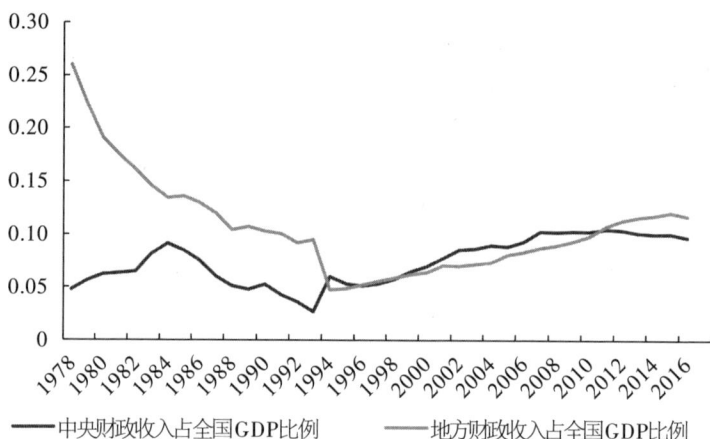

图4-3 1978—2016年地方财政收入（中央财政收入）占全国GDP比例

资料来源：根据中经网统计数据库的相关数据整理绘制而得。

比重维持在70%以上，这一比例从国际比较来看也是罕见的。虽然分税制改革之后，地方政府的财政收入占全国总财政收入的比重从改革开放之初的接近80%骤然降至不到50%，但是20世纪80年代中期以来，地方财政支出的比重一直在稳步上升，处于高水平状态，最高甚至一度达到2015年的85.5%。换言之，地方政府承担了国家大部分的职责范围，不仅需要想方设法地促进地区产业发展和经济增长，还需要承担教育、医疗卫生和社会保障等公共服务。

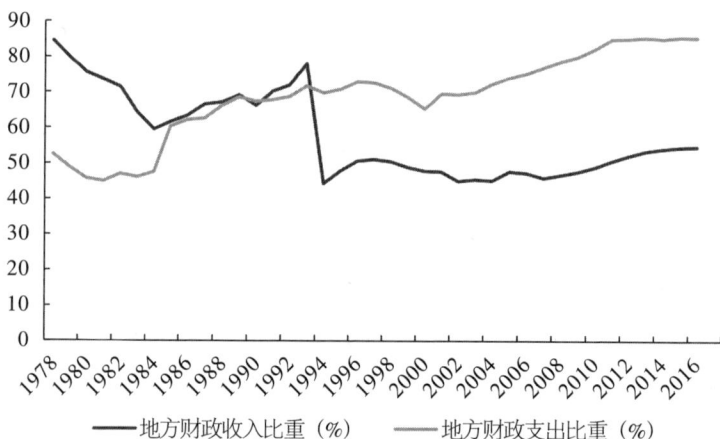

图4-4 1978—2016年地方财政支出（地方财政收入）占比趋势图

资料来源：根据中经网统计数据库的相关数据整理绘制而得。

4.3 研究设计

4.3.1 实证方法与模型构建

通过借鉴赵翔和曹佳斌（2017）、李勇刚和罗海艳（2017）等关于城市产业结构问题的研究，在此基础上构建了回归模型。本章加入了人力资本水平（hc）、基础设施（$road$）、城市化（$urban$）、对外开放程度（$open$）、金融深化（fd）、人口老龄化（$olddep$）等控制变量，同时加入了主要研究的核心解释变量地方政府规模（gs），从而构建了影响城市产业结构的基准回归模型如下：

$$upgrade_{it} = \alpha_0 + \alpha_1 gs_{it} + X_{it}'\varphi + \varepsilon_{it}, \quad \varepsilon_{it} \sim i.i.d(0, \sigma_i^2) \tag{4-1}$$

其中，i 表示个体；t 表示时间；X_{it} 表示控制变量列向量，即 $X_{it} = (hc, road, urban, open, fd, olddep)'$；$\varphi$ 表示系数列向量。

为了研究与验证地方政府规模变动与产业结构升级之间可能存在的时变的非线性关系，本章将采用González et al.（2005）提出的多因素面板平滑转换模型（PSTR模型），将经济发展水平（$lnpgdp$）以及地方政府规模（gs）作为转换变量引入模型中，并对转换函数和体制转换效应进行一系列的估计和检验。将面板平滑转换模型（PSTR模型）设定为以下形式：

$$upgrade_{it} = \alpha_0 + \alpha_1 gs_{it} + \alpha_1' gs_{it} G(\gamma, c_k, q_{it}) + X_{it}'\varphi + \varepsilon_{it}, \quad \varepsilon_{it} \sim i.i.d(0, \sigma_i^2) \tag{4-2}$$

当转换变量 q_{it} 分别取 $lnpgdp$ 和 gs 时，具体的计量模型的设定形式如下：

$$upgrade_{it} = \alpha_0 + \alpha_1 gs_{it} + \alpha_1' gs_{it} G(\gamma, c_k, lnpgdp) + X_{it}'\varphi + \varepsilon_{it} \tag{4-3}$$

$$upgrade_{it} = \alpha_0 + \alpha_1 gs_{it} + \alpha_1' gs_{it} G(\gamma, c_k, gs) + X_{it}'\varphi + \varepsilon_{it} \tag{4-4}$$

其中，$G(\cdot)$ 表示取值范围在0和1之间的转换函数，它由斜率参数 γ、位置参数 c_k 和转换变量 q_{it} 构成。一般情况下，面板平滑转换模型的转换函数 $G(\cdot)$ 为广义Logistic的函数形式，具体如下：

$$G(\gamma, c_k, q_{it}) = [1 + exp(-\gamma \prod_{k=1}^{K}(q_{it} - c_k))]^{-1}, \quad \gamma > 0 \tag{4-5}$$

式（4-5）中，K 表示位置参数的维度，斜率参数 γ 衡量了 Logistic 函数的平滑转换程度，同时还决定了不同区制之间的转换速度。具体而言，如果 γ 越大，那么两种区制之间的转换速度越快，在极端的情况下，当 $K=1$ 且 $\gamma \to \infty$ 时，$G(\gamma, c_k, q_{it})$ 在 $q_{it} = c_k$ 上迅速从 0 转换到 1，即从低区制瞬间转换到高区制，此时就是面板门限模型（PTR 模型），因此，面板门限模型就是面板平滑转换模型的一种特殊情况；相反地，如果 γ 越小，那么两种区制之间的转换相对越平滑，尤其是当 $\gamma \to 0$ 时，$G(\gamma, c_k, q_{it}) = 1/2$，该面板平滑转换模型就变为线性模型。所以，面板门限模型和线性模型都是面板平滑转换模型的一种极端情况。位置参数 c_k 表示的是两种区制之间转换的门限值，当转换变量与位置参数相等时，即 $q_{it} = c_k$ 时，$G(\gamma, c_k, q_{it}) = 1/2$。

关于式（4-2）中系数的变化，若解释变量向量中不包含转换变量 q_{it}，则地方政府规模对产业结构升级的影响系数为：

$$e_{it}^{gs} = \frac{\partial upgrade}{\partial gs} = \alpha_1 + \alpha_1{}' G(\gamma, c_k, q_{it}) \tag{4-6}$$

由于 $0 \leqslant G(\gamma, c_k, q_{it}) \leqslant 1$，因此，$e_{it}^{gs}$ 实际上是 α_1 和 $\alpha_1{}'$ 的加权平均值。即当 $\alpha_1{}' > 0$，则 $\alpha_1 \leqslant e_{it}^{gs} \leqslant \alpha_1 + \alpha_1{}'$，说明影响系数随着转换变量 q_{it} 的增加而增加；当 $\alpha_1{}' < 0$，则 $\alpha_1 + \alpha_1{}' \leqslant e_{it}^{gs} \leqslant \alpha_1$，说明影响系数随着转换变量 q_{it} 的增加而减小。这样，α_1 的正负符号能够刻画地方政府规模变动对产业结构升级的初始影响，同时，$\alpha_1{}'$ 的正负符号也能够刻画地方政府规模对产业结构升级的影响随着经济发展水平和自身规模变动而呈现出的时变的非线性特征。

根据 González et al.（2005）以及 Colletaz and Hurlin（2006）的研究表明，一般 K 取 1 或 2 就能够满足研究的需要。同时，在设定模型形式时，必须对式（4-2）中是否存在非线性部分和转换函数个数进行统计学的检验。本章的非线性检验主要是通过对转换函数 $G(\gamma, c_k, q_{it})$ 在 $\gamma = 0$ 处进行一阶或多阶的 Taylor 展开处理的，构造了辅助回归方程。针对检验原假设是否成立，González et al.（2005）以及 Colletaz and Hurlin（2006）构造了三个相关的统计量进行检验。具体来说，Wald LM 检验统计量为：

$$LM_W = \frac{NT(SSR_0 - SSR_1)}{SSR_0} \qquad (4-7)$$

其中，N 为面板数据中的个体数，T 为时间数，SSR_0 和 SSR_1 分别表示在原假设与备择假设成立条件下的面板残差平方和。该统计量服从自由度为 mk 的卡方分布。相似地，Fischer LM 检验统计量为：

$$LM_F = \frac{(SSR_0 - SSR_1)/mk}{SSR_0/(NT - N - mk)} \qquad (4-8)$$

该统计量近似分布为 $F(mk, NT - N - mk)$，其中，m 为泰勒展开阶数，k 为解释变量个数。最后一种似然比检验统计量为：

$$pseudo - LRT = -2(log(SSR_1) - log(SSR_0)) \qquad (4-9)$$

该统计量服从自由度为 mk 的卡方分布。根据以上三个检验统计量的结果，如果拒绝零假设，则说明存在非线性关系，可以考虑采用 PSTR 模型进行建模；反之，则不存在非线性关系。如果模型通过了非线性检验，则接下来还需要进行转换函数个数的检验，即残余检验，直至接受原假设，从而获得最终的转换函数个数。

4.3.2 变量选取和说明

本章具体的变量选取与测算方法如下：

（1）被解释变量：产业结构升级（$upgrade$）

产业结构升级也就意味着产业内部技术结构的升级，由劳动密集型产业向资本和技术密集型产业转变，或者由低附加值产业向高附加值产业转变，从而实现劳动生产率的提高以及经济效率的提升。随着我国产业结构的调整，经济服务化趋势日益明显，服务业将成为我国产业结构升级的主要走向（罗富政和罗能生，2016）。因此，本章借鉴徐敏和姜勇（2015）的测算方式，将三大产业的产值比重均包含在内，其中 w_i 为第 i 产业的产值比重，具体的测算公式如下：

$$upgrade = \sum_{i=1}^{3} w_i \times i = w_1 \times 1 + w_2 \times 2 + w_3 \times 3 \qquad (4-10)$$

（2）核心解释变量：地方政府规模（gs）

由于我国特有的国情，"吃饭财政"一直是改革面临的重要难题，然而，自分税制改革以来，地方"以收定支"的传统更加使得地方政府规模的大小表现在公共财政收入和支出上。考虑到我国的国情和统计的需要，为了更加真实地反映地方政府行使政府职能的不同程度以及对社会资源的消耗能力，依据文献惯例（范子英和张军，2010；Persson and Tabellini，1999），本章采用公共财政支出占经济总量的比值来衡量地方政府规模。

（3）转换变量：经济发展水平（$lnpgdp$）和地方政府规模（gs）

通过借鉴孙海波等（2017）的做法，经济发展水平采用各城市人均GDP来衡量，并利用各年度人均GDP指数进行平减，换算成以2003年为基期的人均GDP，并取对数后得到$lnpgdp$；同时，以地方政府规模（gs）自身作为转换变量。

（4）其他控制变量

根据计量模型的设定标准，为了避免遗漏重要解释变量所导致的内生性问题，对于控制变量的选择，我们一般依据两项原则：一是对产业结构升级有着重要影响的解释变量；二是对于所要重点研究的变量即地方政府规模，应该考虑有哪些因素会通过作用于地方政府规模从而对产业结构升级产生影响。基于此，关于控制变量的选择如下：

① 人力资本水平（hc）。人力资本水平反映了一个城市人力资本禀赋的高低，劳动力的质量越高，则对产业结构升级越有利，更有助于促进产业向现代服务业等更高级别的产业形式转化。本章借鉴赵祥和曹佳斌（2017）的做法，采用普通高等学校学生占城市总人口的比重来衡量人力资本水平。

② 城市基础设施（$lnroad$）。城市基础设施会通过"空间溢出效应"以及"蒂伯特选择"作用下的"用脚投票"机制促进产业在城市之间以及城市内部形成专业化分工，从而促进产业结构升级（汪伟等，2015）。陈淑云等（2017）采用城市人均铺设道路面积来衡量基础设施水平，但是，由于存在城市人口密度分布不均等问题，本章同样借鉴赵祥和曹佳斌（2017）的做法，采用每万平方米的年末实有城市道路面积来衡量城市基础设施。同时，为了避免极端异常值所引起的异方差问题，本章对原始值进行取对数处理。

③ 城市化水平（$urban$）。本章借鉴余华义（2015）的指标选取方法，采用城市化率来衡量城市化水平，即城镇人口与该城市总人口的比值。

④ 对外开放程度（$open$）。本章采用各地实际使用外商直接投资

（以人民币表示）占其固定资产投资总额的比值来衡量对外开放水平（李勇刚等，2016）。

⑤ 人口老龄化程度（*olddep*）。本章借鉴汪伟等（2015）的做法，采用老年人口抚养比例来衡量人口老龄化程度。

⑥ 金融深化水平（*fd*）。本章采用年末金融机构人民币各项贷款余额与GDP的比值来衡量金融深化程度（李勇刚和罗海艳，2017）。

4.3.3 数据来源与描述性统计

本章选取2003—2015年共13年间的中国282个地级及以上城市作为数据样本，相关原始数据主要来源于《中国城市统计年鉴》和《中国区域经济统计年鉴》，以及各地级市以及所在省（区）的统计年鉴。由于统计口径的原因，没有包括港澳台的城市数据，同时去掉了有较多缺失值的地级市（如拉萨市、陇南市、海东市、固原市、毕节市、铜仁市、克拉玛依市），去掉了期间市县合并与撤销样本（如巢湖市、中卫市），去掉了由于设立较晚而没有前期数据的城市（如三沙市、儋州市），最后获得了282个地级市的样本数据。为了增强实证结果的可信度，对原始数据均以2003年为基期利用价格指数进行平减，同时，对于特定年份缺失的数据，采用插值法进行补齐。为了消除异方差的影响，本章对实证研究中以数值形式出现的变量取自然对数，对出现零值的变量通过加1之后取自然对数，以进一步增强数据的平稳性。各变量处理后数据的描述性统计，具体见表4-1。

表4-1 变量的描述性统计

变量名称	变量符号	均值	标准差	最小值	最大值	样本量
产业结构升级	*upgrade*	2.2123	0.1661	1.3803	2.7969	3 666
地方政府规模	*gs*	15.0583	8.5096	4.4261	148.5160	3 666
经济发展水平	*lnpgdp*	10.0172	0.8142	4.5951	13.0556	3 666
人力资本水平	*hc*	1.4669	2.0869	0.0039	12.9369	3 666
城市基础设施	*lnroad*	6.6839	1.0152	3.6375	9.9753	3 666
城市化水平	*urban*	0.4805	0.1099	0.2565	0.8960	3 666
对外开放程度	*open*	0.0405	0.0529	0.0001	0.5930	3 666
人口老龄化程度	*olddep*	12.6578	2.1854	7.4400	21.8800	3 666
金融深化水平	*fd*	0.0082	0.0049	0.0013	0.0745	3 666

4.4 实证结果分析

4.4.1 模型设定形式检验[①]

为了避免出现伪回归，我们对所有变量进行了LLC检验、IPS检验、ADF-Fisher检验等面板的单位根检验以判断各变量的平稳性，其结果均拒绝了存在面板单位根和数据非平稳的原假设。为此，可以直接对这些变量进行回归分析。因为经济发展水平（$lnpgdp$）能够较好地衡量各个变量随时间的变化趋势，因此，本章也遵循文献中的做法，将经济发展水平作为转换变量，分析在经济发展阶段转换下的地方政府规模变动对产业结构升级的非对称效应。在进行面板平滑转换模型（PSTR模型）估计之前，需要对模型进行线性非线性检验以及残余检验，以免因为模型形式设定错误导致的结果偏误，检验结果见表4-2。

本章将转换函数$G(\gamma, c_k, w_{it})$在$\gamma = 0$处进行1~4阶的Taylor展开，构造辅助回归方程。从表4-2中的结果可以看出，在位置参数个数K分别为1和2的情况下，LM_W、LM_F、LRT三个统计量均在5%的显著性水平下通过了线性非线性检验，拒绝了$r = 0$的原假设，证明存在非线性关系。该结果表明，本章所选用的面板数据具有明显的异质性，也就是说，地方政府规模对产业结构的影响具有非线性特征，验证了本章计量模型设置的合理性。进一步地，对PSTR模型进行残余检验。根据González的建议，为了避免出现过于复杂的非线性模型，转换函数个数检验中最好将显著性水平设置为5%，即如果得出的P值大于等于5%，就接受原假设。表4-2中的结果显示，对于1~4阶的Taylor展开中三个统计量的检验，大部分均接受$r = 1$的原假设，说明PSTR模型只含有一个非线性转换函数。在检验出转换函数个数之后，我们还需要进一步确定位置参数的维度。通过采用AIC和BIC准则来确定最佳的K的取值，当$r = 1$时，$K = 1$所对应的检验统计量AIC和BIC均小于$K = 2$时的值。据此，我们可以得出模型最佳的转换函数个数和位置参数个数分别为：$r = 1$，$K = 1$。

[①] 本书主要采用Winrats 7.0和Stata 14.0软件进行估计，文中结果经作者整理得出。

表4-2

线性非线性检验以及残余检验结果

原假设与备择假设	阶数	K=1			阶数	K=2		
		LM_w	LM_F	LRT		LM_w	LM_F	LRT
线性非线性检验 (H_0: $r=0$; H_1: $r=1$)	m=1	4.316**	3.986**	4.318**	m=1	4.316**	3.986**	4.318**
	m=2	7.027***	3.246**	7.034**	m=2	7.027***	3.246**	7.034**
	m=3	39.299***	12.209***	39.512***	m=3	39.299***	12.209***	39.512***
	m=4	40.269***	9.382***	40.493***	m=4	40.269***	9.382***	40.493***
残余检验 (H_0: $r=1$; H_1: $r=2$)	m=1	3.818*	3.517*	6.173**	m=1	0.069	0.063	0.073
	m=2	3.895	1.793	6.987**	m=2	3.379	1.556	3.689
	m=3	9.186**	2.823*	9.898**	m=3	10.228**	3.144**	10.940***
	m=4	9.187*	2.117*	10.016**	m=4	10.535*	2.428**	11.310**
AIC		-5.1578				-5.1575		
BIC		-5.1408				-5.1388		

注：①m表示Taylor展开阶数，K表示位置参数维度；

②***、**、*分别代表1%、5%、10%的显著性水平；

③表4-2中只列出了表4-3中模型（1）的检验结果，后面模型的检验形式类同，限于篇幅不再列出。

4.4.2 面板平滑转换模型估计结果与分析

在上述线性非线性检验和残余检验的基础上，本章采用非线性最小二乘法（NLS）对 PSTR 模型的式（4-1）和式（4-2）进行参数估计，并采用格点法（Grid）来搜索使模型残差平方和最小的参数估计值，将其作为非线性最优算法的初始参数，在确保模型参数收敛的基础上进行估计。表4-3列出了 PSTR 模型具体的参数估计结果。

表4-3   PSTR模型估计结果

线性与非线性 部分参数估计	变量	模型（1） 转换变量：$lnpgdp$	模型（2） 转换变量：gs
线性部分	gs	0.003*** （8.508）	2.697*** （6.121）
	fd	1.395*** （3.043）	1.019* （1.778）
	hc	0.005** （2.481）	0.006** （2.355）
	$urban$	0.495*** （9.396）	0.151*** （2.287）
	$lnroad$	0.004 （0.835）	0.004 （0.649）
	$open$	−0.113*** （−2.707）	−0.158*** （−3.029）
	$olddep$	0.001 （1.576）	−0.0007 （−0.466）
非线性部分	gs	−0.002*** （−6.313）	−5.382*** （−6.114）
转换斜率	γ	5.989*** （2.671）	5.988*** （2.467）
位置参数	c	9.515*** （13.043）	21.534*** （471.165）
检验统计量	AIC	−5.157	−4.705
	BIC	−5.140	−4.689
	$Log\ likelihood$	4 246.267	3 428.617

注：***、**、*分别代表1%、5%、10%的显著性水平，括号内为 t 统计量，下同。

4.4.2.1 基本回归结果趋势分析

根据表4-3可知，在以经济发展水平（*lnpgdp*）为转换变量的模型（1）中，地方政府规模的增加对产业结构升级有促进作用，但是随着经济发展水平的提高，该效应呈现出明显的下降趋势。地方政府规模的增加对产业结构升级的促进作用，是不难理解的。以公共财政支出占比衡量的地方政府规模增加时，所带来的人力资本集聚效应和规模经济效应是不容忽视的。地方政府规模扩大以后，囿于政绩考核，充当"守夜人"角色的地方政府官员会积极参与到对产业结构的调整之中，将公共财政支出中的大部分作为投资性支出，通过设立出口加工区、开发区和工业园区等形式加强城市的基础设施建设以进行招商引资，此时，产业集聚所带来的产业结构升级效应是十分明显的。同时，非线性部分的系数符号为负，且在1%的水平下显著，说明随着经济发展水平的提高，地方政府规模变动对产业结构所产生的正向促进作用会减弱。究其原因，前期大规模的投资性支出势必会造成的产能过剩问题日益严重，同时，地方政府规模的过度膨胀和过度干预都会导致官员的"晋升锦标赛"和"以邻为壑"的地方保护主义等负面效应逐渐显现。当经济发展到一定阶段以后，更需要行政服务周到、办事效率高的政府设施相配套。可是，地方政府规模的肆意膨胀却不能朝着最优化的政府规模转变。此外，由于地方政府所采取的产业政策不顾产业的动态比较优势是否能够以要素禀赋结构为依托以及企业是否拥有自生能力，势必会造成大量的产业同构和重复建设，从而对城市产业结构升级带来不利影响。

对以地方政府规模（*gs*）自身作为转换变量的模型（2）进行分析时，我们发现基本结论再次得到了验证。地方政府规模对产业结构升级的影响随着政府规模的扩大呈现出显著的阶段性特征。当地方政府规模较小时，政府官员的边际晋升激励反而是最强的，也就更加有动力促进产业结构朝着自身要素禀赋结构所决定的动态比较优势的方向发展。但是，一旦超过门限值，其负向的影响也是十分显著的。地方政府规模超常膨胀之后所带来的负向影响效应，其原因可以解释为以下三点：其一，地方政府规模庞大，为了维持如此庞大的规模机构的运转，必然需要大量的政府税收收入，因此而产生的"吃饭财政"问题可能会抑制产业结构朝着自身动态比较优势和有利于企业自生能力的方向发展。其二，在我国财政分权的体制机制下，税收收入一方面来源于中央政府的转移支付，另一方面来源于地方的税收，其中大部分为土地财政收入。财政分权使得地方政府更有能力影响地方的产业结构。如果地方政府缺乏有效的监督，会激励中间品的利益集团对地方政府官员进行游说和俘获，同时地区之间的竞争也会导致地方政府官员阻碍产业结构转型升级。其三，在官员的任期内，GDP增长率是主要的考核指标，地方政府规模越大，会导致更多的政府官员达成一致和妥协，并尽最大努力动用一切资源推动其任期内地方经济的增长，这使得地方政府有动力追求税收最大化，也更有可能为经营中间品的利益集团所俘获，从而导致地方政府阻止城市产业结构转型升级。我们还可以看出，地方政府规模变动对产业结构升级的效应并非单纯地表现为正向或负向的作用，而是随着时点的变化呈现出不同的影响。即当一国经济发展水平处于较低阶段或自身规模较小时，地方政府规模变动有利于产业结构朝着自身最优化的方向发展，此时正向的集聚效应和规模效应较强；但是，当经济发展水平达到一定阶段或自身规模超常膨胀之后，其对产业结构的负向影响会逐渐显现。

从模型控制变量的估计结果来看，两个模型的研究结果均表明人力资本水平对产业结构产生的正向影响在1%的显著性水平下显著。这不难理解，因为人力资本水平越高的城市，就越能够发挥人力资本集聚的共享、匹配和学习效应，使得城市环境具有外部经济性，其从事现代服务业的人口比重大大增加，从而能够促进产业结构的优化升级。同样地，模型中城市化水平在1%的显著性水平下显著为正，可见，城市化能够产生集聚经济效应，带来生产率提高的同时也能够促进专业化分工，极大地便利了知识的产生、积累和扩散，有利于技术创新，从而促进产业结构转型升级。两个模型中，以金融机构贷款余额占比衡量的金融深化水平至少在10%的显著性水平下显著为正，表明国内金融市场发展水平的不断完善能够减小企业的融资约束，特别是提高第三产业行业的资本配置效率，发挥企业的自生能力，促进产业结构朝着合理化、高级化的方向发展。而以外商直接投资占固定资产投资比重衡量的对外开放程度却在1%的显著性水平下显著为负，我们给出的解释是：一方面，随着近年来我国东部沿海地区承接发达国家的产业转移中，可能更多的是制造业或资本密集型产业，而非以技术和创新为导向的高新技术产业，这启示我们在发挥产业转移的技术外溢效应的同时，更应该考虑所引进的外商直接投资投向的产业类型；另一方面，我国国内固定资产投资的增加，尤其是2008年之后推出的"四万亿经济刺激计划"在未能显现其产能过剩弊端之前，确实对于城市产业结构的升级起到了促进作用。人口老龄化程度的作用为负，但是不显著，其可能的原因是在样本期内随着改革红利和人口红利促进中国经济快速发展的过程中，人口老龄化问题还未能起到影响产业结构的决定性作用。

4.4.2.2 地方政府规模变动对产业结构影响的阶段转换特征分析

表4-3中的模型（1）和模型（2）显示，地方政府规模变动对产业结构转型升级的影响均呈现出时变的非线性特征。为了分析经济不同发展阶段和自身规模变动阶段的转换特征，本章绘制了转换函数值与转换变量之间的关系，如图4-5（a）和图4-5（b）所示。根据图4-5（a）、图4-5（b）与表4-3所对应的面板平滑转换模型估计结果可知，在以 $lnpgdp$ 和 gs 为转换变量时，地方政府规模变动对产业结构升级影响的变迁都存在1个转换机制，其对应的位置参数分别为9.515、21.534。模型（1）中，gs 随着 $lnpgdp$ 的不同对产业结构呈现出变动特征，其影响效应在转换变量取值为9.515处实现了低区制向高区制的转变，且 γ 的取值为5.989，表明其转换速度适中。

地方政府规模对产业结构升级的总效应为表4-3中非线性部分系数与转换函数值的乘积加上线性部分系数，基于此，本章计算得到 gs 对 $upgrade$ 的总效应，如图4-5（c）和图4-5（d）所示。其中，图4-5（c）表示的是以 $lnpgdp$ 为转换变量的系数动态特征，图4-5（d）表示的是以 gs 为转换变量的系数动态特征。

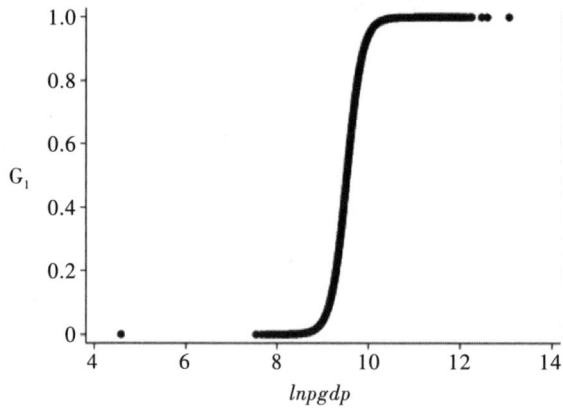

（a）

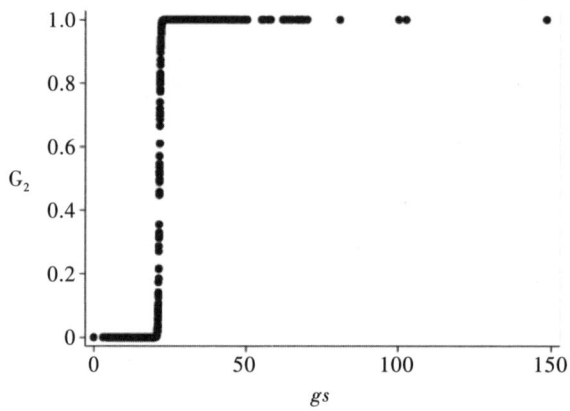

（b）

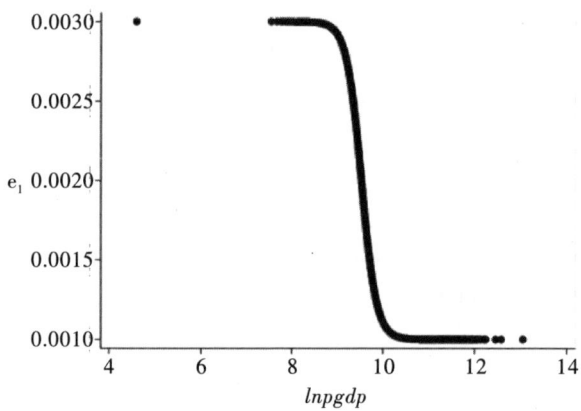

（c）

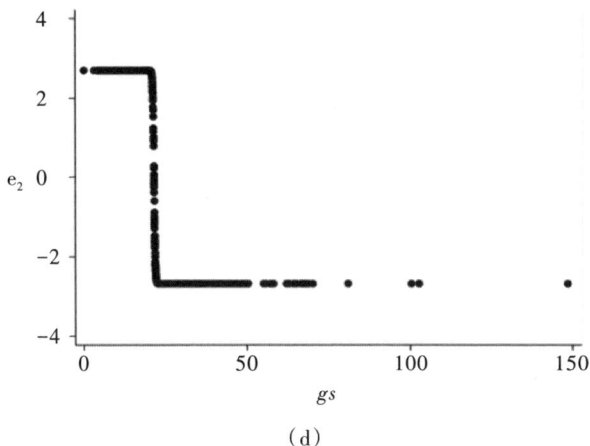

（d）

图4-5　阶段转换的系数动态特征

图4-5（a）和图4-5（b）中的转换函数渐进式变化，并且实现了在不同区制之间的平滑转换。图4-5（c）和图4-5（d）更加形象直观地展示了地方政府规模变动对产业结构升级的总系数影响效应。结合表4-3中的估计结果，当位置参数的估计值为9.515时，所对应的人均GDP为1.356万元（2003年价格）。在位置参数两侧，地方政府规模变动对产业结构的影响存在显著差异。当人均GDP低于1.356万元时，影响系数为0.003，并且通过显著性检验，表明政府规模对城市产业结构产生显著促进作用；当人均GDP达到门限值时，地方政府规模对产业结构的影响系数变为0.002（0.003+（−0.002）×0.5）；当人均GDP高于1.356万元时，地方政府规模的膨胀对产业结构升级的负向影响效应逐渐显现，影响系数最终稳定在0.001（0.003−0.002）。类似地，也可以分析以gs为转换变量的情形，但是与以$lnpgdp$为转换变量不同的是，当gs大于21.534时，影响系数最终稳定在−2.685，即当以自身规模作为转换变量时，政府规模膨胀对产业结构升级的影响为负。尽管二者最终的影响系数有正有负，但是，从图4-5（c）和图4-5（d）中可以看出其影响系数e_1和e_2逐渐变小的趋势，即地方政府规模对产业结构升级所产生的促进作用随着经济发展水平的提高而不断减弱，并且其不断膨胀之后对产业结构升级所产生的最终影响效应为负。

4.4.3 稳健性检验

4.4.3.1 改变地方政府规模的测算方法

用以衡量地方政府规模的指标中，公共财政支出还包含科教文卫支出的部分。为了区分科教文卫支出的占比对地方政府规模指标的偏离，本章使用科教文卫支出与GDP的比值来考察其对产业结构的影响，以避免由于公共财政支出中投资性支出和科教文卫支出指向性的偏差所造成的对地方政府规模本身指标测度的质疑，同时也能够剥离出科教文卫支出本身对产业结构升级所产生的影响。改变指标测算后的估计结果见表4-4。

表4-4　　　　　　　　改变指标测算后的估计结果

线性与非线性部分参数估计	变量	模型（3）转换变量: $lnpgdp$	模型（4）转换变量: gs
线性部分	gs	212.749*** (4.694)	0.0006 (1.166)
	fd	2.224*** (4.871)	1.927*** (3.362)
	hc	0.006*** (2.846)	0.004 (1.510)
	$urban$	0.225*** (3.248)	0.502*** (8.983)
	$lnroad$	−0.003 (−0.479)	0.007 (1.152)
	$open$	−0.105** (−2.496)	−0.141*** (−2.665)
	$olddep$	0.002** (2.064)	0.0005 (0.348)

续表

线性与非线性部分参数估计	变量	模型（3）转换变量：lnpgdp	模型（4）转换变量：gs
非线性部分	gs	−425.503*** (−6.313)	−0.0006*** (−2.595)
转换斜率	γ	0.674 (0.672)	1.635 (0.011)
位置参数	c	9.142*** (29.484)	23.350*** (73.453)
检验统计量	AIC	−5.144	−4.681
	BIC	−5.127	−4.664
	Log likelihood	4 221.073	3 382.602

由表4-4中的估计结果可知，当以科教文卫支出的占比替代政府规模指标时，PSTR模型的回归结果发现，当以 lnpgdp 作为转换变量时，未通过线性非线性检验，但是对产业结构升级产生显著的正向促进作用；当以自身规模作为转换变量时，检验结果表明 r=1，c=1，并且当自身规模累积超过门限值时，对产业结构升级的正向促进作用仍然会存在显著的负向弱化效应。究其原因，科教文卫支出比重的上升显然能够促进研发和技术创新，从而促进战略性新兴产业和高新技术产业的发展，带来的是第三产业内部结构的优化，从而促进产业结构转型升级。但是，科教文卫支出本身对产业升级的影响也会存在边际递减效应，同时科教文卫支出等社会性财政支出份额的过度上升势必会影响到见效快、增长效应明显的投资性支出，从而会影响到与第三产业相配套的基础设施的发展，反而会抑制产业结构的合理化和高级化进程。

4.4.3.2　分不同地区讨论[①]

2003年以来，国家提出的西部大开发和东北振兴等发展战略，势必会导致中央财政支出的倾向，从而使得地方政府规模变动作用于城市

[①] 本章考虑到会存在大城市效应，因此分别剔除了直辖市和省会城市的样本，其回归结果没有改变基本结论。

产业结构变迁产生相应的地区差异。因此，本章通过将全国30个省市（自治区）分为东部地区和中西部地区，将282个城市匹配到其对应的省份进行分样本回归分析。之所以这样分组，是由于考虑到属于同一个省的地级市之间的溢出效应较强，且相互之间的联系更为紧密，因此其所在省份的区位优势明显区别于其他省份。分不同地区子样本的回归结果见表4-5。

表4-5 分不同地区子样本的回归结果

线性与非线性部分参数估计	变量	东部地区		中西部地区	
		转换变量：lnpgdp	转换变量：gs	转换变量：lnpgdp	转换变量：gs
线性部分	gs	0.0008	0.003**	0.004***	386.806***
		(1.320)	(2.572)	(11.067)	(28.709)
	fd	2.348**	1.990*	0.858*	1.0124*
		(2.067)	(1.720)	(1.960)	(1.921)
	hc	0.009**	0.011**	0.001	−0.005*
		(2.106)	(2.572)	(0.166)	(−1.804)
	urban	0.467***	0.451***	0.461***	0.485***
		(4.002)	(3.673)	(8.243)	(7.383)
	lnroad	0.006	0.005	0.004	0.015**
		(0.429)	(0.399)	(0.869)	(2.377)
	open	−0.122*	−0.124*	0.326***	0.381***
		(−1.816)	(−1.840)	(4.473)	(3.892)
	olddep	0.001	0.001	0.005	−0.0002
		(0.416)	(0.411)	(3.760)	(−0.160)
非线性部分	gs	0.002***	−0.003**	−0.003***	−386.791***
		(−6.313)	(−2.27)	(−7.916)	(−28.708)
转换斜率	γ	10.638	15.311	4.723	1.285***
		(0.06)	(0.394)	(0.210)	(5.086)
位置参数	c	10.619***	40.912	9.502***	23.810***
		(15.320)	(0.631)	(12.060)	(24.147)
检验统计量	AIC	−4.685	−4.685	−5.596	−5.007
	BIC	−4.645	−4.645	−5.571	−4.982
	Log likelihood	1 205.32	1 207.018	3 208.354	2 531.476

由表4-5中的估计结果可知，地方政府规模对产业结构升级的非线性特征也是存在的，并没有改变前文的方向性论述。其中，当东部地区以 *lnpgdp* 作为转换变量时，随着经济发展水平的提高，一方面，地方政府规模的适度扩张确实能够促进行政效率的提高，促进全要素生产率和资本配置效率较高的以金融业、物流配送、咨询等为代表的现代服务业的发展，从而更好地促进产业结构的转型升级，向后工业化的方向行进；另一方面，政府服务效率的提高同样意味着以政府的公共管理服务、基础教育、公共卫生、医疗以及公益性信息服务等为代表的现代服务业的发展。与之形成鲜明对比的是，中西部地区产业结构的升级同样受益于政府规模的适度扩张，但是过度膨胀后其对产业结构表现出十分显著的抑制性效应。其可能的原因是，以资源型产业、自然垄断产业、低端制造业和加工业为主的中西部城市，政府规模的适度扩张带来的地方政府官员投资驱动的倾向愈加明显，在短期内必然会促进农业向以第二产业为主的非农产业转换，库兹涅茨的事实较易观察。但是，由于前期资本积累有限，具有高技术含量和高附加值的高端制造业和现代服务业的发展却很难在中西部城市找到适合自身生存发展的土壤，政府规模过度膨胀带来的负面效应由此逐渐显现。

4.4.4 机制分析

根据上述地方政府规模对城市产业结构的作用机制的理论分析，可以总结为地方政府规模变动主要通过正向的"投资潮涌效应"和负向的"创新驱动效应"对城市产业结构发挥效用。为了进一步检验其具体的间接作用机制和影响渠道，本章借鉴温忠麟等（2004）提出的综合性中介效应，即采用分步回归的办法，分别从这两个方面对其传导路径和传导效应进行实证分析。其具体的回归方程设定如下：

$$upgrade_{it} = \eta_0 + \eta_1 gs_{it} + \sum_{j=2}^{6} \eta_j Control_{it} + \mu_i + \lambda_t + \varepsilon_{it} \qquad (4\text{-}11)$$

$$M_{it} = \gamma_0 + \gamma_1 gs_{it} + \sum_{j=2}^{6} \gamma_j Control_{it} + \mu_i + \lambda_t + \varepsilon_{it} \qquad (4\text{-}12)$$

$$upgrade_{it} = \vartheta_0 + \vartheta_1 M_{it} + \sum_{j=2}^{6} \vartheta_j Control_{it} + \mu_i + \lambda_t + \varepsilon_{it} \qquad (4\text{-}13)$$

$$upgrade_{it} = \rho_0 + \rho_1 gs_{it} + \rho_2 M_{it} + \sum_{j=3}^{7} \rho_j Control_{it} + \mu_i + \lambda_t + \varepsilon_{it} \qquad (4\text{-}14)$$

其中，M_{it}代表中介变量，包括投资潮涌效应，采用各城市固定资产投资的差额进行替代，表示为inv_{it}，数据来源如前文所述。需要注意的是，前文中对外开放程度采用外商直接投资与固定资产存量总额的比值来衡量，这部分中介效应的检验中对外开放程度仅仅采用外商直接投资的对数来表示。另外，中介变量还包括创新驱动效应，采用人力资本水平的指标hc_{it}进行替代，其原因是创新驱动需要人才，而所在城市高学历人群数量的多少能够更加准确地衡量这个城市的创新能力。$Control_{it}$代表相应的控制变量，以消除城市之间的异质性带来的影响。μ_i和λ_t分别表示个体固定效应和时期固定效应，以刻画难以用指标度量的城市特征和时期特征。ε_{it}表示误差项，假定服从白噪声序列。在进行实证模型的估计之前，本章利用Hausman检验对模型形式进行确认，结果显示建立固定效应模型是合理的。

具体的检验步骤如下：首先，为检验地方政府规模对产业结构的综合影响，不考虑投资潮涌效应和创新驱动效应两方面的作用，构建基准回归模型如式（4-11）所示。其次，检验地方政府规模对中介变量以及中介变量对产业结构的影响效应，构建回归模型如式（4-12）和式（4-13）所示。当中介变量为投资时，预期γ_1和ϑ_1均显著为正，对应的中介效应为$\gamma_1\vartheta_1$；当中介变量为创新时，预期γ_1显著为负，ϑ_1显著为正，对应的中介效应同样为$\gamma_1\vartheta_1$。最后，为检验投资和创新的中介效应是否完全，将中介变量和政府规模变量均放入回归方程中，构建回归模型如式（4-14）所示。其中，当中介变量为投资时，预期ρ_1的绝对值应小于式（4-11）中η_1的绝对值；当中介变量为创新时，预期ρ_1的绝对值应大于式（4-11）中η_1的绝对值。

中介检验模型的估计结果见表4-6。

由表4-6中的估计结果可知，回归的系数值均与具体检验步骤中的预期一致。其中，基准回归模型（5）表明地方政府规模的适度扩张对产业结构升级的促进作用是显著的。同时，模型（6）至（8）的回归结果也显示，正是由于政府规模的适度扩张会引起地方的投资潮涌效

表4-6　　　　　　　　　　　中介检验模型的估计结果

变量	模型（5）	投资潮涌效应			创新驱动效应		
		模型（6）	模型（7）	模型（8）	模型（9）	模型（10）	模型（11）
$lninv$			0.928* (1.76)	0.068 (1.27)			
hc						0.598** (2.32)	0.333 (3.45)
gs	0.148*** (3.34)	0.572*** (5.65)		0.101** (2.45)	-0.169*** (-5.77)		0.153*** (3.45)
fd	0.629 (0.93)	-6.971*** (-4.49)	2.009*** (3.78)	1.869*** (3.50)	0.210*** (4.66)	1.746*** (3.03)	0.559 (0.82)
$urban$	-0.013 (-0.12)	3.202*** (12.40)	0.429*** (5.00)	0.410*** (4.76)	0.007 (0.95)	0.541*** (9.34)	-0.015 (-0.14)
$lnroad$	0.003 (0.47)	0.0721*** (4.68)	0.0122* (1.94)	0.0120* (1.92)	-0.0009** (-2.19)	0.0134** (2.03)	0.004 (0.52)
$lnopen$	-0.005** (-2.25)	0.0677*** (13.16)	-0.005*** (-2.59)	-0.005*** (-2.71)	-0.0002 (-1.64)	-0.004* (-1.88)	-0.005** (-2.21)
$olddep$	-0.608*** (-3.64)	2.213*** (5.80)	-0.0355 (-0.26)	-0.050 (-0.37)	-0.036*** (-3.30)	-0.040 (-0.27)	-0.596*** (-3.56)
常数项	2.259*** (35.24)	11.200*** (76.42)	1.835*** (41.94)	1.874*** (40.33)	0.018*** (4.36)	1.891*** (54.89)	2.253*** (35.04)
个体效应	有	有	有	有	有	有	有
时期效应	有	有	否	否	有	否	有
N	3 552	3 550	3 550	3 550	3 552	3 552	3 552
R^2	0.137	0.941	0.118	0.119	0.249	0.108	0.137

注：表中模型（6）和（9）的被解释变量分别为$lninv$和hc。

应，大量引进外资的同时将大量本地资本投向基础设施建设，因此，基础设施的完备和大量开发区和出口加工区的成立带来了产业的集聚，对产业结构的升级会产生显著的促进作用。但是，我们也应该看到，模型（9）至（11）的结果表明，也正是由于地方政府规模的过度膨胀有极大可能会影响到地方企业的创新驱动，从而影响到高新技术产业和战略性新兴产业的发展，抑制了产业向第二产业中高端制造业以及生产率更高的现代服务业的发展，从而阻碍了产业结构升级的步伐。

表4-6中，模型（6）和（9）的结果表明，地方政府规模对投资的影响显著为正，对创新的影响显著为负。同时，模型（7）和（10）的结果表明，投资和创新均对城市产业结构产生显著的促进作用。但是，同时将中介变量和政府规模放入回归方程中，模型（8）和（11）的回归中投资和创新的系数均不显著，表明投资和创新只是起到了部分中介效应的作用。本章进一步借鉴 MacKinnon et al.（1995）提出的中介效应计算方法，通过 $\frac{|\gamma_1\rho_2|}{|\gamma_1\rho_2|+\rho_1}$ 计算中介效应的占比。计算结果表明，地方政府规模通过投资潮涌效应作用于产业结构的比例为27.80%，通过创新驱动效应作用于产业结构的比例为-26.89%。由此可见，投资潮涌效应和创新驱动效应在地方政府规模影响产业结构的传导机制中都是存在的，二者在不同时期效应的大小决定了政府规模影响产业结构效应的大小，这也解释了非线性特征存在的合理性。

4.5 本章小结

基于2003—2015年中国282个地级及以上城市的面板数据，本章通过构建多因素面板平滑转换模型（PSTR模型），分别以经济发展水平（*lnpgdp*）和地方政府规模（*gs*）自身作为转换变量，检验了地方政府规模变动与城市产业结构升级之间的非线性特征，同时基于中介效应模型对其具体的传导路径和传导效应进行了考察。研究结果表明，地方政府规模变动对产业结构升级表现出明显的非线性效应，并且二者之间具有连续平滑转换机制；尽管分别将 *lnpgdp* 和 *gs* 作为转换变量的模型最终的影响系数有正有负，但从初始效应的渐进变化趋势来看都呈现出逐渐变小的趋势，即地方政府规模对产业结构升级所产生的促进作用随着经济发展水平的提高而不断减弱，并且其自身规模不断膨胀后对产业结构升级所产生的最终影响效应为负；稳健性检验的结果验证了基本结论，表明科教文卫支出占比在一定程度上能够替代政府规模的测度指标，对产业结构升级的影响效应同样受自身规模所限，当超过门限值时，对产业结构升级的正向促进作用仍然会存在显著的负向弱化效应。同时，进一步的机制检验结果表明，地方政府规模通过正向的投资潮涌效应和负向的创新驱动效应作用于城市产业结构。

产业结构问题一直是研究的热点议题，当然，对于目前我国的产业结构调整，学者们也大多达成了一致共识，即产业结构升级的方向应该以全要素生产率的提高和劳动生产率的提高为依据。首先，本章对产业结构指标的测算可能还略显单一，以后还需从多个层面进行衡量，可能还需要考虑环境因素的影响。其次，政府规模对产业结构影响的中介效应的检验还有其他方法，比如通过建立联立方程模型进行系统估计，可以更加系统地理解多个变量之间的复杂关系，这也是本章可以进一步扩展的方向。最后，对于地方政府规模影响产业结构的传导机制，可能不仅仅包括投资潮涌效应和创新驱动效应，可能还有其他本章未考虑到的传导路径。

第5章 土地财政对服务业结构升级的影响①

第4章基于财政支出视角的研究表明，地方政府支出规模变动对产业结构升级表现出明显的非线性效应，并且二者之间具有连续平滑转换机制。那么，财政收入视角下，地方政府基于土地财政的创收行为对产业结构又会产生怎样的影响呢？分权体制下，地方政府对土地财政的依赖可能是导致中国经济高速增长和服务业结构升级滞后并存的重要诱因，而现有研究对此缺乏相应的分析和讨论。因此，本章着重考察了土地财政对服务业结构升级的影响及其内在逻辑机制。

5.1 本章问题的提出

当前，构建以国内大循环为主体、国内国际双循环相互促进的新发展格局下，服务业结构升级在一定程度上能够打通生产、分配、流通、

① 本章节部分内容发表于《山西财经大学学报》2021年第8期，题为"土地财政、要素错配与服务业结构升级滞后"。

消费整个循环过程的堵点和梗阻，成为能否优化经济结构、实现高质量发展的关键。我国产业结构的演进虽然整体上已经进入后工业化时期（赵昌文等，2015），但是从国际经验来看，服务业发展状况仍然与欧美等发达国家的产业结构服务化倾向相距甚远，远未达到"四个70%"的标准①。改革开放以来，我国服务业的发展总体增长速度较快，但是仍然存在明显的"三低"现象，即服务业增加值比重偏低、就业比重偏低、劳均增加值偏低（程大中，2004）。据统计，2005—2015年的十年间，以就业人员衡量的生产性服务业占第三产业比重由20.81%增加至22.80%，仅增长1.99个百分点②。我国服务业尤其是生产性服务业的发展远远滞后于经济的高速增长，这种现象被一些学者称为"服务业结构升级滞后之谜"（谭洪波和郑江淮，2012；余泳泽和潘妍，2019）。

关于服务业劳动生产率增长、就业增长以及需求弹性等问题的相关研究最早可追溯到著名的鲍莫尔-福克斯假说。这一假说由Baumol（1967）和Fuchs（1968）先后提出，他们发现服务部门存在"成本病"现象，认为由于服务业劳动生产率相对滞后，当劳动力从工业部门流入服务业部门后并不会必然带来全社会生产率的增长，伴随而来的是服务业价格的上涨，从而增加社会总成本。基于我国的相关数据，庞瑞芝和邓忠奇（2014）的研究表明，服务业的生产率（效率）平均高于工业，但TFP增长稍逊一筹，即鲍莫尔-福克斯假说在我国现阶段并不成立。究其原因，服务业内部也分为现代服务业和传统服务业，由于现代服务业部门具有较高的生产率，属于"进步部门"，大部分生产性服务业属于现代服务业的范畴，比如金融业、信息传输、计算机服务和软件业等。而传统服务业由于具有生活性服务业的属性，无论是在发达国家还是在发展中国家都属于真正的"滞后部门"。因此，只有劳动力向效率较高的现代服务业或生产性服务业流动才能带来全社会整体生产率的增长。显然，发展现代服务业尤其是TFP增长较快的生产性服务业已然是经济转型和产业升级的重要抓手。2018年的《政府工作报告》中指出，

---

① "四个70%"的标准可以基本概括后工业化阶段发达国家服务业在国民经济中的重要地位，即"经济增长中70%来自服务业增长；服务业增加值占GDP比重达到70%；服务业从业人员占全社会总从业人员比重达到70%；生产性服务业产值占服务业总产值比重达到70%"。

② 相关数据根据《中国城市统计年鉴》有关各年的统计数据计算得到。

2012—2017 年的五年间，经济结构出现重大变革，服务业比重从 45.3% 上升到 51.6%，成为经济增长的主动力。

既然我国服务业尤其是现代服务业的生产率并不低，那么服务业结构升级滞后与经济增长速度脱节的现象该如何解释呢？针对这一问题，现有研究主要可以分为市场性因素和非市场性因素两大类。在市场性因素解读的文献中，谭洪波和郑江淮（2012）基于部门全要素生产率视角研究发现，生产率较高的生产性服务业并未与制造业大规模实现主辅分离是造成生产性服务业对整体服务业 TFP 增长率贡献偏低的主要原因。并且，我国加入 WTO 之后大量承接国际制造业外包服务，而诸如信息传输、计算机服务和软件业等生产性服务业受到部分发达国家排挤的同时并没有像制造业一样融入全球价值链和产品分工体系，大多为本土企业服务，这也会导致我国服务业增加值比重偏低（魏作磊，2006；Lo et al.，2009；刘志彪，2011；张平和余宇新，2012）。

从非市场性因素来看，一部分研究认为现有的统计方法和评估指标没有考虑到服务质量，有可能会低估服务业产出和生产率水平（Parasuraman，2002；Grönroos and Ojasalo，2004）。而我国由于特殊原因和服务业本身的一些特点，使得核算范围不全、服务计价过低以及现价、不变价统计存在偏差等问题没有得到根本解决，导致对工农业增加值和服务业增加值分别存在高估和低估的可能（许宪春，2000；岳希明和张曙光，2002；江小涓，2011）。非市场性因素也包括政府性等体制成因，相关研究表明以一国法治水平衡量的契约维护制度的质量与一国服务业比重显著正相关（汪德华等，2007）。一些学者将服务业结构升级滞后归咎于政府的管制。陈艳莹等（2008）基于细分行业和地区层面数据研究发现，企业进入服务业时会面临行业的专业化壁垒等进入障碍，并且政府对部分服务业的行政管制、垄断经营以及对制造业的控制都会在一定程度上扭曲服务业的进入退出机制。基于跨国面板数据，Mattoo et al.（2001）的研究表明，自由进出和开放包容对服务业尤其是金融业和电信业的发展至关重要。一些服务行业由于具有国民经济支柱行业的属性而被赋予国有垄断地位，不允许民间资本和外资进入，长期以来存在着各种类型的政府管制和竞争限制，可能会抑制现代服务业的发展。王勋和 Johansson（2013）的研究发现，政府采取的金融抑制政策会阻碍经济结构转型，即金融抑制程度越高，经济中服务业相对于制造业的比例会越低，从而造成产业结构失衡。

纵观现有文献，从体制成因视角解读服务业结构升级滞后与中国经济高速增长并存现象的文献尚不多见。余泳泽和潘妍（2019）基于地方经济增长目标约束视角剖析这一问题后发现，以"层层加码"和"硬约束"的方式制定经济增长目标将显著抑制服务业结构升级，但是并没有基于分权体制下地方政府的土地财政收支行为视角进行分析。而李勇刚和王猛（2015）虽然实证检验了土地财政对产业结构服务化的影响，但是并没有对服务业内部进行细分，也没有就经济高速增长和服务业结构升级滞后并存现象进行阐述，况且研究样本只局限于35个大中城市，研究结论是否适用于全国有待商榷。

分税制以来，财权大量上收而事权责任却大量下放，地方政府的财政压力迅速增大，使得土地征用和出让逐渐成为地方政府获取预算外收入的重要途径。以 GDP 为考核的政治晋升锦标赛下，地方政府官员难以抑制为了获得晋升而进行基础设施建设的投资冲动，以土地出让收入为核心的土地财政在地区经济建设和公益投资项目上发挥了无可替代的杠杆作用。土地财政是解释地方政府行为的一个重要视角，同时也是近年来我国财政体制研究中最受关注的话题之一（孙秀林和周飞舟，2013）。土地财政的存在使城市过度扩张而产业积累不足，并且地方政府更倾向于发展建筑业和房地产业而非生产性服务业，导致大城市过度服务化和小城市产业空心化（郭志勇和顾乃华，2013；赵祥和谭锐，2016）。或许从某种意义上，土地财政是我国高地价、高房价的根源，也是造成经济高速增长和服务业升级滞后并存现象的主要体制性成因。

相较于以往文献，本章的创新之处在于：（1）研究视角上，本章基于地方政府的土地财政收支行为剖析"中国经济高速增长与服务业升级滞后并存之谜"，有助于从财政体制层面理解当前高质量发展中的经济服务化和"结构性减速"之间的矛盾，重新审视中国式分权模式下地方政府行为对服务业尤其是效率较高的生产性服务业结构升级具有的重要作用；（2）研究内容上，本章一方面构建理论模型支撑经验研究，另一方面对服务业结构进行细化讨论，并基于要素错配视角着重进行了机制分析，在一定程度上弥补了现有实证研究的不足。

5.2　理论分析与研究假设

5.2.1　土地财政对服务业结构升级的综合影响

我国特殊的分权体制和土地管理制度[①]背景下，土地财政模式离不开地方政府对土地资产的配置。因此，本章借鉴 Baumol（1967）、李勇刚和王猛（2015）所构建的理论模型分析框架，将土地作为重要的生产要素引入模型中，构建简单的三部门动态非均衡增长模型，探究土地财政模式对第二产业、生产性服务业和非生产性服务业发展的影响，为"服务业结构升级滞后之谜"提供了一个合理的解释。尽管土地要素对农业的发展至关重要，但是农业部门产值占三大产业产值的比重逐年缩小并且相对较小，因此与大多数研究一致，为简化分析，假设整个经济系统由如下三个部门构成：工业（Y_{1t}）、生产性服务业（Y_{2t}）和非生产性服务业（Y_{3t}）。其中，非生产性服务业包括消费性服务业、公共性服务业等生活性服务业。工业的投入要素为资本（K）、劳动力（L）、土地（E）；服务业的投入为劳动力要素以及工业产成品。三个部门的生产函数以及各部门投入要素的增长率如下：

$$\begin{cases} Y_{1t} = K_t^{\alpha}(\sigma L_t)^{\beta}E_t^{\lambda} \\ Y_{2t} = (\omega L_t)^{\mu}Y_{1t}^{\gamma} \\ Y_{3t} = [(1-\sigma-\omega)L_t]^{\nu}Y_{1t}^{\theta} \\ \dot{K} = sY_1, \ \dot{L} = mL, \ \dot{E} = nE \end{cases} \tag{5-1}$$

其中，α、β、λ、γ、θ 表示资本、劳动力、土地等生产要素以及工业产成品的产出弹性，取值介于 0~1 之间。s 表示储蓄率，m 和 n 表示劳动力和土地增长率，σ 和 ω 表示相应部门劳动力投入占劳动总量的比例。由式（5-1）可得资本要素的增长率如下：

$$g_K = \dot{K}/K = sY/K = sK_t^{\alpha-1}(\sigma L_t)^{\beta}E_t^{\lambda} \tag{5-2}$$

---

①　土地管理制度具体指城市土地国有制度、征地制度、土地储备制度以及"招、拍、挂"土地出让制度等。

将 g_K 对时间 t 求倒数，可得资本增长率的变化率如下：

$$\dot{g}_K = (\alpha - 1)g_K + \beta m + \lambda n \tag{5-3}$$

由式（5-3）可求得稳态时 g_K 的表达式如下：

$$g_K = \frac{\beta m + \lambda n}{1 - \alpha} \tag{5-4}$$

由式（5-1）和式（5-4）可分别求得三个部门的增长率如下：

$$\begin{cases} g_{Y_1} = \alpha g_K + \beta m + \lambda n = \dfrac{\beta m + \lambda n}{1 - \alpha} \\[2mm] g_{Y_2} = \mu m + \gamma g_{Y_1} = \mu m + \gamma \dfrac{\beta m + \lambda n}{1 - \alpha} \\[2mm] g_{Y_3} = \nu m + \theta \dfrac{\beta m + \lambda n}{1 - \alpha} \end{cases} \tag{5-5}$$

为了直观地比较服务业结构升级水平，这里分别采用生产性服务业与非生产性服务业增长率的比值（Q_1）以及生产性服务业与工业增长率的比值（Q_2）两种测算方式来衡量。本章还将借鉴余泳泽和潘妍（2019）的做法，分别选择生产性服务业从业人员与高端服务业从业人员占服务业总从业人员的比重来刻画服务业结构升级，具体如下：

$$Q_1 = \frac{g_{Y_2}}{g_{Y_1}} = \gamma + \frac{(1 - \alpha)\mu m}{\beta m + \lambda n}, \quad Q_2 = \frac{g_{Y_2}}{g_{Y_3}} = \frac{(1 - \alpha)\mu m + \gamma(\beta m + \lambda n)}{(1 - \alpha)\nu m + \theta[\beta m + \lambda n]} \tag{5-6}$$

分税制改革后，我国政府"垂直治理"的金字塔式科层制结构下，地方政府官员由于存在政治晋升激励，具有极大的投资冲动，通过以地生财和以地引资等活动进行基础设施建设，并且使得土地贡献率和土地产出弹性表现出逐渐增大的趋势（李勇刚和王猛，2015）。因此，土地产出弹性可视为土地出让收入的增函数，即满足 $\lambda = f(r)$，$f(r)' > 0$，其中，r 表示土地出让收入。将 $\lambda = f(r)$ 带入式（5-6）可得：

$$Q_1 = \frac{g_{Y_2}}{g_{Y_1}} = \gamma + \frac{(1 - \alpha)\mu m}{\beta m + f(r)n}, \quad Q_2 = \frac{g_{Y_2}}{g_{Y_3}} = \frac{(1 - \alpha)\mu m + \gamma[\beta m + f(r)n]}{(1 - \alpha)\nu m + \theta[\beta m + f(r)n]} \tag{5-7}$$

值得注意的是，如果每个参数的取值不同，则 Q_1 和 Q_2 的取值也不同，但是这并不影响本书的相关分析。分别将 Q_1 和 Q_2 的表达式对土地财政收入 r 求导可得：

$$\frac{\partial Q_1}{\partial r} < 0, \quad \frac{\partial Q_2}{\partial r} < 0 \tag{5-8}$$

由式（5-8）可知，土地出让收入 r 的增长会导致 Q_1 和 Q_2 的下降，表明分权体制下地方政府对土地出让收入的依赖抑制了生产性服务业结构升级。一方面，地方政府赖以存在的土地出让收入大部分投入了基础设施建设以利于以地引资，通过低价出让工业用地，直接或间接强化了以发展中低端制造业和建筑业为主导的产业结构刚性。另一方面，地方政府高价出让商服住宅用地，导致以房地产业为主的消费性服务业的发展大大超前于以信息传输、计算机服务、金融、物流等研发为主的生产性服务业，致使"产业结构虚高"和第二、三产业互动不足（郭志勇和顾乃华，2013），进一步抑制了生产性服务业结构升级。与此同时，土地财政刺激下的制造业、建筑业和房地产业的迅速发展使得税收超常规增长（曹广忠等，2007），再加上基础设施投资的强化作用，出现了中国经济的高速增长。本章从分权体制下地方政府的土地财政收支行为视角为"中国经济高速增长与服务业升级滞后并存之谜"提供了一个合理的解释。根据以上分析，本章提出了第1个研究假设：

假设1：土地财政会抑制生产性服务业和高端服务业结构升级。

5.2.2 不同财政分权水平和市场化程度的异质性影响

政治集权下的经济分权是理解地方政府对土地财政极度依赖的基本制度背景，这一点已经成为现有文献的共识（Xu，2011；陈硕和高琳，2012；邵朝对等，2016）。中国式分权体制下[①]，虽然分税制改革造成了部分财权的上收，但是经济管理权的下放能够大大激活地方政府发展经济的活力，使得面对政治晋升激励的地方政府不仅有促进地区经济发展和进行基础设施建设的投资冲动，也有能力进行相应的大刀阔斧的改革。而土地财政便是地方政府面对预算收入不足以支撑地区经济建设之后的对策。对土地进行征用、开发和出让成为地方政府以地生财的主要手段（孙秀林和周飞舟，2013）。一方面，随着城镇化、工业化过程的不断推进，城市规模不断扩张，城市商服住宅用地需求不断增长。另一方面，我国城乡分割的二元土地结构赋予地方政府土地所有者、供给者和垄断者"三位一体"的特殊身份（邵朝对等，2016）。2004年的宪法修正案规定，国家出于公共利益需要可依照法律对土地实行征收、征用并给予

---

① 中国式分权的核心内涵是经济分权同垂直的政治管理体制紧密结合（傅勇和张晏，2007），本书所指的分权过程主要是财政分权以及中央政府将经济管理权限的部分下放。

补偿，并且我国现行的城市土地归国家所有、农村土地归集体所有等一系列与土地相关的制度安排，使得地方政府能够低价从农民手中强制征收农业用地，进行平整开发后，采取两手供地策略，即低价出让工业用地以地引资，满足上级的招商引资等政绩考核；高价出让商服住宅用地以地生财，直接获取土地出让收入迅速扩大基础设施投资，改变城市面貌，推动地区经济发展。而以财政自由度衡量的财政分权水平在很大程度上决定了地方政府的财政资金充裕程度以及地方政府的策略性行为，一方面，财政自由度越大，地方政府对土地财政的依赖越小；另一方面，财政分权水平会间接导致地方政府公共支出结构"重基本建设，轻人力资本和公共服务"的投资倾向（傅勇和张晏，2007）。因此，土地财政对服务业结构升级的负向效应可能会受到财政分权水平的影响。

部分研究发现财政分权程度的提高会导致地方保护主义和市场分割（Young，2000），但随着对外开放程度的提高，更多的研究发现财政分权总体来看有助于提高市场化水平（王立勇和高玉胭，2018）。一方面，分税制改革和所得税分享改革后，地方政府与地方企业的关系发生了巨大的变化，促成了乡镇企业大规模转制以及国有企业股份化，推动了市场化改革的深入（孙秀林和周飞舟，2013）。另一方面，经济开放程度以及市场化程度的提高使得市场分割带来的边际成本不断提高，地方保护政策无法分享产业集聚、区域经济一体化和专业化分工带来的规模经济效应，也进一步弱化了地方政府的财政行为波动对产业结构升级的负面影响（安苑和王珺，2012）。土地财政作为典型的地方政府财政收支行为，其对服务业结构升级的影响可能也会受到市场化水平的影响。基于上述分析，可以得出本章的第2个研究假设：

假设2：土地财政对服务业结构升级的负向效应会受到财政分权水平和市场化程度的影响。

5.2.3 土地财政对服务业结构升级的间接影响——基于要素错配视角

（1）要素供给方面

其一，晋升锦标赛和标尺竞争带来的晋升压力和赶超压力会使得地方政府将土地出让收入用于能够快速带来经济增长绩效的基础设施建设，而"重基本建设，轻人力资本和公共服务"的投资倾向常常导致教育和科技支出投入不足，这会抑制城市创新进而不利于地方生产性服务业的发展。具体地，地方政府对土地财政的过度依赖会使得政府能够支配的财政资源更加紧张，由于地方政府官员的任期有限，他们希望在任期内通过基础设施建设的方式发展政绩工程以利于晋升而往往忽视长远利益，对基础设施建设的过度投资势必会挤占教育、科技、医疗等民生工程的财政投入。与此同时，地方政府之间的横向竞争会加剧支出结构的扭曲（傅勇和张晏，2007）。根据教育部、国家统计局、财政部公布的《关于 2017 年全国教育经费执行情况统计公告》显示，2017 年全国一般公共预算教育经费占一般公共预算支出的比例为 14.71%，而国家财政性教育经费占国内生产总值的比例为4.14%。城市的创新力离不开地方政府对教育和科技的投入，教育质量也是需要一定规模的投入加以保障的，对创新要素的供给缺失会抑制以知识密集型为主要特征的高新技术产业以及与之相配套的生产性服务业的发展。

其二，地方政府在进行土地资源配置的过程中，一方面，由于存在标尺竞争以及应对上级政府的考核压力，地方政府为了进行招商引资会竞相压低工业用地价格，甚至低于成本出让土地以换取政绩（曹广忠等，2007）。这种行为虽然大大降低了以劳动密集型为主的制造业的进入成本，然而却是以牺牲服务业的发展为代价的。与生活性服务业相比，生产性服务业的要素需求价格弹性较大，因此其受到的冲击会更大。另一方面，城市的边界可以是不固定的，在很多情况下，政府可以动用行政力量将城市周边的乡村地区划入城市辖区，从而为低价出让工业用地提供可能（赵祥和曹佳斌，2017），甚至可以通过撤县设区、撤县设市等行政区划调整以扩大城市边界。在某种程度上，政府的行政干预会更加强化产业结构刚性，并且使得大城市和中小城市不能实现产业集聚的规模效应，降低了产业分工和城市体系的总体效率。土地财政下的不同供地策略在土地供给端会造成要素价格的极度扭曲，引起土地资源错配，进而抑制生产性服务业结构升级。

（2）要素需求方面

其一，土地财政容易导致城市化失衡，进而对生产性服务业需求和生活性服务业需求产生异质性影响。我国市场化改革以来，城市化率得到了迅速提高，从1978年的17.92%上升到2017年的58.52%，而地方政府对土地的征用、开发和出让，使得城市建设用地规模急剧扩张，逐渐形成了以土地为中心的城市扩张模式。土地要素在工业化和城市化发展中的作用不容忽视，但是也造成了一系列问题，其中最明显的特征就是土地城市化快于人口城市化（杜金华和陈治国，2018）。2000—2015年间，我国城市规模增长弹性系数为1.94，远高于国际公认的弹性系数1.12的合理水平（冀云阳等，2019）。我国以政府为主导的城市扩张模式中，土地财政极易造成人口城市化水平滞后于土地城市化水平，失衡现象普遍存在。城乡间的劳动力迁移和城市间的劳动力再配置形成了人口流出地和人口流入地，而2003年之后中央政府开始实行的偏向于中西部地区的土地供给政策事实上进一步加剧了我国城市间的分化和区域间的不平衡发展（陆铭和向宽虎，2014）。土地城市化快于人口城市化，一方面会直接导致城市内从事生产性服务业的劳动力供应不足，有效需求得不到满足，并且通过抑制以家政服务等为代表的生活性服务业发展，加剧城市生活成本的同时也会间接抑制效率较高的生产性服务业的发展。另一方面，如果超前的土地城市化不能通过分享、匹配和学习机制带来城市的规模收益递增效应，那么将会进一步制约城市的可持续发展。

其二，从土地资源的需求端进行分析，也会发现存在土地资源错配抑制生产性服务业发展的内在逻辑。一方面，地方政府的两手供地策略中高价供给商服住宅用地，以带动房价并且增加土地的租金，导致厂商的生产成本和劳动力生活成本大大上升，挤压了要素价格弹性较大的生产性服务业的发展空间，打击了生产性服务业的发展。而且，房价高企也会在一定程度上挤出低技能劳动者，无法在城市内部发挥人力资本的外部性和技能互补性，损害了城市化对经济增长的内在驱动力。另一方面，地方政府限于政绩考核的压力进行招商引资往往会透支未来发展空间，选择发展那些能够带来短期经济增长的中低端制造业。由于这些企业常常带有资本密集型特征，可以用土地作抵押向银行进行贷款，融资成本较低。而具有极大资本需求的知识密集型和技术密集型的生产性服务业企业，由于融资成本和融资门槛的差异会面临较大的融资困境。因此，土地财政也会在需求端引起土地资源错配，进而抑制生产性服务业的发展。综上所述，提出本章的第3个研究假设：

假设3：要素错配视角下，土地财政会导致土地资源错配、城市化失衡和城市创新不足，最终导致服务业结构升级滞后。

结合上述理论分析和经验事实，本章将从分权体制下地方政府的土地财政收支行为视角出发建立基本框架，对"中国经济高速增长与服务业升级滞后并存之谜"进行理论机制的梳理。图5-1列示了土地财政影响服务业结构升级的理论机制分析图。

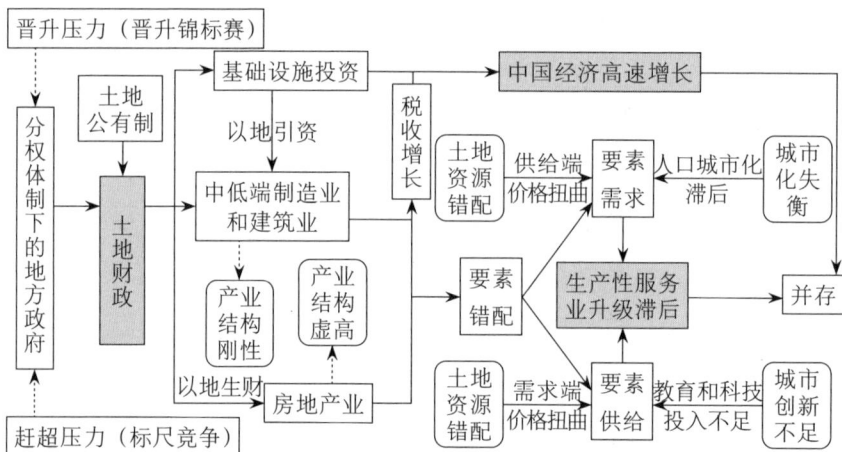

图5-1　土地财政影响服务业结构升级的理论机制分析图

5.3　研究设计

5.3.1　模型设定

根据前文的理论分析和逻辑梳理，本章将基础模型设定如下：

$$service_{it} = \alpha_0 + \beta_1 land_{it} + X'_{it}\varphi + \mu_i + \lambda_t + \varepsilon_{it} \tag{5-9}$$

式（5-9）中，i表示城市，t表示年份。$service_{it}$为被解释变量，表

示第 i 个城市第 t 年服务业结构升级的程度，主要采用生产性服务业从业人员占服务业总体从业人员的比值（service1）和高端服务业从业人员占服务业总体从业人员的比值（service2）进行衡量。$land_{it}$ 是我们关心的核心解释变量，主要采用土地出让收入占 GDP 的比值进行衡量，之后还将采用土地财政依存度进行稳健性检验。β_1 即我们关心的系数，如果 β_1 显著为负，则表明土地出让收入增长会显著抑制生产性服务业和高端服务业的结构升级；反之则反是。

为了避免遗漏变量对结果造成的偏误，本章控制了相应的城市经济特征变量。一系列的控制变量 X_{it} 主要包括财政自由度、人口密度、人均生产总值、职工平均工资、外商直接投资、人力资本水平、金融深化程度、每百人图书、医院卫生院床位数、人均道路面积等。在之后的分析中，所有数值型变量（比例型变量除外）均以对数形式引入回归方程。除了上述的城市经济特征外，本章还添加了城市固定效应 μ_i 用于控制个体城市可能影响服务业结构升级的非时变因素，如地理特征和区位差异；同时，添加了时间固定效应 λ_t 以控制特定年份的冲击对结果造成的偏误，如宏观政策的变动等。另外，α_0 为常数项，ε_{it} 为残差项。

由于土地出让收入和服务业结构升级之间可能存在反向因果而导致内生性问题，同时考虑到当前的服务业结构升级水平可能会依赖于过去的水平，因此，为了更加准确地刻画土地出让收入对服务业结构升级的动态变化特征，同时更好地克服内生性问题，本章构建了动态面板模型，并且采用了两步系统广义矩估计（Two Step SYS-GMM）方法，具体基准模型形式设定如下：

$$service_{it} = \alpha_0 + \alpha_1 service_{it-1} + \beta_1 land_{it} + X_{it}'\varphi + \mu_i + \lambda_t + \varepsilon_{it} \tag{5-10}$$

需要注意的是，首先，我们对原始数据去除城市层面个体均值，然后在回归中加入时间虚拟变量，以此控制个体固定效应和时期固定效应。其次，通过 Sargan 检验判定工具变量的有效性以及模型设定的合理性，利用 Arellano-Bond AR 检验判定模型误差项的序列相关性。其中，内生变量选取核心解释变量和被解释变量的适当滞后阶数，所有控制变量均设定为外生变量。

为了考察财政分权水平和市场化程度的异质性影响，进一步验证研究假设2，本章构建了包含交互项的模型以探讨交互作用，具体形式设定如下：

$$service_{it} = \alpha_0 + \alpha_1 service_{it-1} + \beta_1 land_{it} + \beta_2 (land_{it} \times W_{it}) + \beta_3 W_{it} + X'_{it}\varphi + \mu_i + \lambda_t + \varepsilon_{it}$$

$$(5\text{-}11)$$

式（5-11）中，W_{it} 表示财政分权水平或市场化程度。若 β_1 显著为负，而 β_2 显著为正，则表明财政分权水平或市场化程度的提高能够弱化土地财政对服务业结构升级的抑制作用；反之则反是。

5.3.2 变量选取和说明

（1）核心解释变量：土地财政

土地财政一般包括以下三个方面的收入：土地使用权出让收入；两手供地策略促进制造业、建筑业和房地产业发展后带来的城市维护建设税、土地使用税、房地产税等地方税的增加；将土地作为抵押或者以政府信用作担保获得银行贷款，为基础设施投资和城市建设融资。由于土地出让收入在土地财政收入中占有较大份额，且其发展经历了从预算外到预算内调整的过程，因此，为了更好地衡量地方财政的土地出让收支行为，且与众多学者保持一致（李郁等，2013；邵朝对等，2016；周彬和周彩，2019），本章主要选取土地出让收入占 GDP 的比值（land）作为土地财政的代理变量。同时，为了反映地方政府对土地财政的依赖程度和在城市建设中通过土地融资吸引企业投资的倾向性，本章进一步构建了土地财政依存度即土地出让收入与地方公共财政收入的比值（landrely）、土地出让收入绝对规模的对数值（lnland）和人均土地出让收入绝对规模的对数值（lnland1）（孙秀林和周飞舟，2013），进行稳健性检验。

（2）被解释变量：服务业结构升级

由于服务业内部结构也存在异质性特征，鉴于研究目的，本章主要参考国家统计局划分标准（2015），按服务对象将服务业分为生产性服务业和非生产性服务业两大类。其中，生产性服务业包括交通运输、仓储和邮电业，信息传输、计算机服务和软件业，金融业，租赁和商务服务业，科学研究、技术服务和地质勘查业等；非生产性服务业包括水利、环境和公共设施管理业，教育业，卫生、社会保障和社会福利业，文化、体育和娱乐业，公共管理和社会组织，批发和零售业，住宿和餐饮业，房地产业，居民服务等，其中大部分为生活性服务业。考虑到生产性服务业中的交通运输、仓储和邮电业也存在部分生活性服务业的生产和消费同步、不可外包等特征，本章还特别将服务业分为高端服务业和非高端服务业两大类。在相关的实证分析中，本章主要选择生产性服务业从业人员占服务业总体从业人员的比值（service1）和高端服务业从业人员占服务业总体从业人员的比值（service2）作为本章的核心被解释变量。需要指出的是，这一指标测度方式更加丰富全面，也间接涵盖了理论模型中对服务业结构升级含义的指标刻画。

（3）交互变量

本章主要探讨了以下两个方面的交互作用：

① 财政自由度（auto）。通过借鉴陈硕和高琳（2012）对财政分权水平的测度，本章采用财政自由度即一般预算收入与一般预算支出的比值来衡量。财政自由度越高，一方面，表明政府的财政自给能力越强，政府越有能力改进地方公共服务供给水平，从而直接影响生产性服务业的发展；另一方面，能够反映出中央对地方的分权程度越大，地方政府对土地财政的依赖就越小。

② 市场化程度（market）。通过借鉴王立勇和高玉胭（2018）的测度方式，本章采用非国有单位就业人员占总就业人员的比重来衡量。需要指出的是，为了避免政府财政支出和收入的相对规模对服务业结构升级的影响，在相关的实证分析中也同时将财政自由度作为变量加以控制。

（4）其余变量

根据计量模型的设定标准，为了避免遗漏重要解释变量所导致的内生性问题，对于控制变量的选择，我们一般依据两项原则：一是选取已有相关研究中对服务业结构升级有着重要影响的解释变量；二是对于所要重点研究的变量即土地财政，应该考虑有哪些因素会通过作用于土地财政从而对服务业结构升级产生影响。借鉴已有相关研究，为了尽量避免由于遗漏变量导致的内生性问题，本章尽可能控制了城市经济特征，具体如下：

① 人口密度（*lnpopden*）。采用辖区总人口与总面积比值的对数值来度量，反映人口规模。这一变量的设置同时考虑了利用地级市总人口衡量的城市规模水平和行政区划对服务业的影响。

② 经济发展水平（*lnpgdp*）。采用人均生产总值的对数值来衡量。

③ 工资水平（*lnwage*）。采用职工平均工资的对数值来衡量，地区工资差异会引起劳动力流动，进而影响服务业结构升级。

④ 外商直接投资（*lnfdi*）。FDI的流入不仅会直接导致制造业等劳动和资本密集型产业的投资规模扩大，并且其带来的先进技术和管理经验也会对当地服务业结构升级产生影响。

⑤ 人力资本水平（*edu*）。利用普通高等学校在校学生数占总人口的比重来表示。

⑥ 金融深化程度（*fd*）。采用年末金融机构各项贷款余额与GDP的比值来衡量。

⑦ 基础设施水平。相关研究表明，基础设施和公共服务水平会影响劳动者移民决策，进而改变地区产业结构（Dustmann and Okatenko，2014；邵朝对等，2016），因此，本章选取每百人公共图书馆藏书（*lnbook*）、医院卫生院床位数对数值（*lnmedical*）、人均铺装道路面积（*road*）以控制基础设施水平的影响。

5.3.3　数据来源与描述性统计

本章主要选择2006—2015年中国277个地级及以上城市的样本进行实证分析，但是受限于相关城市经济特征变量数据的缺失，参与回归的城市个数以具体实证分析为准。其中，土地出让收入数据来自历年《中国国土资源统计年鉴》，被解释变量和部分控制变量数据均来自历年《中国城市统计年鉴》和《中国区域经济统计年鉴》。同时，在后续的实证分析中，所有以货币名义价值统计的变量，均以2005年为基期利用各城市居民消费价格指数（CPI）进行平减，剔除物价因素的影响。主要变量的描述性统计见表5-1。

表5-1

主要变量的描述性统计

变量符号	变量名称	均值	标准差	最小值	最大值	观测值
service1	生产性服务业比重	0.2195	0.0730	0.0724	0.5744	2 786
service2	高端服务业比重	0.1490	0.0525	0.0425	0.4433	2 786
land	土地出让收入占GDP比重	0.0409	0.0348	0.0003	0.4246	2 782
landrely	土地财政依存度	0.6218	0.3964	0.0426	2.0033	2 223
lnland	土地出让收入	12.8691	1.4655	5.5462	16.8600	2 225
lnland1	人均土地出让收入	6.9479	1.2629	0.7630	10.3516	2 223
auto	财政自由度	0.4846	0.2311	0.0544	1.5413	2 804
lnpopden	人口密度	5.7109	0.9116	1.5476	7.8816	2 807
lnpgdp	人均生产总值	10.2367	0.7200	4.5951	13.0557	2 874
lnwage	职工平均工资	10.3698	0.4234	8.5088	11.8284	2 855
lnfdi	外商直接投资	9.8160	1.7861	2.9957	14.5638	2 736
edu	人力资本水平	0.0166	0.0223	0.0001	0.1294	2 811
fd	金融深化程度	0.7838	0.4835	0.0753	7.4502	2 877
lnbook	每百人公共图书馆藏书	3.4822	0.8720	0.3784	8.3722	2 868
lnmedical	医院卫生院床位数	9.3778	0.7637	3.4012	12.0099	2 877
road	人均铺装道路面积	11.0067	8.4972	0.0200	200.0000	2 854
market	市场化程度	0.4497	0.1800	0.0634	0.7909	2 223
misland	土地资源错配	9.2947	6.9112	1.9590	51.8965	535
unbalance	城市化失衡	1.3008	3.6188	-6.4851	18.0593	2 816
innovation	城市创新能力	7.0818	35.9379	0.0000	849.0600	2 900

5.3.4　面板单位根与多重共线性检验

为了避免数据不平稳引起的伪回归，在进行实证分析之前，应对变量进行面板单位根检验。为了避免单一单位根检验带来的偏误，本章对各变量采用了 LLC 和 IPS 两种面板单位根的检验方法，检验结果见表5-2。该检验结果表明均拒绝了存在面板单位根和数据非平稳的原假设。此外，考虑到变量间可能存在较强的相关性，为了避免多重共线性问题对研究结果产生重要影响，在进行估计之前，有必要对模型进行多重共线性检验。经检验，OLS模型平均方差膨胀因子（VIF）为2.68，各变量指标的 VIF 均不超过 10，因此，我们认为变量间的多重共线性较弱。当然，如果不存在多重共线性问题，估计结果只会更加显著（邵朝对等，2016）。

表5-2　　　　　变量的平稳性检验和多重共线性检验结果

变量	LLC		IPS		VIF
	no time trend	*time trend*	*no time trend*	*time trend*	
*service*1	−18.9930***	−38.2670***	−1.7397**	−11.1232***	—
land	−18.8962***	−26.6903***	−11.4281***	−13.7378***	1.30
auto	−17.6079***	−21.9303***	−4.4076***	−2.0043**	3.39
lnpopden	−10.2057***	−39.3471***	−2.6964***	−3.5257***	1.66
lnpgdp	−33.4795***	−9.0055***	−1.3825*	−8.4291***	6.61
lnwage	−29.8731***	−34.9397***	−5.7493***	−5.9834***	3.72
lnfdi	−19.4471***	−39.9527***	−3.6141**	−1.8203**	2.89
edu	−23.9103***	−36.0775***	−2.8443***	−8.3770***	2.23
fd	−1.4777*	−34.2066***	−8.3064***	−15.4099***	1.87
lnbook	−7.0904***	−25.1456***	−2.8724***	−9.2540***	2.59
lnmedical	−6.0981***	−33.1938***	−4.1005***	−11.2070***	1.78
road	−2.6217***	−46.2832***	−1.6518*	−7.9479***	1.42

注：***、**、*分别表示统计量的检验在1%、5%、10%的水平下显著。

5.4 实证结果分析

5.4.1 基本回归结果

由于本章的样本数据符合"大 N 小 T"的结构特征，因此采用SYS-GMM方法估计动态面板模型是比较适合的。为验证研究假设1，本章首先估计了土地财政对服务业结构升级的综合影响，基本回归结果见表5-3。

表5-3 土地财政影响服务业结构升级的基本回归结果

变量	(1)	(2)
	$service1$	$service2$
滞后项	0.605***	0.645***
	(0.0071)	(0.0069)
$land$	−0.027***	−0.014***
	(0.0062)	(0.0051)
$auto$	0.030***	0.000
	(0.0030)	(0.0013)
$lnpopden$	0.002**	−0.001
	(0.0010)	(0.0008)
$lnpgdp$	0.008***	0.013***
	(0.0011)	(0.0009)
$lnwage$	0.011***	0.006***
	(0.0016)	(0.0019)
$lnfdi$	0.022	0.005
	(0.0283)	(0.0208)
edu	0.232***	0.285***
	(0.0405)	(0.0293)

续表

变量	（1）	（2）
	*service*1	*service*2
fd	0.007***	−0.015***
	（0.0023）	（0.0044）
lnbook	0.005***	0.002***
	（0.0006）	（0.0005）
lnmedical	−0.004***	−0.002
	（0.0016）	（0.0012）
road	0.006*	0.005
	（0.0031）	（0.0034）
常数项	−0.123***	−0.131***
	（0.0231）	（0.0194）
个体效应	有	有
年份效应	有	有
AR（1）	0.0000	0.0000
AR（2）	0.4300	0.8392
Sargan Test	0.2432	0.1401
观测值	2 481	2 481
城市个数	275	275

注：①***、**、*分别表示1%、5%、10%的显著性水平，括号内为标准误；

②AR（1）和AR（2）的原假设分别为差分后的残差项不存在一阶、二阶序列相关，Sargan Test是用来判断过度识别约束是否有效的，并且表中检验统计量报告的是对应的P值，下同。

表5-3中，由AR（1）和AR（2）的P值可知，估计结果不存在二阶序列相关问题；Sargan检验的P值显示至少在10%的显著性水平下不能拒绝工具变量有效的原假设。并且，从被解释变量滞后一期的估计结

果来看，当期的服务业结构升级水平显著依赖于上一期的服务业结构升级水平。以上检验均表明，模型的设置是合理的，并且实证分析的结果是可靠且有效的。

从表5-3第（1）和（2）列的估计结果可以看出，无论以何种方式度量服务业结构升级水平，土地出让收入的增长都在1%的显著性水平下抑制了生产性服务业和高端服务业的发展。这意味着土地财政在一定程度上能够解释"服务业结构升级滞后之谜"，从而验证了本章的研究假设1。分税制改革以来，财权和事权责任的不匹配导致地方政府发展地区经济的预算收入不足。一方面，我国的土地管理制度下，地方政府垄断了土地供应一级市场，其既是经营者，又是管理者。土地作为地方政府垄断的生产要素，自然成为地方政府筹集基础设施建设和城市建设资金的筹码，于是逐渐形成了以土地征用、开发和出让为核心的土地财政。另一方面，以GDP为主要指标的政绩考核体制和官员任期制度下，囿于晋升压力以及横向之间的标尺和税收竞争压力，地方政府常常选择透支未来发展空间以保持短期经济增长，逐渐强化了重基础设施建设，而轻人力资本和公共服务的投资倾向。中低端制造业和建筑业的锁定造成了产业结构刚性，而过度发展房地产业又使得产业结构虚高和第二、三产业互动不足，极大地抑制了效率较高的生产性服务业的发展。

从控制变量的估计结果来看，财政自由度的提高在一定程度上会促进生产性服务业和高端服务业的发展。究其原因，作为财政分权的一种度量，财政自由度的提高意味着中央对地方的分权程度提高，地方政府有足够的预算收入在发展基础设施建设的同时，兼顾教育、科技和民生工程的建设，从而能够提高当地的公共服务水平，为生产性服务业的发展提供有力保障。经济发展水平、工资水平、金融深化程度和基础设施水平都在一定程度上有助于生产性服务业的发展。而外商直接投资对于生产性服务业和高端服务业的发展，其作用效果并不显著，这与邵朝对等（2016）的经验研究一致。其可能的原因是，一方面，在地方政府大力招商引资以及"重基本建设，轻人力资本和公共服务"的情况下，地方政府引导下的外资直接投资促进了那些能够快速提高竞争位次的中低端制造业的发展，而往往忽略了高端制造业对生产性服务业的配套促进作用。另一方面，我国制造业在全球价值链和国际专业化分工中大多处于生产链的中低端，产品技术含量和附加值偏低，主要依靠的还是劳动密集型产业在国际市场上取得的竞争优势，属于典型的劳动密集型发展模式，而以科技研发、软件服务等为主的生产性服务业并没有依靠外资得到足够的发展，且长期受到西方部分发达国家的排挤。

5.4.2 稳健性检验

通过更换估计方法、更改指标测度和样本范围等方式控制一些可能存在混淆的因素，发现土地财政对服务业结构升级的负向影响仍然成立，结果依然稳健可信。

（1）构造工具变量进行估计

本章借鉴 Fisman and Svensson（2007）提出的工具变量构造方法，以地级市所在省份其他城市土地财政的均值作为工具变量，从而利用2SLS方法对式（5-9）进行重新估计。首先，考虑到同一省份内部各地级市的要素禀赋、地理位置、历史文化等经济社会因素较为类似，而且同在一个行政区域，各地级市官员面临以 GDP 为考核的晋升锦标赛压力，导致该地级市的土地出让水平和同一省份内部其他地级市的均值水平高度相关，满足工具变量与内生变量的相关性假定。其次，相较于本地的土地财政，同一省份内部其他地级市的土地出让收入对本地级市的服务业结构影响较小，满足外生性假定。

为了进一步确认该工具变量的有效性，表5-4（A）列示了第一阶段回归的估计结果。从中可以看出，构造的工具变量与核心解释变量土地财政的相关系数在0.6左右并且十分显著，可以认为该工具变量满足相关性要求。从表5-4（A）第（1）和（2）列的估计结果来看，无论是否控制城市层面变量，其F统计量均远大于经验值10，表明该工具变量不存在弱相关问题。第二阶段回归的估计结果如表5-4（B）所示，其中第（1）和（2）列的回归结果表明，土地财政对生产性服务业的影响在5%的显著性水平下显著为负，土地财政对高端服务业的影响在10%的显著性水平下显著为负，说明采用 IV 方法进行估计总体来看没有改变基准回归结论。

表5-4 **工具变量2SLS的估计结果**

（A）2SLS第一阶段回归

被解释变量：土地财政	（1）	（2）
土地财政工具变量	0.635***	0.781***
	(0.0400)	(0.0320)
控制变量	无	有
个体效应	有	有
年份效应	有	有
第一阶段F统计量	98.04	78.54
	(0.0000)	(0.0000)
R^2	0.559	0.569
观测值	2 503	2 503

（B）2SLS第二阶段回归

被解释变量：服务业结构升级	（1） *service*1	（2） *service*2
土地财政拟合值	−0.108**	−0.059*
	(0.0470)	(0.0353)
控制变量	有	有
个体效应	有	有
年份效应	有	有
R^2	0.351	0.216
观测值	2 503	2 503

注：F统计量括号内为P值，其他为标准误。

（2）更换解释变量的指标测度

考虑到实证结果的稳健性，本章进一步通过更换土地财政的不同测度方式来验证，分别从土地财政依存度即土地出让收入与地方公共财政收入的比值（*landrely*）、土地出让收入绝对规模的对数值（*lnland*）、人均土地出让收入绝对规模的对数值（*lnland*1）进行稳健性检验，回归结果见表5-5。从表5-5第（1）至（6）列的估计结果可以看出，地方政府对土地财政的依存度增加仍然会显著抑制生产性服务业和高端服务业的结构升级，这一负向影响并不会随着土地财政指标测度的改变而改变，再次验证了本章结论的稳健性。

表5-5　　　　　　　　　更换土地财政指标测度的回归结果

变量	（1）	（2）	（3）	（4）	（5）	（6）
	*service*1	*service*2	*service*1	*service*2	*service*1	*service*2
滞后项	0.627***	0.657***	0.596***	0.666***	0.603***	0.666***
	(0.0098)	(0.0099)	(0.0083)	(0.0095)	(0.0085)	(0.0096)
landrely	−0.176***	−0.163***				
	(0.0660)	(0.0427)				
lnland			−0.271***	−0.116***		
			(0.0252)	(0.0197)		
*lnland*1					−0.213***	−0.108***
					(0.0267)	(0.0194)
常数项	−0.195***	−0.155***	−0.094***	−0.108***	−0.086***	−0.110***
	(0.0316)	(0.0237)	(0.0320)	(0.0224)	(0.0311)	(0.0221)
控制变量	有	有	有	有	有	有
个体效应	有	有	有	有	有	有
年份效应	有	有	有	有	有	有
AR（1）	0.0000	0.0000	0.0000	0.0000	0.0000	0.0000
AR（2）	0.6149	0.7887	0.6138	0.7973	0.6131	0.7979
Sargan Test	0.3365	0.2672	0.3755	0.2593	0.3892	0.3165
观测值	2 015	2 015	2 015	2 015	2 015	2 015
城市个数	232	232	232	232	232	232

（3）剔除行政等级较高的样本

我国的行政体制下，行政级别更高的城市往往意味着拥有更多的政治资源和经济资源，并且在财政、金融、土地等方面有着先天优势（唐为和王媛，2015）。考虑到直辖市以及副省级城市①的行政级别高于一般地级市，一方面，这些城市具有较大的经济和财政自主权，尤其是计划单列市的财政直接归属中央管理，不归所在省的地方政府管辖，自然有别于一般地级市，而且财政压力较大的往往是一般地级市政府以及县乡级基层政府，因为存在层层挤压和盘剥的现象（刘冲等，2014）。另一方面，尽管行政级别更高的城市受到中央政府监管的力度更大，但是也意味着晋升的可能性在金字塔式的科层制结构下愈来愈小，通过土地财政的方式进行基础设施建设以获取政绩的投资冲动愈加强烈。为此，我们从样本中剔除直辖市和副省级城市，重复基本回归估计，回归结果见表5-6。从表5-6第（1）至（4）列的估计结果可以看出，无论以哪种方式衡量的服务业结构升级水平，土地出让收入的增长仍然显著抑制了生产性服务业和高端服务业的发展，这一结论并不会受到城市行政级别的干扰。这也意味着，经济高速增长与服务业结构升级滞后并存的现象可以由土地财政加以解释更多地发生在一般地级市。

表5-6　　　　　　　　　剔除部分样本的回归结果

变量	（1） service1	（2） service2	（3） upgrade1	（4） upgrade2
滞后项	0.605***	0.650***	0.698***	0.656***
	(0.0051)	(0.0054)	(0.0036)	(0.0068)
land	−0.025***	−0.008**	−0.033***	−0.039***
	(0.0066)	(0.0042)	(0.0072)	(0.0146)
常数项	−0.054***	−0.128***	0.299***	−0.036
	(0.0168)	(0.0173)	(0.0252)	(0.0534)

① 我国的副省级城市包括5个计划单列市（大连、青岛、宁波、厦门、深圳）和10个省会城市（哈尔滨、长春、沈阳、西安、济南、杭州、成都、武汉、南京、广州）。

续表

变量	(1)	(2)	(3)	(4)
	*service*1	*service*2	*upgrade*1	*upgrade*2
控制变量	有	有	有	有
个体效应	有	有	有	有
年份效应	有	有	有	有
AR（1）	0.0000	0.0000	0.0000	0.0000
AR（2）	0.7266	0.9289	0.8459	0.7873
Sargan Test	0.2296	0.1672	0.2370	0.1259
观测值	2 336	2 336	2 221	2 336
城市个数	260	260	254	260

5.4.3 交互作用：如何减弱土地财政对服务业结构升级的负向影响

基于以上实证分析，我们发现土地出让收入增长会显著抑制生产性服务业和高端服务业的结构升级，那么如何减弱这种阻碍作用呢？前文的理论分析表明，一方面，分权竞争体制下，不同地区的财政分权水平不同，土地财政在服务业结构升级中发挥的作用可能会有所差异；另一方面，市场化程度较高的地区，依靠市场化力量的地方政府对土地财政的依赖度有可能会降低，那么也有可能会削弱土地财政对生产性服务业和高端服务业结构升级水平的负向影响。因此，为了进一步验证研究假设2，本章分别从这两个方面进行分析。

不同变量交互作用的回归结果见表5-7。从中可以看出，第（1）至（4）列的回归结果均表明土地财政对生产性服务业和高端服务业结构升级仍具有显著的抑制作用。其中，第（1）和（2）列的回归结果显示财政分权水平[1]和土地财政的交互项对生产性服务业和高端服务业的

---

[1] 本章借鉴贾俊雪和应世为（2016）采用财政支出分权和财政收入分权，即利用人均地级市财政收入/（人均地级市财政收入+人均省份财政收入+人均中央财政收入）和人均地级市财政支出/（人均地级市财政支出+人均省份财政支出+人均中央财政支出）来度量财政分权，虽然显著性水平有所下降，但是并没有改变基本结论。

影响系数分别为0.007和0.009，且均通过了1%的显著性水平的检验，表明财政分权水平的提高有助于减弱土地财政对生产性服务业和高端服务业结构升级的负向影响。第（3）和（4）列的回归结果显示市场化程度与土地财政的交互项对生产性服务业和高端服务业的影响系数分别为0.033和0.008，也均通过了1%的显著性水平的检验，表明不同地区市场化程度的不同，土地财政对服务业结构升级的影响大小也不同，并且随着市场化程度的逐渐提高，地方政府的土地出让行为对服务业结构升级的抑制作用能够得到缓解。以上结果均接受了残差项不存在二阶序列相关的原假设，且Sargan检验结果显示各模型的工具变量均有效，计量模型的设置是合理的。

表5-7　　　　　　　　　不同变量交互作用的回归结果

变量	财政分权水平		市场化程度	
	（1）	（2）	（3）	（4）
	$service1$	$service2$	$service1$	$service2$
滞后项	0.592***	0.636***	0.697***	0.605***
	(0.0045)	(0.0034)	(0.0034)	(0.0026)
$land$	−0.061***	−0.079***	−0.176***	−0.066***
	(0.0074)	(0.0059)	(0.0093)	(0.0069)
$land×auto$	0.007***	0.009***		
	(0.0010)	(0.0008)		
$land×market$			0.033***	0.008***
			(0.0014)	(0.0011)
常数项	−0.127***	−0.104***	−0.150***	−0.222***
	(0.0120)	(0.0080)	(0.0084)	(0.0087)
控制变量	有	有	有	有
个体效应	有	有	有	有
年份效应	有	有	有	有
AR（1）	0.0000	0.0000	0.0000	0.0000
AR（2）	0.4662	0.8265	0.4590	0.9099
Sargan Test	0.4113	0.3540	0.8771	0.8745
观测值	2 481	2 481	1 927	1 927
城市个数	275	275	271	271

5.4.4 分样本回归

我国地域辽阔，东部沿海地区多平原和大港口，其独特的地理条件决定了经济发展具有先行优势，尤其是发展以出口加工业为主的对外贸易。加之城市和区域发展中的集聚效应，使得东部地区在人力资本和土地资源的利用效率上明显高于中西部地区。同时，2008 年金融危机也深刻影响着地方政府行为，尤其是地方政府在后危机时代的土地财政行为和债务融资模式发生了明显变化。因此，我们对不同区域和金融危机前后分样本再次进行回归分析，估计结果见表5-8[①]。

表5-8　　　　　　　　　　分样本回归的计量结果

变量	东部地区		中西部地区		全样本	
	(1)	(2)	(3)	(4)	(5)	(6)
	service1	service2	service1	service2	service1	service2
滞后项	0.753***	0.785***	0.452***	0.496***	0.558***	0.642***
	(0.0133)	(0.0069)	(0.0050)	(0.0031)	(0.0268)	(0.0059)
land	−0.008	−0.005	−0.010**	−0.017***	−0.043***	−0.066***
	(0.0105)	(0.0072)	(0.0047)	(0.0038)	(0.0168)	(0.0068)
land×crisis08					−0.051***	−0.051***
					(0.0177)	(0.0068)
常数项	−0.189***	−0.034	−0.217***	−0.280***	−0.319***	−0.107***
	(0.0540)	(0.0460)	(0.0171)	(0.0077)	(0.0564)	(0.0153)
控制变量	有	有	有	有	有	有
个体效应	有	有	有	有	有	有
年份效应	有	有	有	有	有	有
AR (1)	0.0000	0.0000	0.0000	0.0000	0.0000	0.0000
AR (2)	0.5276	0.4605	0.4727	0.7964	0.4713	0.8480
Sargan Test	0.9988	0.9776	0.9708	0.6150	0.1365	0.1188
观测值	947	947	1 534	1 534	2 481	2 481
城市个数	98	98	177	177	275	275

[①]　值得注意的是，尽管采用交互项也能够进行相应分析，但其有利有弊。而采用分组的方式，其实质是假设两个子样本有系统性的差异，而不只是核心变量与分组变量的交叉项。为此，这里我们尽量以分组回归的结果展开说明。

由表 5-8 第（1）至（4）列的回归结果可知，土地财政对服务业结构升级的作用效果出现了明显的区域分岔。具体地，第（1）和（2）列的结果表明，在东部地区土地财政对服务业结构升级仍然表现为负向影响，但系数不显著。其可能的原因是：一方面，东部沿海地区凭借先天优势和要素禀赋，高端制造业以及与之相配套的生产性服务业发展层次较高，而土地财政对服务业结构升级的影响较小；另一方面，东部地区经济发展水平较高，预算收入相对充足，地方政府对土地财政的依赖较小，这也在一定程度上造成了"鞭打快牛"的现象。较好的经济禀赋使得东部地区的财政缺口小于中西部地区，这一分化尤其体现在 2003 年之后（李郇等，2013），中央政府收紧了东部地区的土地供应，并且"招、拍、挂"等土地出让制度的监管更加严格，使得东部地区发展辖区经济的渠道更加丰富。与之相反，2003 年之后，人口大量向东部沿海地区集中的同时，中西部地区的建设用地指标配置却是相对放开的，尤其体现在新城建设上（陆铭等，2018）。当然，东部地区较好的制度环境和营商环境也能够相对减少地方政府以土地财政及其债务融资为核心进行基础设施建设所造成的公共支出结构扭曲。从第（3）和（4）列的估计结果可以看出，土地财政对生产性服务业和高端服务业结构升级的抑制作用主要体现在中西部地区。

需要指出的是，以 2008 年为界分样本检验中，由于样本中 2008 年之前的年份较短，估计结果无法对残差项进行 AR（2）检验，故结果的可靠性无法得到保证。因此，本章定义金融危机虚拟变量 *crisis*08，时间大于等于 2008 年为 1，否则为 0，将构建的土地财政与金融危机虚拟变量的交互项加入回归中。表 5-8 第（5）和（6）列的回归结果显示，金融危机之后，土地财政对生产性服务业和高端服务业的抑制作用更加明显。究其原因，2008 年之后，中央政府出台了"四万亿经济刺激计划"，要求地方政府提供相应的资金配套，进一步加剧了土地财政在其中发挥的作用。2008 年之后，出口疲软、利税增长乏力之际，土地财政作用被强烈的外部冲击所放大，增强了地方政府对土地出让收入的依赖程度。与此同时，地方政府进一步形成了将土地出让金作为还款来源或直接通过财政担保和土地抵押的方式取得更大规模的金融贷款以投入城市建设的"土地金融"模式，从而加剧了土地财政对服务业结构升级的抑制作用。

5.4.5　影响机制分析

前文的理论分析和实证结果均表明，地方政府对土地财政的依存度增加会显著抑制生产性服务业和高端服务业的结构升级，并且是导致中国经济高速增长和服务业结构升级滞后并存的重要诱因。在财政分权和以GDP为考核导向的激励约束下，地方政府为了取得政绩往往会选择透支未来发展空间以保持短期经济增长，分税制改革后，预算收入的不足使得地方政府极度依赖通过土地征用、开发和出让而形成的土地财政。具体地，土地财政是通过怎样的渠道来影响生产性服务业的呢？本章将进一步验证研究假设3，即土地财政对生产性服务业结构升级影响的中间机制。

基于文献梳理和逻辑分析，我们可以发现土地财政主要造成了要素资源的错配进而抑制了生产性服务业结构升级。因此，本章将细化到要素供给和要素需求层面，从土地资源错配、城市化失衡、城市创新能力等三个维度对具体的影响渠道进行检验。通过借鉴温忠麟等（2004）的研究，构建中介效应模型如下：

$$service1_{it} = \alpha_0 + \alpha_1 service1_{it-1} + \beta_1 land_{it} + X'_{it}\varphi + \mu_i + \lambda_t + \varepsilon_{it} \quad (5\text{-}12)$$

$$M_{it} = \alpha_0 + \alpha_1 M_{it-1} + \delta_1 land_{it} + X'_{it}\varphi + \mu_i + \lambda_t + \varepsilon_{it} \quad (5\text{-}13)$$

$$service1_{it} = \alpha_0 + \alpha_1 service1_{it-1} + \varphi_1 land_{it} + \varphi_2 M_{it} + X'_{it}\varphi + \mu_i + \lambda_t + \varepsilon_{it} \quad (5\text{-}14)$$

其中，M_{it} 代表中介变量，基于前文的理论分析，本章将依次从土地资源错配、城市化失衡、城市创新能力等三个维度分别选择相应的代理变量作为中介变量进行验证。另外，选取生产性服务业结构水平（service1）作为被解释变量，其他变量的定义与前文一致。关于中介变量指标选取的具体说明如下：

（1）土地资源错配

我国的土地出让制度下，地方政府垄断了土地供应一级市场，其既是经营者，又是管理者。这就决定了地方政府依靠土地财政发展经济的时候，常常采用两手供地策略，低价甚至不惜血本地出让工业用地进行招商引资的同时，高价出让商服住宅用地以最大化土地出让收入，进而会在供给端和需求端造成要素价格的极度扭曲和土地资源的错配。因此，本章借鉴余泳泽和潘妍（2019）的度量方式，采用商服用地价格与工业用地价格之比代表土地资源配置，数据来源于《中国国土资源统计年鉴》。值得注意的是，由于《中国国土资源统计年鉴》中仅提供了部分大中城市商服用地价格和工业用地价格的数据，因此，本章这部分中介机制检验的样本仅限于部分大中城市，但这并不影响基于全国层面的研究结论。因为一般地级市政府等基层政府的财政压力会更大并且监管相对宽松，对土地财政的依赖程度只会更大，其对服务业结构升级的影响并不会受到城市行政级别的干扰。

（2）城市化失衡

地方政府对土地财政的依赖引发的城市扩张效应会造成土地城市化快于人口城市化的失衡现象（杜金华和陈治国，2018），特别表现为近年来各地区尤其是中西部地区热衷于开发区、工业园区以及远而大的新城建设。与此同时，伴随着城市地价、房价的快速上涨，其对人口城市化产生了抑制作用。这种城市化失衡的存在也极易强化以中低端制造业和建筑业为主导的产业结构刚性，抑制生产性服务业的结构升级。这种城市化失衡可以理解为空间上的要素错配现象。因此，本章借鉴冀云阳等（2019）的做法，将城市化失衡水平定义如下：$unbalance$=（城市建设用地面积增长速度/市辖区常住人口增长速度）/1.12。其中，1.12是国际公认的城市建成区面积增长弹性系数的合理水平。该值越大，表明土地城市化越快于人口城市化，失衡现象越严重。

（3）城市创新能力

在官员晋升竞争机制和"财政幻觉"的影响下，地方政府普遍的投资冲动更多地倾向于基础设施建设，而对教育、科技和公共服务的投入不足，这在一定程度上会抑制城市创新能力的进一步提升。与此同时，地方政府对土地财政的依赖还会进一步挤出企业创新要素（鲁元平等，2018）。城市创新能力不足在一定程度上可以理解为一种创新要素投入的错配现象。鉴于此，本章采用城市产业创新指数来衡量城市创新能力，数据来源于复旦大学寇宗来教授等构建的指数数据（寇宗来和刘悦，2017）。

中间机制检验的具体回归结果见表5-9。

表5-9

中间机制检验的实证结果

变量	(1)	(2)	(3)	(4)	(5)	(6)	(7)
	service1	misland	service1	unbalance	service1	innovation	service1
滞后项	0.605***	0.689***	0.501***	-0.009***	0.583***	1.213***	0.514***
	(0.0071)	(0.0190)	(0.0267)	(0.0018)	(0.0059)	(0.0001)	(0.0123)
land	-0.027***	10.008***	-0.020*	5.982**	-0.011**	-7.900***	-0.015**
	(0.0062)	(1.6314)	(0.0113)	(0.3808)	(0.0057)	(0.1338)	(0.0075)
misland			-0.001***				
			(0.0001)				
unbalance					-0.451**		
					(0.2093)		
innovation							0.009***
							(0.0000)
常数项	-0.123***	23.409**	-0.168***	-18.337***	-0.213***	-3.646***	-0.329**
	(0.0231)	(10.7878)	(0.0591)	(1.1621)	(0.0164)	(0.6992)	(0.0340)
控制变量	有	有	有	有	有	有	有
个体效应	有	有	有	有	有	有	有
年份效应	有	有	有	有	有	有	有
AR (1)	0.0000	0.0078	0.0005	0.0000	0.0000	0.0206	0.0000
AR (2)	0.4300	0.9429	0.6898	0.3722	0.3536	0.7089	0.5697
Sargan Test	0.2432	0.2184	1.0000	0.4503	0.3110	0.1208	0.2957
观测值	2 481	489	489	2 452	2 452	2 576	2 576
城市个数	275	79	79	275	275	274	274

根据中介效应的检验程序，第一步，对式（5-12）进行基准回归，实证结果如表 5-9 第（1）列所示，表明土地财政对生产性服务业的综合效应在 1% 的水平下显著为负，继续检验；第二步，对式（5-13）进行回归，检验土地财政对中介变量的影响是否显著，回归结果如表 5-9 第（2）、（4）、（6）列所示，表明土地出让收入的增长在要素供给端和需求端直接导致了土地资源错配和城市化失衡，并且抑制了城市创新，系数均在 1% 的水平下显著，继续检验；第三步，如式（5-14）所示，将土地财政和中介变量同时加入回归模型中，回归结果见表 5-9 第（3）、（5）、（7）列，land 的系数有所变化并且显著性水平降低，而各个中介变量对生产性服务业的影响符合理论预期且均是部分中介。因此，土地财政通过要素供给端（土地资源供给错配和城市化失衡）和要素需求端（土地资源需求错配和城市创新不足）对服务业结构升级的中介效应显著。

5.5 本章小结

本章基于 2006—2015 年中国 277 个地级及以上城市的面板数据，运用 SYS-GMM 估计方法和中介效应模型实证检验了土地财政对服务业结构升级的影响及其内在逻辑机制。研究结论主要包括：

第一，地方政府对土地财政的依存度增加会显著抑制生产性服务业和高端服务业的结构升级。另外，在加入可能对估计结果产生干扰的控制变量，同时更换指标和样本的情况下，结论依然稳健。总体层面，土地财政模式促进了第二、三产业增加值的上升，但是强化了以中低端制造业和建筑业为主导的产业结构刚性，并且以房地产业为主的生活性服务业的发展大大超前于生产性服务业，从而造成了经济高速增长与服务业结构升级滞后并存的现象。

第二，土地财政是分权体制下的一种典型的地方政府行为，而市场有效性的发挥能够及时纠正土地财政的负面效果。进一步的交互作用确实发现，财政分权程度和市场化水平的提高能够显著减弱土地财政对服务业结构升级的负面效应。

第三，土地财政对服务业结构升级的影响存在地区异质性，负向影响显著存在于中西部地区。并且，分时期的检验也发现，这一负向效应在 2008 年之后更加突显。

第四，要素错配视角下，中间机制检验的结果表明，土地财政会在要素供给端和需求端造成土地资源错配和城市化失衡，并且抑制城市创新能力的提升，进一步导致生产性服务业结构升级滞后。

第6章 地方政府债务扩张与产业结构转型升级①

第5章基于财政收入视角主要考察了地方政府对土地财政的依赖是如何影响服务业内部结构的，然而，其并未进一步考察地方政府的另一项土地融资活动——土地金融对产业结构变迁的影响。尤其是在2008年之后，体制成因和宏观经济波动导致基于土地财政的创收模式已经不能完全满足地方政府促进产业升级、加快辖区经济发展的需要，从而使得土地金融成为地方政府债务积累的重要原因。鉴于此，本章基于地方政府创收行为下的土地金融视角继续考察了地方政府债务对产业结构高度化和合理化的影响。

6.1 本章问题的提出

2008年金融危机之后，我国的地方政府融资平台②大量涌现、空前

---

① 本章节部分内容发表于《山西财经大学学报》2020年第10期，题为"地方政府债务扩张会促进产业结构转型升级吗"。
② 地方政府融资平台是由地方政府及其部门和机构通过财政拨款或注入土地股权等资产而设立的，承担政府投资项目融资功能，并拥有独立法人资格的经济实体（龚强等，2011）。地方政府融资平台的主要表现形式为地方城市建设投资公司（简称"城投公司"），其名称可以是某城建开发公司、城建资产经营公司等，主要投向市政建设、公用设施等项目。

繁荣，成功推动中国经济快速复苏的同时也使得地方政府债务迎来了爆发式增长。在欧债危机等政府性债务问题不断暴露从而引发国际经济震荡的背景下，我国的地方政府债务风险引起了政策制定者和全社会的高度关注。审计署发布的《全国政府性债务审计结果》显示，截至2013年6月底，地方政府负有偿还责任的债务108 859.17亿元，负有担保责任的债务26 655.77亿元，可能承担一定救助责任的债务43 393.72亿元。审计结果表明，债务风险总体可控，但是有些地方也存在一定的风险隐患。习近平总书记在党的十九大报告中明确指出，把防范化解重大风险作为决胜全面建成小康社会必须打赢的三大攻坚战之一，而化解地方政府债务风险是防范重大风险的题中应有之义（曹婧等，2019）。

从国内外文献来看，现有研究广泛考察了债务扩张引致的经济社会效应，比如政府债务与经济增长（Reinhart and Rogoff，2011；程宇丹和龚六堂，2014、2015；毛捷和黄春元，2018）、基础设施建设（余靖雯等，2019）、居民消费（郭长林等，2013）、企业杠杆率（Liang et al.，2017）、企业融资决策（车树林，2019）、系统性金融风险（毛锐等，2018）等，但是对地方政府债务扩张引致产业结构效应的研究，现有文献往往语焉不详，并没有得出一致的结论。一方面，限于数据的可获得性，真实的地方政府债务规模难以直接获取，现有研究大多基于城投债数据或其他方式进行估算；另一方面，产业结构转型升级仍需要从多个维度进行考察。

党的十九大报告明确指出，支持传统产业优化升级，加快发展现代服务业，促进我国产业迈向全球价值链中高端，培育若干世界级先进制造业集群。现如今产业结构能否实现合理化和高度化也成为中国经济能否顺利实现高质量发展的关键因素。基于既有研究，解释产业结构变迁的内生特征主要可以分为市场性因素和政府性因素两大类。传统理论认为，市场性因素又可以从供给和需求两个角度进行归纳。供给角度主要以要素投入和资源配置效率提高为主，着眼于各行业生产技术方面的差异，即鲍莫尔效应（Baumol，1967）。如果行业间存在不同的技术进步率且具有一定互补性，这将引起产品的相对价格变动进而对要素的需求也会发生变化，从而推动劳动力在不同部门间的流动，因此产业结构将随着技术的进步而发生变动（Ngai and Pissarides，2007）。与此同时，如果不同部门所使用生产要素的要素密集度不同，那么即使技术进步率相同，也会引起产品相对价格的变化，影响要素的行业分配进而推动产业结构转型（Acemoglu and Guerrieri，2008），即存在要素密集度效应。需求角度主要建立在恩格尔定律之上，强调了不同产业部门产品需求收入弹性的影响，即恩格尔效应。一方面，由于消费者对不同产品的消费偏好不同，随着消费者收入水平的提高，那些需求弹性大的部门增长更快；另一方面，需求收入弹性高的往往是非农产品，而这些大多由非农产业部门生产，消费者收入水平提高将拉动劳动力向非农产业部门转移（Kongsamut et al.，2001）。

近期的研究逐渐从政府性因素的角度来理解我国产业结构转型升级的过程，并且强调了政府的制度安排会显著影响产业结构的高级化，逐渐丰富了产业结构变迁理论。以林毅夫为代表的新结构经济学指出，经济发展过程并不是静态的资源配置，而是产业、技术和各种软硬基础设施不断完善和结构变迁的动态发展过程，需要有效的市场和有为的政府共同发挥作用（林毅夫，2014），尤其是地方政府可以通过制定相应的产业政策或者自身的财政税收行为来影响产业结构转型升级。陈钊和熊瑞祥（2015）考察了国家级出口加工区在成立之初对所选择的"主导产业"的扶持政策是否有效，研究发现产业政策的效果在那些有比较优势的行业呈现出逐年递增的趋势，在那些没有比较优势的行业则始终不显著。通过创新利用产业相关的地方性法规和地方政府规章对产业政策予以定量识别，韩永辉等（2017）研究发现产业政策的出台与实施显著促进了地区产业结构合理化和高度化。

从地方政府的财政收支行为来看，我国现行的分税制体系决定了地方政府的财政自由度以及地方政府发展经济的行为模式，而预算外收入在一定程度上反映了地方在中央约束下的财政自给率，也是地方政府进行地区经济建设的主要资金来源之一，尤其是深入研究地方政府债务的影响显得尤为重要。一方面，内嵌于分权体制下，债务本身在一定程度上体现着地方政府的财政自主权，成为地方政府干预经济行为的一个重要因素，可以比较客观地衡量政府有形之手在市场经济中的作用。因此，从地方政府债务这一视角重新审视我国的产业结构变迁过程以及解决目前所面临的经济结构失衡问题都具有重要的现实意义。另一方面，中国经济四十年的高速增长突出体现在各个产业的发展壮大之上，而这一过程深受地方政府政策与行为的影响（韩永辉等，2017）。因此，更加深入地探讨地方政府债务对产业结构的影响显得尤为重要，可以对既有领域的研究形成有益补充。

与已有研究相比，本章的边际贡献体现在以下三个方面：（1）在研究视角上，首次从产业结构高度化和合理化两个维度系统分析了地方政府债务扩张引致的产业结构效应，并从细分不同行业性质就业份额视角深入产业结构内部特征进行考察；（2）在研究内容上，进一步从时间维度和地区层面讨论了债务扩张存在的异质性，并分析了非线性关系存在的机制，深化了对产业结构效应的认识；（3）在研究数据上，与以往文献采用城投债口径来度量地方政府债务水平不同，通过借鉴 Huang et al.（2020）的方法，将地方政府融资平台公司的总负债加总到地级市层面作为量化地方政府债务的指标，以更加接近于真实的债务水平，同时也采用现有文献中衡量地方政府债务的多种指标进行稳健性检验。

6.2 制度背景与研究假设

6.2.1 地方政府债务扩张的制度背景

分税制改革以来，在财政分权和以 GDP 为考核的晋升锦标赛的制度背景下（Li and Zhou，2005；周黎安，2007；Xu，2011），中央政府财权不断上收，而事权却不断下移，特别是 2002 年所得税分享改革以后，这种情况导致的地方政府财权和事权不匹配问题更加突出（刘承礼，2016）。地方政府承担着促进地区经济发展、民生支出、基础设施投资、城市化建设的艰巨任务，而日益扩大的财政缺口却很难从中央政府的财政转移支付和税收返还中得以弥补，因此，地方政府不得不想方设法地寻找预算外收入，这也是地方政府债务不断扩张最直接的成因（龚强等，2011）。与此同时，地方政府官员面临"为增长而竞争"带来的晋升压力和标尺竞争带来的赶超压力，也会刺激债务规模的进一步增长（曹婧等，2019）。

我国实施的是城市建设用地归国家所有，农业用地归集体所有的土地公有制，而城乡分割的二元土地结构赋予了地方政府事实上土地一级市场垄断者的特殊身份（余靖雯等，2019），其既是经营者，又是管理者。地方政府官员在面对较强的政治晋升激励时，容易采取两手供地策略，即高价出让商业用地、低价出让工业用地，从而获得高额的土地出让金，以支撑城市经济发展（赵祥和曹佳斌，2017）。尤其是 2008 年"四万亿经济刺激计划"的出台，地方政府面临巨额资金配套任务。与发达国家一般通过发行市政债券进行融资的方式相比，我国地方政府缺乏从市场直接获得资金的融资渠道。在此情形下，地方政府唯一可选择的对策便是以土地出让金和政府信用作为担保，通过地方政府融资平台发挥土地杠杆的作用，进行更大规模的融资活动（Bai et al.，2016；张莉等，2018）。尤其是当前部分地区的地方财政被巨额的养老金和庞大的地方政府债务所"绑架"，导致地方财政入不敷出的现象频频出现。然而，由于我国实行单一制的治理结构，地方政府即使出现债务危机也不能破产，在纵向财政失衡的极端情形下，中央政府不得不动用国家财政对地方政府进行破产救助（龚强等，2011）。中央政府事实上隐性承担着对地方政府一定的担保和救助责任，即存在预算软约束和公共池问题，因此会导致地方政府债务的扩张更加肆无忌惮。

6.2.2　理论机制和研究假设

伴随着中国经济由高速增长阶段转向高质量发展阶段，产业发展形势愈发复杂，而产业结构是经济结构的重要组成部分，因此，探讨地方政府债务对产业结构转型升级的影响便显得尤为重要。现有文献中直接研究地方政府债务对产业结构影响的尚不多见，但是，我们可以从以下视角来间接梳理地方政府债务的产业结构效应：

其一，由于地方政府债务的去向一般为基础设施建设和公益性项目，因此部分文献从政府投资和政府财政支出的视角来研究其对产业结构转型升级的影响。基于技术复杂度的视角，安苑和王珺（2012）考察了地方政府的财政支出特征对产业结构升级的影响,研究发现财政行为的波动性越大,那些技术复杂程度越高的产业份额下降得越多,并且与基本建设支出和科教文卫支出相比,行政管理支出的波动性具有更大的负面作用。佟孟华等(2018)运用 PSTR 模型研究发现,以财政支出占GDP 的比值衡量的地方政府规模与产业结构之间存在非线性特征。

其二,由于产业结构演进的方向与经济增长的关系密不可分,产业结构升级能够对经济增长起到持续推动作用(干春晖等,2011),因此,我们可以通过梳理地方政府债务与经济增长的关系来提出其对产业结构转型升级的影响机制。随着实证研究的不断深入,学者们逐渐发现政府债务与经济增长之间存在着非线性关系。来自国别的研究中,Reinhart and Rogoff(2010,2011)利用一个包括 20 个发达国家的数据集进行实证检验表明二者之间存在门槛效应,而郭步超和王博(2014)发现这种门槛效应作用机制在新兴市场国家和发达国家的不同主要来源于资本回报率的差异,即新兴市场国家的资本回报率较高,其债务平衡点高于发达国家的水平。程宇丹和龚六堂(2014)也基于 113 个国家的面板数据,研究表明发达国家的政府债务对经济增长、投资以及全要素生产率均无显著影响,而发展中国家的债务耐受性较差,但未突破债务平衡点时,政府债务的增加可以提高投资率。基于我国省级层面的经验研究中,吕健(2014)通过将流动性纳入考虑,研究发现以年新增债务占 GDP 的比值衡量的地方政府债务与经济增长之间存在倒 U 型关系,并且从地区的异质性来看,低债务省份的地方债务对经济增长的促进作用一直存在,高债务省份的地方债务在短期内对经济增长的影响具有不确定性,但在长期内只会拉低经济增长。毛捷和黄春元(2018)基于地级市的经验研究表明,地方政府债务对经济增长的影响呈现倒 U 型关系,而通过区域异质性的比较发现,相比于经济较发达的东部地区,中西部和东北地区的债务平衡点较低,并且地方政府债务规模的持续膨胀在这些地区对经济增长产生的负向效应更加明显。

其三,土地金融①模式下一个典型的现象便是地方政府债务的迅速

---

① "土地财政"指的是地方政府依靠出让土地使用权的收入来维持地方财政支出的行为;"土地金融"指的是地方政府通过财政拨款或注入土地、股权等资产设立投融资平台对外举债,筹措资金的行为(余靖雯等,2019)。

扩张，使得土地金融成为地方政府债务积累的重要原因。从本质上分析，土地金融与土地财政都属于中国式分权制度背景下地方政府的行为偏好，因此，从土地财政视角看土地金融行为，也能从侧面反映地方政府债务对产业结构转型升级的影响。这方面的文献颇为丰富，周彬和周彩（2018）基于地级市层面数据研究发现，土地财政具有提前去工业化效应，即土地财政对产业结构升级的影响是倒 U 型的，并且这一影响显著存在于中西部省份，具有地区异质性。李勇刚和王猛（2015）构建了两部门非均衡增长模型，通过理论模型分析和实证研究发现，土地财政虽然有助于加快工业化进程，但对产业结构服务化产生了显著的抑制作用，即土地财政很可能是导致产业结构服务化升级滞后的重要影响因素。邵朝对等（2016）首次系统构建了房价、土地财政与城市集聚特征的影响机制，研究表明土地财政抑制了城市产业的多样化发展，而房价通过扩散机制主要对低端劳动者产生强有力的挤压，引发产业由低端行业向高端行业集聚的结构演变，进而与城市多样化特征呈现倒 U 型关系。

产业结构转型升级可以从产业结构高度化和合理化进行细化，而地方政府债务扩张主要通过这两个理论机制影响产业结构。一方面是地方政府债务的结构合理化作用机制。市场并非万能，产业发展中面临的信息不对称、资本和技术外部性等问题，使得企业无法自主完成产品更新、资源配置以及技术升级等决策的匹配协调，从而无法完全依赖市场进行跨期的资源配置（韩永辉等，2017）；而市场失灵的存在，往往会导致投资过度或不足，进而出现产能过剩或者宏观经济波动（Hausmann and Rodrik，2003）。我国的市场经济体制有待完善，产业发展常常面临信息不完全和投资、技术等方面的外部性，金融市场的配套机制也不完全，尚存在资本流动和汇率的管制，并且要素的价格扭曲常常引起产业的不合理波动，极易带来效率和福利损失（林毅夫，2007）。涉及国民经济和民生的产业，尤其是水电、高速公路、机场等基础设施工程，由于存在前期固定成本高、收益期长且不易量化的特点，必须依靠地方政府的投入才能弥补私人投资的不足。毋庸置疑，地方政府前期债务的积累投向的正是私人投资和民间投资无法完全触及的领域，有利于弥补市场外部性、信息不对称等缺陷，减少产业结构不合理变动的摩擦，加快资源在产业间的合理优化配置，从而使得产业结构更加合理和有效。然而，债务的过度扩张与地方政府盲目的投资冲动分不开，常常导致地方政府的财政压力急剧增大，对产业结构合理化的促进作用将会削弱。

另一方面是地方政府债务的结构高度化作用机制。新结构经济学的理论认为，通过有效市场和有为政府相结合，并且遵循经济体的每一时点动态的要素禀赋结构和比较优势，能够促进产业和技术的不断优化升级（林毅夫，2014）。显然，地方政府通过负债行为促进产业和技术升级也是一种有为政府的体现。产业的技术创新和优化升级需要硬的基础设施和软的制度安排不断调整和完善、突破产业技术升级的初始资本约束并且降低其中的不确定性和潜在风险、克服信息不完全和不对称、将相关的资本和技术外部性内部化等，从而提高产业转型升级的概率。地方政府通过负债行为所筹资金也会部分用于财政补贴和信贷支持、风险投资基金、公共研发基础平台建设乃至各类人才政策支持、重大科学创新攻关计划和高新技术产业园区建设等。因此，地方政府在较大程度上承担了技术研发和应用过程中面临的市场不确定性风险，集中资金优势和市场力量开展技术研发、推广和应用，发挥技术应用的规模经济效应和集聚效应，促进地区产业结构高度化（韩永辉等，2017）。与此同时，在中央引导和以经济增长为目标考核的政绩驱动下，地方政府也有动机通过负债进行地区经济建设，推动产业结构高度化。但不可否认的事实是，2008年以后，地方政府通过债务性融资以配合中央宽松的宏观经济政策，尤其是中央推出的"四万亿经济刺激计划"，融资平台的空前繁荣导致地方政府的债务风险急剧积累，容易引发系统性金融风险（毛锐等，2018），并会弱化地方政府债务对产业结构高度化的促进作用。因此，本章提出了研究假设1：

假设1：地方政府债务与产业结构高度化和合理化存在倒U型非线性关系。

地方政府债务扩张对产业结构转型升级的影响可能存在哪些中间机制？其一，从供给侧来看，地方政府债务通过加强基础设施建设促进了固定资产投资和资本积累，进而促进了产业结构高度化和合理化。一方面，在中国式财政分权模式和以GDP为绩效考核的晋升锦标赛体制下，地方政府官员通过大量举债来促进当地的基础设施建设，比如大量建造工业园区、高新技术产业园区、出口加工区等，通过引资竞争来发展当地具有比较优势的产业，从而获得向上的晋升机会。而这一过程中，招商引资带来外资流入的同时，也会使得当地产业形成集聚，产生规模经济效应。并且，外来技术的引进、消化和吸收也会倒逼本地企业对产业技术进行优化升级和创新，通过发展前瞻性的主导优势产业、高新技术产业，从而提高市场竞争力。另一方面，正如前文所述，政府的负债融资行为事实上承担了技术研发和应用过程中的市场不确定性风险，并且突破了初期高投入低产出的资本约束，为产业转型升级提供了必要条件。现有文献也大多表明，基础设施投资能够促进产业结构升级，并且还能通过这一中间渠道进一步促进技术进步（TFP）和企业技术创新（王自锋等，2014；蔡晓慧和茹玉骢，2016）。因此，从供给侧来看，债务的扩张能够通过基础设施建设促进固定资产投资和资本积累，从而对产业结构转型升级具有正向的投资潮涌效应。

其二，地方政府债务在需求端会引起要素价格扭曲，进而抑制产业结构高度化和合理化。一方面，从资本成本的角度来看，地方政府债务通过基础设施建设和公益性项目被资本化到土地价格中（司海平等，2017），而债务的主要还款来源是土地出让收入及与土地出让相关的各种直接和间接税收。因此，地方政府有动机采取不同的供地策略，即低价出让工业用地、高价出让商服住宅用地。并且，对地方政府通过财政拨款或注入土地股权等方式成立的融资平台而言，由于拥有大量的土地储备资产以及地方政府返还给融资平台的土地出让金，融资平台可以有选择地决定土地价格。商服住宅用地价格的上升会推动房价上涨，造成生产成本的上升，进一步影响制造业和与之相配套的生产性服务业的企业利润，阻碍产业结构转型升级。另一方面，从融资成本的角度来看，国有企业不仅享受地方政府给予的大量政府补贴、税收优惠和税收返还，而且还可以以土地向银行进行抵押贷款，降低融资成本。但是，对非国有企业而言，其融资门槛较高，尤其是在2008年之后，此时银行贷款的 60% 投向了基础设施与房地产开发，而地方政府债务的急剧膨胀却引起非国有企业杠杆率的上升（Liang et al.，2017；Huang et al.，2020），以及信贷分配的不当（Cong et al.，2019）。而且，由于地方融资平台占用大量金融资源造成中小企业融资困难，尤其是制造业和与之相配套的生产性服务业的发展得不到金融体系的有效支持，使得债务扩张通过税收或利率渠道对私人投资产生较大挤出效应的同时，更有可能导致资本、劳动力、能源等要素价格扭曲，进而抑制产业结构高度化和合理化。相关研究也表明，要素价格制度性和政策性扭曲，直接挤占和侵蚀了全要素生产率较高的高端制造业和生产性服务业的要素投入，导致的体制性产能过剩还会逆向加剧要素市场扭曲，最终出现越过剩越扭曲的"棘轮效应"，进一步阻滞产业结构的合理演进（郑振雄和刘艳彬，2013）。因此，要素价格扭曲尤其是资本价格扭曲可能会是地方政府债务对产业结构转型升级存在倒 U 型影响的负向机制。鉴于此，本章提出了研究假设 2：

假设 2：地方政府债务扩张会引起基础设施投资潮涌和要素价格扭曲，进而作用于城市产业结构。

地方政府债务对产业结构高度化和合理化存在怎样的异质性影响？其一，从地区维度来看，一方面，我国幅员辽阔，东部地区靠近沿海，临近大港口，水利交通更加方便快捷，具有天然的地理区位优势和更大的国际输出市场；另一方面，城市和区域发展中的集聚效应，使得沿海地区在土地资源利用效率、人力资本积累以及制度环境方面都强于中西部地区。因此，分地区的异质性分析常常是研究中需要侧重讨论的一部分内容。其二，从时间维度来看，2008 年之后，一方面，为应对金融危机对国内宏观经济造成的冲击，政府启动了"四万亿经济刺激计划"，其中，中央政府承担 1.18 万亿元，其余部分均由地方政府筹集；另一方面，中央政府还在 2009 年、2010 年连续两年每年代发 2 000 亿元的地方债，从而打破了中央政府对地方政府举债保持的 16 年的禁令。2008 年之前，地方政府融资主要依靠土地财政，而之后通过土地金融模式进一步拓宽了融资渠道，地方政府也由被动负债开支转为主动债务融资（龚强等，2011；曹婧等，2019）。因此，地方政府债务扩张可能存在时间上的异质性。鉴于此，本章提出了研究假设3：

假设3：地方政府债务扩张影响产业结构高度化和合理化的倒U型特征在不同地区和不同时间段存在异质性。

结合制度背景介绍和上述理论分析，本章给出了分权体制下地方政府债务的产生机制及影响产业结构转型升级的理论分析框架，如图6-1所示。

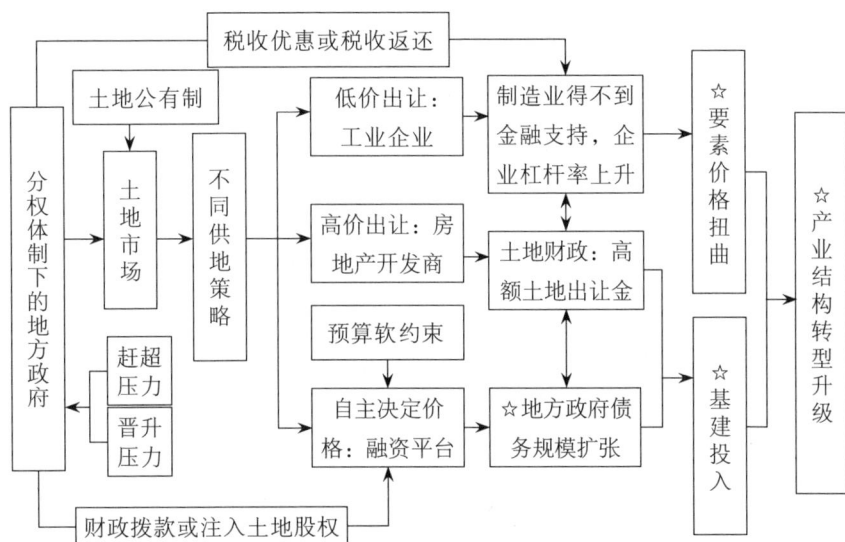

图6-1 地方政府债务的产生机制及对产业结构的影响机制分析图

6.3 研究设计

6.3.1 模型设定

本章主要考察地方政府债务对产业结构转型升级的影响，基准模型设定如下：

$$is_{it} = \alpha_0 + \beta_1 debt_{it} + \beta_2 debt_{it}^2 + X_{it}'\varphi + \mu_i + \lambda_t + \varepsilon_{it} \tag{6-1}$$

式（6-1）中，i表示城市，t表示年份。is_{it}为被解释变量，表示第i个城市第t年产业结构转型升级的程度，分别采用产业结构高度化（$ais1_{it}$和$ais2_{it}$）、产业结构合理化（$theil1_{it}$和$theil2_{it}$）两个维度进行衡量，并且每个维度采用两种测度方式进行度量，以考察结果的稳健性。$debt_{it}$ 是我们关心的核心解释变量，分别采用地方政府新增债务占 GDP 的比重（new_debt_{it}）和债务存量占 GDP 的比重（sum_debt_{it}）来衡量。β_1 和 β_2 即我们关心的系数，如果 β_1 显著为正、β_2 显著为负，则二者之间存在倒 U 型关系；反之则为 U 型关系。

为了避免遗漏变量对结果造成的估计偏误，本章控制了相应的城市经济特征。一系列的控制变量 X_{it} 主要包括土地出让规模、财政压力、人口密度、职工平均工资、外商直接投资存量、人力资本、社会消费品零售总额、每百人图书、医院卫生院床位数、人均道路面积等。在之后的分析中，所有数值型变量（比例型变量除外）均以对数形式引入回归方程。除了上述城市经济特征外，本章还添加了城市固定效应 μ_i 用于控制特定城市可能影响产业结构转型升级的非时变因素，如地理特征和区位差异；同时，添加了时间固定效应 λ_t 以控制特定年份的冲击对结果造成的偏误，如宏观政策的变动等。最后，考虑到误差项可能存在的序列相关和空间相关，本章尝试将标准误聚类到城市层面以得到更为可靠的估计结果。

6.3.2 变量选取和说明

（1）核心解释变量：地方政府债务

本章分别采用 new_debt 和 sum_debt 表示地方政府债务，其中，new_debt 为新增债务占地区 GDP 的比重，是流量指标；sum_debt 为债务总和占地区 GDP 的比重，是存量指标。2014 年修订的《中华人民共和国预算法》①未实施之前，地方政府没有发行地方债券的权利（法律和国务院另有规定的除外），并且依据中国人民银行制定的《贷款通则》，严格限制了地方政府直接向商业银行贷款。于是，2014 年之前，地方政府如果需要发行债券，只能通过融资平台代为发行，也就是我们所称的"城投债"。限于公开数据的可获得性，现有文献对地方政府债务的研究大多基于城投债。然而，尽管 2008 年金融危机以后尤其是伴随着

---

① 2014 年修订的《中华人民共和国预算法》在原预算法的基础上主要增加了关于规范地方证券发行和防范地方政府债务风险的相关事宜。该法规定，从 2015 年起在全国范围内，地方政府均可自发自还政府债券，但发债金额不得突破限额。这从另一方面也规范了地方融资平台的行为，防止隐形债务的急剧膨胀。该法根据 2018 年《关于修改〈中华人民共和国产品质量法〉等五部法律的决定》修正，自公布之日起施行。

"四万亿经济刺激计划"的提出，城投债规模急剧扩张，但是相比于银行贷款，城投债仍然只占地方政府债务的一小部分，很难从全局层面反映地方政府的隐形债务规模。

为了获得地方政府融资平台总体的负债情况，我们梳理了地方融资平台名单及其披露的资产负债表，研究发现当年需要批准授权发行城投债的融资平台公司被要求披露当年以及至少前三年的资产负债表。因此，对于当年发行城投债的融资平台公司，我们可以获得回溯至少前三年该公司未清偿债务总额的相关数据。筹资性现金流量中取得借款收到的现金，可以近似认为是从银行获得的贷款（Huang et al.，2020），再加上当年融资平台公司发行的城投债，构成了融资平台公司当年的流量债务，即本章测度的流量债务数据可以看成地方融资平台公司"银行贷款+城投债"的新增总负债。本章通过融资平台公司资产负债表中的"应付账款"科目来计算地方融资平台的存量债务。通过借鉴 Huang et al.（2020）的做法，将地方融资平台公司的新增总负债和存量债务加总到城市层面，获得该城市地方政府债务的流量及存量水平。由于 2008 年之前融资平台较少发行城投债，并且融资平台发债也不具有连续性，因此，本章获得的地方债务数据是一个非平衡面板数据。从统计口径来看，相比于城投债，这种方法测算的债务总额信息更加全面、准确。通过对每年所有融资平台公司的数据加总，我们发现与官方公布的数据比较接近，但仍只是全部债务的下界（Huang et al.，2020）。

图 6-2 绘制了 2005—2014 年地方政府融资平台新增债务规模及其新增债务占发债城市当年 GDP 比重随时间的变化趋势。从中可以很明显地看出，随着时间的推移，新增债务越来越多，尤其是在 2009 年有一个明显跳跃。而 2010—2011 年有所减少，究其原因，一方面是受到国务院和银监会相关监管政策的影响[①]，使得 2010—2011 年地方融资平

[①] 2010年6月，国务院出台《关于加强地方政府融资平台公司管理的有关通知》（国发〔2010〕19号文），提出加强地方政府融资平台的贷款管理，抑制融资平台的贷款规模。2011年6月，银监会发布《关于地方政府融资平台贷款监管有关问题的说明》（银发〔2011〕191号文）、《关于进一步落实信托公司、金融租赁公司地方融资平台清查工作的通知》（非银发〔2011〕15号文），进一步规范融资平台的贷款条件，收缩城投平台信托融资渠道，将银信政合作纳入银行表内监管。2018年3月，国务院机构改革方案实施，中国银行业监督管理委员会撤销；2023年3月，中共中央、国务院印发《党和国家机构改革方案》，提出组建国家金融监督管理总局。本书中与此相关的表述遵从相关法律法规的原文。

台的贷款和信托融资渠道被收紧；另一方面也可能是受到住房限购政策的影响，土地财政遇冷导致新增债务暂时性减少（张莉等，2018）。

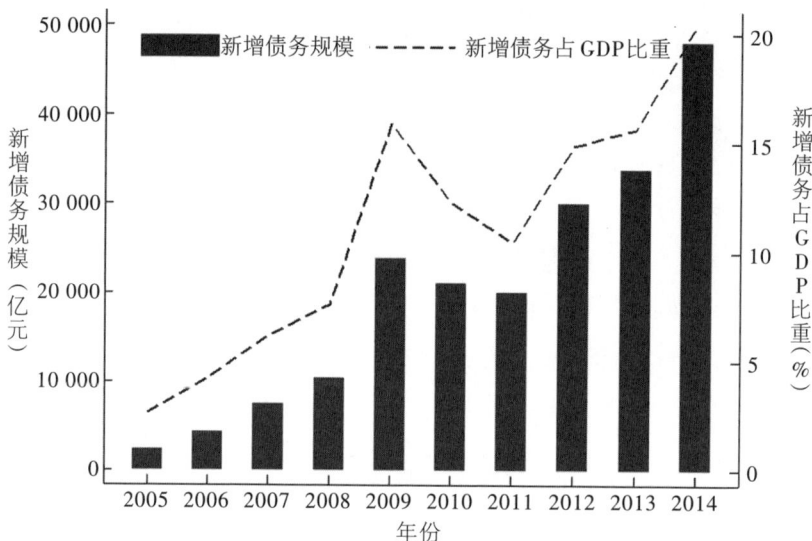

图6-2 2005—2014年地方政府融资平台新增债务情况

由于地方政府债务与城投债存在高度相关性（Liang et al.，2017），因此，本章也采用了曹婧等（2019）公开的城投债数据（*debt*1）进行稳健性检验。

（2）被解释变量：产业结构转型升级

从产业结构高度化和产业结构合理化两个维度进行测度，稳健性起见，每个维度均采用两个指标进行衡量，并且数值越大，表示产业结构高度化水平越高并且越合理。

产业结构高度化反映的是产业结构根据各国经济发展的一般规律和逻辑次序从低水平向高水平顺次演进的过程，相关文献一般依据库兹涅茨事实采用非农业产值比重，或依据克拉克定律采用第二、三产业产值比重来衡量（干春晖等，2011；韩永辉等，2017；袁航和朱承亮，2019）。本章采用两个指标测度产业结构高度化过程：一是采用第三产业与第二产业增加值比重（*ais*1）；二是采用产业结构层次系数来表示，即从份额比例上的相对变化刻画三大产业在数量层面的演进过程，具体计算公式为 $ais2_{i,t} = \sum_{m=1}^{3} y_{i,m,t} \times m$，$m = 1$，2，3，其中，$y_{i,m,t}$ 表示 i

城市第 m 产业在第 t 年占城市生产总值的比重。

产业结构合理化反映的是产业间协调能力不断加强和关联水平不断提高的动态过程，是对要素投入结构和产出结构耦合的一种度量，体现的是产业间的协调程度和资源有效利用程度（干春晖等，2011）。本章采用两种测度方式衡量产业结构合理化水平：其一，通过借鉴袁航和朱承亮（2018）的做法，采用泰尔指数来测度各地级市的产业结构合理化程度，该指数具有度量不同产业产值与就业结构偏差的优势，具体计算方式为 $theil1_{i,t} = -\sum_{m=1}^{3} y_{i,m,t} ln(y_{i,m,t}/l_{i,m,t})$，其中，$y_{i,m,t}$ 的含义同上，表示 i 城市第 m 产业在第 t 年占城市生产总值的比重，而 $l_{i,m,t}$ 表示 i 城市第 m 产业在第 t 年从业人员占总就业人员的比重。其二，通过借鉴韩永辉等（2017）的做法，在产业结构偏离度的基础上，构建产业结构合理化水平的新指标为 $theil2_{i,t} = -\sum_{m=1}^{3} y_{i,m,t} |(y_{i,m,t}/l_{i,m,t}) - 1|$，其中，$y_{i,m,t}$ 和 $l_{i,m,t}$ 的含义同上。需要指出的是，考虑到计量检验的方便性，产业结构合理化水平之前已经取了负号，指标取值越小，表明经济越偏离均衡状态，产业结构越不合理；取值越大，表明产业结构越合理。

（3）中间机制变量

① 基础设施投资。由于地方政府可以通过加强基建的方式促进固定资产投资和城市资本存量的积累，因此，基于现有文献对基础设施投资水平和城市资本存量的研究（金戈，2016；蔡晓慧和茹玉骢，2016；徐淑丹，2017）以及数据的可获得性，本章主要采用城市资本存量来衡量基础设施的投资水平。城市资本存量的测度主要参考徐淑丹（2017）的做法，采用改进后的永续盘存法进行测算。其中，固定资产投资[①]和固定资产投资平减指数来源于《中国城市统计年鉴》；折旧率为8.81%；城市折旧额数据来自《中国城市统计年鉴》公布的固定资产原价和固定资产净值年平均余额差值的固定比例。

② 要素价格扭曲。本章借鉴韩国高和胡文明（2017）的做法，通过引入 C-D 生产函数，利用生产要素的边际产出和要素价格的比值来衡量要素价格的扭曲程度，并将其细分为资本价格扭曲（$distK$）、劳动价

---

① 由于地方政府债务主要用于基础设施建设和公益性项目，因此我们也采用《中国城市建设统计年鉴》市政公用设施中的固定资产投资部分进行稳健性检验，没有改变基本结论。

格扭曲（*distL*）、能源价格扭曲（*distE*），进一步以生产要素在 C-D 生产函数中所占份额通过指数加权的方式得到总体的要素价格扭曲程度（*dist*）。本章假定企业的生产函数如下：

$$Y = AK^{\alpha}L^{\beta}E^{\delta} \tag{6-2}$$

利用式（6-2）对资本（*K*）、劳动（*L*）和能源（*E*）投入量分别求导，可得三种要素的边际产出如下：

$$MP_K = A\alpha K^{\alpha-1}L^{\beta}E^{\delta}, \ MP_L = A\beta K^{\alpha}L^{\beta-1}E^{\delta}, \ MP_E = A\delta K^{\alpha}L^{\beta}E^{\delta-1} \tag{6-3}$$

通过边际产出与要素价格之比分别得到资本价格扭曲（*distK*）、劳动价格扭曲（*distL*）和能源价格扭曲（*distE*），并进一步根据生产函数估计系数，利用指数加权方法得到要素价格总扭曲（*dist*）如下：

$$distK = MP_K/P_K, \ distL = MP_L/P_L, \ distE = MP_E/P_E \tag{6-4}$$

$$dist = (distK)^{\frac{\alpha}{\alpha+\beta+\delta}}(distL)^{\frac{\beta}{\alpha+\beta+\delta}}(distE)^{\frac{\delta}{\alpha+\beta+\delta}} \tag{6-5}$$

为了简化参数估计，我们将式（6-2）两边取对数后进行回归得到参数 α、β、δ 的具体取值如下：

$$lnY = lnA + \alpha lnK + \beta lnL + \delta lnE + \varepsilon \tag{6-6}$$

为了估计要素价格扭曲程度，我们采用 2005—2014 年的工业面板数据进行测算，具体的指标选取如下：

● 工业产出（*Y*），采用规模以上工业企业增加值（亿元）进行度量，并以 2004 年为基期利用工业品出厂价格指数进行平减以得到实际值，数据来源于"中经网统计数据库"；

● 资本存量（*K*），借鉴徐淑丹（2017）的做法，采用改进后的永续盘存法对资本投入量进行估计；

● 资本价格（P_K），借鉴韩国高和胡文明（2017）的方法，采用当年资本折旧率进行衡量，资本折旧率等于本年固定资产折旧与前一年固定资产原价的比值，其中将各年累计折旧额与上一年累计折旧额的差值作为本年固定资产折旧；

● 劳动投入（*L*），选取规模以上工业企业全部从业年平均人数（万人）作为衡量指标；

● 劳动价格（P_L），利用在岗职工平均工资（万元）进行衡量，并以 2004 年为基期利用各省市 CPI 平减指数进行处理以得到实际值，数据来源于《中国统计年鉴》；

● 能源投入（E），由于我国煤炭占能源消费的比重一直较高并极具代表性，因此采用煤炭消耗量来衡量工业能源投入，数据来源于《中国能源统计年鉴》；

● 能源价格（P_E），采用煤炭价格进行衡量，数据来源于《中国价格统计年鉴》，并以 2004 年为基期利用各省市 CPI 平减指数进行处理以得到实际值。

（4）控制变量

借鉴已有相关研究，为了尽量避免由于遗漏变量导致的内生性问题，本章尽可能控制了城市经济特征，具体如下：

① 土地出让规模（land）。为了避免样本期内由于土地财政导致估计结果出现偏误，因此非常有必要将土地出让规模作为控制变量纳入回归方程。本章采用土地出让收入占 GDP 的比重来衡量土地出让规模。

② 财政压力（auto）。采用一般预算收入与一般预算支出的比值来衡量（张莉等，2019）。现有研究表明，财政压力越大，地方政府越有可能举债（黄春元和毛捷，2015），因此需要控制这一影响。

③ 人口密度（lnpopden）。采用辖区总人口与总面积比值的对数值来度量。

④ 工资水平（lnwage）。采用职工平均工资的对数值来衡量，地区工资差异会引起劳动力流动，进而影响城市产业结构。

⑤ 外商直接投资（lnfdic）。由于部分城市 FDI 为 0，因此采用永续盘存法对外商直接投资存量进行测算。

⑥ 人力资本（edu）。利用普通高等学校在校学生数占总人口比重来表示（袁航和朱承亮，2017）。

⑦ 社会消费品零售总额（retail）。

⑧ 公共服务水平。相关研究表明，公共服务水平会影响劳动者移民决策，进而改变地区产业结构（邵朝对等，2016），因此选取每百人公共图书馆藏书（lnbook）、医院卫生院床位数对数值（lnmedical）、人均铺装道路面积（road）以控制公共服务水平的影响。

6.3.3 数据来源与描述性统计

受限于地方政府融资平台公司公布的财务信息，本章选择2005—2014年中国213个地级及以上城市的样本进行实证分析。之所以截取到2014年，是因为2014年修订的《中华人民共和国预算法》出台，并从2015年开始正式实施，可能会影响本章的估计结果。与此同时，2014年国务院印发《关于加强地方政府性债务管理的意见》（43号文），提出要逐渐剥离地方融资平台的债务融资功能，这也限制了本章的样本区间。其中，土地出让收入数据来自历年《中国国土资源年鉴》，被解释变量和部分控制变量数据均来自历年《中国城市统计年鉴》和《中国区域经济统计年鉴》。本章还利用插值法补齐了数据中存在的明显异常以及个别缺失数据。同时，在后续的实证分析中，所有以货币名义价值统计的变量，均以2004年为基期利用居民消费价格指数（CPI）进行平减，剔除物价因素的影响。主要变量的描述性统计见表6-1。

表6-1 　　　　　　　　　　　　　主要变量的描述性统计

变量	均值	标准差	最小值	最大值	观测值
$ais1$	0.8033	0.4046	0.0943	3.7575	2 870
$ais2$	2.2189	0.1362	1.8312	2.7722	2 870
$theil1$	−0.2755	0.2178	−1.7205	−0.0001	2 839
$theil2$	−2.9005	5.6311	−8.4773	−0.0117	2 839
new_debt	0.0680	0.1028	−0.0002	0.7902	1 621
sum_debt	0.1049	0.2070	0.0000	4.4585	1 611
$debt1$	2.2712	0.3624	0.7610	3.5989	1 076
$land$	0.0418	0.0354	0.0003	0.4246	2 500
$auto$	0.4869	0.2323	0.0544	1.5413	2 522
$lnpopden$	5.7100	0.9097	1.5476	7.8816	2 525
$lnwage$	10.2427	0.4445	8.7656	11.8284	2 852
$lnfdic$	10.3918	2.1714	2.1674	16.1182	2 736
edu	0.0159	0.0215	0.0001	0.1270	2 798
$retail$	0.3364	0.0871	0.1240	0.5939	2 871
$lnbook$	3.4278	0.8665	0.3784	8.3722	2 866
$lnmedical$	9.3104	0.7505	3.4012	11.9098	2 872
$road$	10.4532	8.0947	0.0200	200.0000	2 859

6.4 实证结果分析

6.4.1 基准回归结果

表6-2列示了根据式（6-1）进行的全样本回归结果。

从表6-2中可以看出，第（1）至（4）列和第（5）至（8）列分别列示的是没有加入任何控制变量和加入控制变量后的估计结果。由此可见，无论是否加入控制变量，回归结果均稳健，新增债务占GDP的比重与产业结构高度化和产业结构合理化之间均存在倒U型非线性关系，即产业结构由二进三的演化进程会随着地方政府债务规模的扩大而呈现先上升后抑制的局面。适度的债务规模能够促进产业结构高度化，具体而言，一方面，产业的技术创新和优化升级需要硬的基础设施和软的制度安排不断调整和完善，从而提高产业转型升级的概率。而地方政府通过适度规模的负债所筹资金主要投向了基础设施建设和公益性项目，通过招商引资能够发挥基础设施的最大效用，带动了当地制造业和与之相匹配的生产性服务业的发展，总体上促进了产业结构高度化。另一方面，通过负债行为所筹资金也会部分用于财政补贴和信贷支持、风险投资基金、公共研发基础平台建设乃至各类人才政策支持、重大科学创新攻关计划和高新技术产业园区建设等。地方政府事实上承担了技术研发和应用过程中面临的市场不确定性风险，集中资金优势和市场力量开展技术研发、推广和应用，发挥技术应用的规模经济效应和集聚效应，促进地区产业结构高度化（韩永辉等，2017）。实证结果也表明，地方政府债务的过度膨胀会抑制产业结构高度化。究其原因，一方面，地方政府债务的主要还款来源是土地出让收入，政府有动力推动房价上涨，生产成本的上升将会影响企业利润，阻碍制造业和服务业的发展。另一方面，2008年之后，地方政府债务急剧膨胀，基础设施建设却占用了大量金融资源，此时银行贷款的60%投向了基础设施与房地产开发，制造业和生产性服务业由于得不到金融的有效支持，使得债务扩张对相关行业产生了较大的挤出效应，抑制了产业结构高度化。以产业结构层次

表6-2　地方政府债务影响产业结构转型升级的基准回归结果

变量	(1) ais1	(2) ais2	(3) theil1	(4) theil2	(5) ais1	(6) ais2	(7) theil1	(8) theil2
new_debt	0.438**	0.100**	1.267***	13.753***	0.603***	0.117***	1.331***	13.910***
	(0.1998)	(0.0437)	(0.1633)	(3.6655)	(0.1648)	(0.0412)	(0.2007)	(4.9318)
new_debt_2	-0.162	-0.133***	-1.419***	-11.478**	-0.542**	-0.129***	-1.469***	-12.696*
	(0.3308)	(0.0485)	(0.2762)	(5.6638)	(0.2179)	(0.0458)	(0.3162)	(6.8163)
land					0.001	0.052**	-0.015	2.737
					(0.1241)	(0.0262)	(0.0615)	(3.1650)
auto					-0.029	-0.011	0.059	-0.263
					(0.0680)	(0.0154)	(0.0457)	(1.2574)
lnpopden					0.127	0.060	0.108	-1.703
					(0.1226)	(0.0431)	(0.0792)	(3.6465)
lnwage					-0.256***	-0.008	-0.002	-5.160**
					(0.0637)	(0.0151)	(0.0440)	(2.4592)
lnfdic					-0.061***	-0.010***	0.021***	0.487*
					(0.0133)	(0.0036)	(0.0083)	(0.2872)
edu					2.198	-0.150	-0.007	18.935
					(1.5802)	(0.2677)	(0.4192)	(16.1050)

续表

变量	(1) ais1	(2) ais2	(3) theil1	(4) theil2	(5) ais1	(6) ais2	(7) theil1	(8) theil2
retail					1.182*** (0.2277)	0.226*** (0.0567)	0.074 (0.1219)	-3.318 (4.6897)
lnbook					-0.034** (0.0138)	-0.006** (0.0030)	-0.006 (0.0082)	0.210 (0.5460)
lnmedical					-0.127*** (0.0488)	0.009 (0.0115)	0.013 (0.0292)	-0.109 (1.2581)
road					-0.001 (0.0014)	-0.001 (0.0003)	0.001** (0.0007)	0.023 (0.0605)
常数项	0.810*** (0.0276)	2.238*** (0.0055)	-0.191*** (0.0186)	-2.054*** (0.3584)	4.085*** (1.0563)	1.931*** (0.3169)	-0.127 (0.1797)	-39.310*** (13.8795)
个体效应	有	有	有	有	有	有	有	有
时期效应	有	有	有	有	有	有	有	有
R²	0.1318	0.4103	0.1633	0.0498	0.3815	0.4849	0.2263	0.1150
N	1 620	1 620	1 598	1 598	1 454	1 454	1 465	1 457

注：①括号内为聚类到城市层面的标准误；

②*、**、***分别表示10%、5%、1%的显著性水平，如无特殊说明，下同。

系数（$ais2$）替换的测度指标也同样存在倒 U 型关系。以第（5）列和第（6）列为例，根据拟合函数的一阶条件经过简单计算，可得倒 U 型曲线的拐点，即最优值分别为 0.56 和 0.45。样本期内以新增债务占 GDP 比值衡量的地方政府债务的均值约为 0.07，远低于地方政府债务的最优值。我们可以发现，地方政府债务高于 0.56 和 0.45 的样本多属于中西部地区，因此，地方政府债务扩张对产业结构高度化和合理化的影响可能存在地区差异，在之后的分样本回归中将进行具体阐述。

不论以哪种方式衡量产业结构合理化，两种指标刻画的产业结构合理化水平随着地方政府债务规模的扩张也存在倒 U 型特征。一方面，地方政府前期债务的积累投向的正是私人投资和民间投资无法完全触及的领域，有利于弥补市场外部性、信息不对称等缺陷，促进产业结构向着比较优势的方向发展，减少产业结构不合理变动的摩擦，加快资源在产业间的合理优化配置，从而使得产业结构更加合理和有效；另一方面，基础设施改善可以开辟市场并保证能源供应，使得大规模生产成为可能，诱发企业技术创新（蔡晓慧和茹玉骢，2016），提升高新技术企业绩效，促进产业结构合理化发展。而债务的过度扩张与地方政府盲目的投资冲动分不开，常常导致地方政府的财政压力急剧增大，对产业结构合理化的促进作用将会削弱。一方面，债务还本付息的负担会导致地方政府财政吃紧，政府预算紧缩，公共投资下降，并且地方政府债务的偿还主要依赖于土地出让收入，因此，地方政府会想方设法地阻止房价的下跌，这使得债务风险和土地财政风险累积在一起，严重时甚至会引发地方政府信用危机（钟辉勇和陆铭，2015）；另一方面，债务急剧膨胀会提高金融市场上的借贷利率，相应地挤出企业研发投资，引起非国有企业杠杆率的提高（Liang et al.，2017；Huang et al.，2020），从而产生信贷分配不当，导致金融资源配置扭曲（Cong et al.，2019），并有可能加剧宏观经济的短期波动。以上两方面的共同作用，使得地方政府债务的过度扩张抑制产业结构合理化。以第（7）列和第（8）列为例，经过简单计算，可得倒 U 型曲线的拐点，即最优值分别为 0.45 和 0.55。从控制变量的估计结果来看，虽然部分变量的统计显著性不佳，但是从符号方向来看也基本符合理论预期。

6.4.2 稳健性检验

我们通过更改指标测度、样本范围等控制了一些可能存在混淆的因素，发现倒 U 型的结论基本成立，结果依然稳健可信。

第一，更换解释变量的指标测度。（1）选取债务存量占 GDP 的比重来衡量地方政府债务规模。存量指标相比流量指标而言，能够更好地反映这一地区地方政府债务的累积程度，实证回归结果如表 6-3 第（1）至（4）列所示。采用存量指标衡量的地方政府债务也没有改变基本结论。（2）借鉴曹婧（2019）等的公开数据[①]，采用城投债口径[②]来衡量地方政府债务规模。虽然城投债只是地方融资平台融资方式的一种，并且所占的比值并不大，但是众多研究表明，城投债口径衡量的地方政府债务与总体的地方政府债务的变化方向基本一致（范剑勇和莫家伟，2014；Liang et al.，2017），实证回归结果如表 6-3 第（5）至（8）列所示。尽管部分指标的显著性水平有所下降，但是并没有改变前文倒 U 型的方向性论述。

第二，所有解释变量均滞后一期。由于解释变量可能和被解释变量之间存在双向因果关系，即产业结构转型升级会反向影响当期的债务水平，为了降低潜在内生性问题，本章将所有解释变量均滞后一期进行回归，实证结果如表 6-4 第（1）至（4）列所示。从中可以看出，新增债务占 GDP 的比重仍然与产业结构高度化和合理化存在倒 U 型关系。无论是从经济显著性还是从统计显著性来看，与基准回归结果基本一致。

第三，剔除行政等级高的城市。我国的行政体制下，行政级别更高的城市往往意味着拥有更多的政治资源和经济资源，并且在财政、金融、土地等方面有着先天优势。考虑到直辖市以及副省级城市[③]的行政

[①] 由于该数据中存在城投债发行额大量为0的情况，为了避免对实证结果产生干扰，我们剔除了城投债发行额为0的样本，并且主要使用单笔平均发行金额（加1取对数）进行衡量。
[②] 考虑到银行贷款是地方政府债务的主要来源之一，为了尽可能准确地衡量债务规模，同时也受限于数据的可获得性，本章参考张莉等（2018）和冀云阳等（2019）的做法，利用《中国城市建设统计年鉴》城市市政公用设施建设固定资产投资中来源于银行贷款部分加上城投债数据作为总体地方政府债务规模的代理变量，回归结果保持稳健。
[③] 我国的副省级城市包括5个计划单列市（大连、青岛、宁波、厦门、深圳）和10个省会城市（哈尔滨、长春、沈阳、西安、济南、杭州、成都、武汉、南京、广州）。

表6-3 更换指标测度的回归结果

变量	(1) ais1	(2) ais2	(3) theil1	(4) theil2	(5) ais1	(6) ais2	(7) theil1	(8) theil2
sum_debt	0.616***	0.105**	0.042**	2.696***				
	(0.1643)	(0.0444)	(0.0175)	(0.9902)				
sum_debt_2	−0.447***	−0.069*	−0.006*	−0.573***				
	(0.1526)	(0.0386)	(0.0039)	(0.2183)				
debt1					0.021	0.022*	0.075**	1.139
					(0.0123)	(0.0117)	(0.0345)	(2.7624)
debt1_2					−0.010*	−0.006**	−0.014*	−0.057
					(0.0062)	(0.0027)	(0.0080)	(0.6406)
控制变量	有	有	有	有	有	有	有	有
个体效应	有	有	有	有	有	有	有	有
时期效应	有	有	有	有	有	有	有	有
常数项	3.999***	1.312***	−0.217	34.874*	3.080***	2.259***	−2.043***	−3.473
	(1.0849)	(0.2665)	(0.4610)	(17.7575)	(1.0374)	(0.1971)	(0.5844)	(46.7876)
R²	0.3889	0.3567	0.0793	0.0673	0.4847	0.6798	0.1175	0.0371
N	1 445	1 469	1 563	1 545	1 028	1 028	1 013	1 013

表6-4

控制变量滞后一期以及剔除部分样本的回归结果

变量	(1) ais1	(2) ais2	(3) theil1	(4) theil2	(5) ais1	(6) ais2	(7) theil1	(8) theil2
new_debt	0.630***	0.081**	1.281***	13.778***	0.648***	0.128***	1.289***	14.119***
	(0.1448)	(0.0358)	(0.1936)	(4.6059)	(0.1779)	(0.0431)	(0.2057)	(5.2555)
new_debt_2	-0.365	-0.082**	-1.370***	-11.981*	-0.535**	-0.137***	-1.313***	-12.000*
	(0.2391)	(0.0400)	(0.3003)	(6.5518)	(0.2364)	(0.0488)	(0.3075)	(7.1997)
控制变量	有	有	有	有	有	有	有	有
控制变量滞后一期	有	有	有	有				
个体效应	有	有	有	有	有	有	有	有
时期效应	有	有	有	有	有	有	有	有
常数项	-0.175	1.859***	-0.149	-40.071***	4.662***	1.997***	0.095	-33.055**
	(0.7928)	(0.2915)	(0.1774)	(13.5839)	(0.9549)	(0.3340)	(0.1999)	(15.8281)
R^2	0.2014	0.4892	0.2279	0.1155	0.3638	0.4669	0.2090	0.1106
N	1 379	1 379	1 390	1 383	1 325	1 325	1 334	1 328

注：表中第（1）至（4）列的 new_debt 及其平方项均滞后一期进入回归。

级别高于一般地级市，而行政级别高的城市，一方面经济发展水平高、财政收入相对充裕、债务承受能力较强，另一方面对于地方政府债务的监管更加严格，在很大程度上不会出现盲目扩张的结果。为此，我们从样本中剔除直辖市和副省级城市，重复基准回归估计，实证结果如表6-4第（5）至（8）列所示。从中可以发现，确实如我们所预期的一样，剔除这部分样本后的回归结果一次项的系数值有所增大，并且倒U型曲线的拐点①即债务平衡点有所左移。一方面说明地方政府债务急剧扩张的现象更有可能发生在监管不够严格的一般地级市，另一方面债务平衡点的左移也说明一般地级市的债务耐受性较差，产业结构受到地方政府债务的影响更为明显。

6.4.3　内生性问题处理

本章可能存在因遗漏变量以及政府债务和产业结构转型升级之间的反向因果关系而导致估计结果的偏误。为了得到无偏一致的估计量，本章采用以下两种方法尽可能地加以处理：

（1）采用两步系统GMM（Two Step SYS-GMM）方法进行估计。面板GMM估计方法比较适合"大N小T"的情形，本章的样本结构符合这一特征。首先，我们对原始数据去除城市层面个体均值，然后在回归中加入时间虚拟变量，以此控制个体固定效应和时期固定效应。其次，通过Sargan检验判定工具变量的有效性，Arellano-Bond AR检验判定模型误差项的序列相关性。其中，工具变量选取核心解释变量的1~2阶滞后，所有控制变量均设定为外生变量。

SYS-GMM的回归结果见表6-5。从中可以看出，在加入控制变量以及控制个体和时间固定效应的情况下，没有改变前文的基本结论。一次项显著为正，二次项显著为负，即使更换估计方法之后，地方政府债务规模和产业结构转型升级之间仍存在显著的倒U型关系。尽管债务水平的回归系数大小与基准回归结果存在些许不一致，但显著性水平不存在明显差异。对模型设定合理性和工具变量有效性的检验结果表明，误

---

①　倒U型曲线的拐点即为抛物线的顶点，对应式（6-1）的计算方法为$(-\beta_1/2\beta_2)$，这里不再一一列出。

差项的差分存在一阶自相关但不存在二阶自相关，Sargan 检验的结果也接受所有工具变量均有效的原假设。综上可知，即便考虑了模型可能存在的内生性问题，地方政府债务的显著性水平和估计方向依旧未发生明显变化，差异仅体现为回归系数的大小。

表6-5   SYS-GMM的估计结果

变量	(1)	(2)	(3)	(4)
	$ais1$	$ais2$	$theil1$	$theil2$
$L.$被解释变量	0.889***	0.839***	0.386***	0.596***
	(0.0047)	(0.0054)	(0.0034)	(0.0009)
new_debt	0.023***	0.010***	0.037**	3.936***
	(0.0058)	(0.0031)	(0.0057)	(0.1228)
new_debt_2	−0.795***	−0.019***	−0.149***	−9.248***
	(0.0275)	(0.0069)	(0.0353)	(0.5231)
控制变量	有	有	有	有
个体效应	有	有	有	有
时期效应	有	有	有	有
常数项	0.111***	−0.034***	0.118***	6.791***
	(0.0051)	(0.0048)	(0.0116)	(0.2012)
AR（1）检验	0.0000	0.0000	0.0000	0.0014
AR（2）检验	0.9085	0.3013	0.1005	0.2740
Sargan 检验	0.5909	0.6333	0.2520	0.6886
N	1 453	1 453	1 421	1 426

注：各检验标注的为 P 值，括号内为标准误，$L.$为一期滞后算子。

（2）构造工具变量进行估计。本章借鉴 Fisman and Svensson（2007）提出的工具变量构造方法，以地级市所在省份其他城市地方政府债务的均值作为工具变量，从而利用 2SLS 方法对式（6-1）进行重新估计。首先，考虑到同一省份内部各地级市的要素禀赋、地理位置、历史文化等经济社会因素较为类似，而且同在一个行政区域，各地级市官员由于晋升锦标赛和标尺竞争，导致该地级市的债务水平和同一省份内部其他地级市的均值水平高度相关，满足工具变量与内生变量的相关性假定。其次，相较于本地的债务水平，同一省份内部其他地级市的债务对本地级市的产业结构影响较小，满足外生性假定。需要指出的是，由于主回归中涉及二次项，因此，我们使用工具变量两步法来解决内生性问题。由于该方法下我们无法进行过度识别检验，因此，本章只给出第一阶段的F检验。

为了进一步确认该工具变量的有效性，表6-6（A）列示了第一阶段回归的估计结果。从中可以看出，本章构造的工具变量与实际地方政府债务的相关系数在0.6左右并且十分显著，可以认为该工具变量满足相关性要求。而且，从第一阶段回归F统计量的显著性水平来看，本章所选的工具变量与内生变量也是相关的。从表6-6（A）第（1）和（2）列的估计结果来看，无论是否控制城市层面变量，其F统计量均大于经验取值10，表明该工具变量不存在弱相关问题。第二阶段回归的估计结果如表6-6（B）所示，从第（1）至（4）列的回归结果可以看出，除了$ais1$的二次项不显著之外，其他被解释变量的估计都呈现倒U型关系，这说明我们的回归结果总体来看是稳健的。

表6-6　　　　　　　　　　　工具变量2SLS的估计结果

（A）2SLS第一阶段回归		
被解释变量：地方政府债务	（1）	（2）
债务工具变量	0.633***	0.585***
	（0.0381）	（0.0386）
控制变量	无	有
个体效应	有	有
时期效应	有	有
第一阶段F统计量	103.48	65.15
	（0.0000）	（0.0000）
R^2	0.4317	0.5018
N	1 581	1 454

续表

被解释变量：产业结构指标	（1）	（2）	（3）	（4）
	ais1	ais2	theil1	theil2
债务拟合值	0.778***	0.311***	1.626***	15.334**
	(0.2176)	(0.0928)	(0.2584)	(6.5958)
债务拟合值的平方	0.094	−0.336***	−1.731***	−10.198
	(0.2991)	(0.1128)	(0.4579)	(11.1773)
控制变量	有	有	有	有
个体效应	有	有	有	有
时期效应	有	有	有	有
常数项	3.520***	1.886***	0.028	−27.785*
	(0.6382)	(0.2947)	(0.1823)	(15.9014)
R²	0.3922	0.4902	0.2567	0.1127
N	1 454	1 454	1 433	1 433

（B）2SLS第二阶段回归

注：F统计量括号内为P值，其他为标准误。

6.4.4 细分行业就业份额视角的进一步考察

前文我们将产业结构特征区分为高度化和合理化进行分析，但是债务扩张具体会对哪些产业部门产生影响？其倒U型关系是否在各产业部门间均存在？其背后的具体情况如何展开我们一无所知，因此，十分有必要探讨地方政府债务扩张对各产业内部结构特征的影响机制。这里我们将城市内部产业结构的构成细化为19个类型，分别从制造业、建筑业、房地产业、生产性服务业、消费性服务业和公共性服务业的就业份额视角进行更加细致和纵深的解读。

表6-7中，我们分别将各类不同性质产业从业人员占该地区总从业人员的比重以及生产性服务业与制造业的从业人员比值作为被解释变量进行回归。整体而言，除了房地产行业之外，地方政府债务对产业内部不同行业就业人数占比的影响均满足倒U型关系，其区别只是显著性水

表6-7

就业份额视角的回归结果

变量	(1) 制造业	(2) 建筑业	(3) 房地产业	(4) 生产性服务业	(5) 消费性服务业	(6) 公共性服务业	(7) 生产性服务业/制造业
new_debt	3.269**	1.553***	−1.138**	5.645	5.862	3.306**	0.106
	(1.4035)	(0.5181)	(0.4797)	(3.7305)	(6.3458)	(1.6194)	(0.0767)
new_debt_2	−5.099**	−1.894**	1.419*	−13.933**	−16.549*	−4.734*	−0.262**
	(2.0874)	(0.7918)	(0.7331)	(5.7013)	(9.5725)	(2.4750)	(0.1150)
控制变量	有	有	有	有	有	有	有
个体效应	有	有	有	有	有	有	有
时期效应	有	有	有	有	有	有	有
常数项	39.664***	1.878***	0.133***	−52.479**	−87.676**	−2.297	0.133
	(5.6152)	(0.3078)	(0.0285)	(22.1645)	(37.2349)	(9.6218)	(0.4642)
R²	0.3354	0.4077	0.3713	0.2944	0.1443	0.5356	0.0572
N	1 362	1 455	1 455	1 455	1 434	1 455	1 359

注：①由于城市农业生产规模相对较小，因此与大多数研究一致，本章只考察第二、三产业。服务行业的分类中，仓储和邮电业、信息传输、计算机服务和软件业、金融业、租赁和商务服务业、科学研究、技术服务和地质勘查业归为生产性服务业；将水利、环境和公共设施管理业、教育业、卫生、社会保障和社会福利业、文化、体育和娱乐业、公共管理和社会组织归为公共性服务业；将批发和零售业、住宿和餐饮业、房地产业、居民服务和其他服务业归为消费性服务业（邵朝对等，2016）。

②括号内为标准误，*、**、***分别表示10%、5%、1%的显著性水平。

③第（4）列中 new_debt 的 P 值为 0.13，第（7）列中 new_debt 的 P 值为 0.16。

平的不同，并且二次项的系数均显著。这表明从就业份额来看，地方政府债务扩张引致城市内部产业结构变迁的机制现象可能更多地发生在过度膨胀之后，并且抑制了城市内部各个产业部门的转型升级。从第（1）至（6）列的估计结果可以发现，地方政府债务扩张对制造业、建筑业、房地产业和生产性服务业的影响最为显著。究其原因，从我国地方政府债务资金投向来看，其主要用于基础设施建设和公益性项目，约70%投向交通运输和市政建设，约10%投向土地收储（范剑勇和莫家伟，2014）。这也为地方政府官员的举债初衷是通过加强基础设施建设、提高公共服务质量进行招商引资，发展劳动和资本密集型的制造业和生产性服务业进而获得政治晋升机会提供了机制上的经验证据。经拟合函数的一阶条件，计算出了第（1）至（4）列地方政府债务临界值，分别为0.32、0.41、0.40、0.20。随着地方政府债务扩张越过临界值，其对城市内部不同性质行业尤其是制造业、建筑业和生产性服务业的抑制作用最为显著。而地方政府债务急剧膨胀后却促进了房地产业的发展，究其根源，2008年之后，地方政府在土地财政和土地金融双轮驱动的发展模式下，土地价格迅速上涨并带动了房价的上升，进而促进了房地产行业的繁荣。第（1）、（4）、（7）列的估计结果表明，债务的过度膨胀会导致制造业向低附加值和低技术含量、增长粗放的模式演变，甚至会损害与之相匹配的生产性服务业的发展和市场自发的匹配和集聚效应，从而使得以生产性服务业和制造业从业人员比值衡量的产业结构升级水平呈现出倒U型分布。这也表明在晋升压力和赶超压力下，地方政府常常具有盲目的投资冲动，通过过度负债融资的方式透支未来发展空间以保持短期经济增长。

6.4.5 异质性分析

6.4.5.1 区域异质性

通过借鉴吕健（2015）[①]对地方政府债务地区差异的划分，按高、低债务省份进行分组检验，具体见表6-8。

---

① 该文献也指出，债务水平较低的15个省份主要为东部沿海省份和中部个别发展较好的省份如安徽、河南等，而债务水平较高的16个省份均分布在中西部地区。

表6-8 按高、低债务省份分组的回归结果

变量	低债务省份				高债务省份			
	(1)	(2)	(3)	(4)	(5)	(6)	(7)	(8)
	ais1	ais2	theil1	theil2	ais1	ais2	theil1	theil2
new_debt	−0.081	0.066	1.461***	13.727**	0.721**	0.148**	1.742***	21.888*
	(0.3304)	(0.0654)	(0.2983)	(6.8583)	(0.3053)	(0.0698)	(0.3511)	(11.4581)
new_debt_2	1.574	−0.003	−1.960***	−6.538	−0.667*	−0.155**	−1.923***	−22.656
	(0.9857)	(0.1354)	(0.7031)	(15.8415)	(0.3685)	(0.0701)	(0.4965)	(14.0303)
控制变量	有	有	有	有	有	有	有	有
个体效应	有	有	有	有	有	有	有	有
时期效应	有	有	有	有	有	有	有	有
常数项	4.696***	2.146***	−0.162	33.991***	1.763	1.469**	0.484	−10.391
	(1.3134)	(0.3838)	(0.2161)	(12.1674)	(1.6534)	(0.5916)	(0.3174)	(25.1207)
R^2	0.4764	0.5415	0.2435	0.1699	0.4256	0.4463	0.2955	0.1249
N	890	890	889	886	564	564	576	571

表6-8第（1）至（4）列的回归结果表明，低债务省份债务扩张对产业结构高度化的作用不显著，但是会影响产业结构的合理布局。而高债务省份大部分分布在中西部地区，地方政府债务扩张对产业结构高度化和合理化均会产生显著影响。其可能的原因是，低债务省份产业结构体系相对完善，工业布局更加合理，而且债务规模本身就比较小，对产业结构高度化的影响自然不显著。但是，债务本身主要投向的是基础设施建设，这可能会影响东部地区原先具有比较优势的产业，进而影响产业结构合理化程度。而对高债务省份即中西部地区而言，由于在地理区位、要素禀赋、制度环境方面处于劣势，自然对快速推进产业结构升级的愿望更加强烈。初期债务的增长能够弥补中西部地区在资金上的匮乏，改善基础设施建设和营商环境，从而能够迅速推进产业结构高度化和合理化。但是，过度负债导致的负面效应十分明显，一方面，以土地出让金作担保进行的过度债务融资反而使得土地城市化快于人口城市化，容易造成城市化失衡，并且债务资金过多投入建筑业形成大量的

"空城""鬼城",无法形成人口集聚和产业集聚,抑制了生产性服务业的发展;另一方面,中西部地区在文化、体育和娱乐业以及教育、卫生和社会福利业等公共性服务业上的投入几乎为零(司海平等,2017),因此,在居民服务和消费模式等需求端对地区产业结构转型升级形成阻滞效应。

6.4.5.2 按主动负债和被动负债分时期检验

本章借鉴曹婧等(2019)的做法,将样本分为被动负债时期(2005—2008年)和主动负债时期(2009—2014年),重复基准回归。如表6-9第(1)至(9)列所示,在被动负债阶段,地方政府债务主要对产业结构高度化和合理化产生正向促进作用,而二次项均不显著,可见,此阶段债务规模较为适度,并且有利于产业结构转型升级;在主动负债阶段,债务规模急剧膨胀导致倒U型关系更加明显,其结果表明地方政府债务对产业结构的不利影响主要体现在2008年之后。

6.4.6 中介效应的检验和估计

地方政府引致的债务增长在一定程度上促进了产业结构高度化和合理化,但是过度膨胀后会产生抑制效应,前文已经基于实证分析证明了两者之间存在显著的倒U型关系。但是,地方政府债务引致的产业结构效应具体是通过何种途径产生作用的?倒U型关系的存在说明了效应的分解应该具有正负两方面的反馈调节机制。通过理论机制分析,发现地方政府债务扩张影响产业结构转型升级可能存在正向的基础设施投资潮涌效应和负向的要素价格扭曲效应。本章将遵循前文实证分析结果的理论框架和逻辑思路,从供给和需求层面进行解析。通过借鉴温忠麟等(2004)的研究,构建中介效应模型如下:

$$is_{it} = \tau + \omega new\_debt_{it} + X'_{it}\varphi + \mu_i + \lambda_t + \varepsilon_{it} \qquad (6\text{-}7)$$

$$M_{it} = \tau + \gamma new\_debt_{it} + X'_{it}\varphi + \mu_i + \lambda_t + \varepsilon_{it} \qquad (6\text{-}8)$$

$$is_{it} = \tau + v_1 new\_debt_{it} + v_2 M_{it} + X'_{it}\varphi + \mu_i + \lambda_t + \varepsilon_{it} \qquad (6\text{-}9)$$

其中,M_{it}代表中介变量,分别选择城市资本存量(lnk)和要素价格总扭曲($dist$)进行验证;选取产业结构高度化($ais1$)和产业结构合理化($theil1$)作为被解释变量;其他变量的定义与前文一致。

表6-9 按时期分组检验的回归结果

变量	被动负债（2005—2008年）					主动负债（2009—2014年）			
	(1)	(2)	(3)	(4)	(5)	(6)	(7)	(8)	(9)
	ais1	ais2	theil1	theil1	theil2	ais1	ais2	theil1	theil2
new_debt	0.447*	0.135*	0.108	0.074*	8.651*	0.996**	0.146***	1.418***	15.359***
	(0.2414)	(0.0797)	(0.0820)	(0.0418)	(5.0510)	(0.4587)	(0.0331)	(0.2053)	(5.6180)
new_debt_2	-0.714	-0.219	-0.118		-14.982	-1.204*	-0.082*	-1.556***	-14.850*
	(0.5695)	(0.1829)	(0.1571)		(12.4281)	(0.6170)	(0.0481)	(0.3204)	(7.9309)
控制变量	有	有	有	有	有	有	有	有	有
个体效应	有	有	有	有	有	有	有	有	有
时期效应	有	有	有	有	有	有	有	有	有
常数项	-3.105*	1.826***	0.017	-0.173	-21.221*	-0.319	1.246***	-0.139	-50.274***
	(1.7080)	(0.5189)	(0.4598)	(0.7017)	(11.3011)	(1.0786)	(0.2108)	(0.1858)	(17.2895)
R^2	0.5847	0.1347	0.1164	0.0229	0.1211	0.4154	0.4467	0.2112	0.1054
N	312	314	315	312	315	1 142	1 142	1 150	1 142

基础设施投资机制的回归结果见表6-10。

表6-10　　　　　　基础设施投资的正向促进效应机制分析

变量	（1）	（2）	（3）	（4）	（5）
	ais1	theil1	lnk	ais1	theil1
new_debt	0.304**	0.648***	0.131*	0.232***	0.239***
	(0.0587)	(0.0526)	(0.0755)	(0.0365)	(0.0461)
lnk				0.216***	0.143***
				(0.0213)	(0.0062)
控制变量	有	有	有	有	有
个体效应	有	有	有	有	有
时期效应	有	有	有	有	有
常数项	4.006***	−0.165***	14.337***	7.110***	−1.113***
	(0.6554)	(0.0822)	(0.8294)	(0.6916)	(0.0795)
R^2	0.3761	0.4471	0.9589	0.6259	0.4226
N	1 454	1 465	1 455	1 454	1 465

注：括号内为标准误，下同。

根据中介效应的检验程序，第一步，对式（6-7）进行基准回归，检验结果如表6-10第（1）和（2）列所示，表明地方政府债务的一次项对产业结构高度化和合理化的综合效应均在1%的水平下显著为正，继续检验；第二步，对式（6-8）进行回归，检验地方政府债务扩张对城市资本存量的影响是否显著，回归结果如表6-10第（3）列所示，表明地方政府债务从供给端促进了固定资产投资和城市资本积累，系数在10%的水平下显著，继续检验；第三步，如式（6-9）所示，将地方政府债务和基础设施投资代理变量同时加入回归模型中，回归结果见表6-10第（4）和（5）列，new_debt的系数变小，而城市资本存量对产业结构高度化和合理化的影响系数均在1%的水平下显著为正。因此，地方政府债务在供给端通过基建投入促进了城市资本积累，进而对产业结构高度化和合理化产生显著促进作用。

要素价格扭曲机制的回归结果见表6-11。

表6-11 要素价格扭曲的负向抑制效应机制分析

变量	要素价格扭曲机制					要素价格扭曲效应分解		
	(1) ais1	(2) theil1	(3) dist	(4) ais1	(5) theil1	(6) distK	(7) distL	(8) distE
new_debt	0.304**	0.648***	3.490**	0.296***	0.647***	7.576**	−0.385***	16.734***
	(0.0587)	(0.0526)	(1.6702)	(0.0584)	(0.0526)	(3.8462)	(0.1488)	(3.6048)
dist				−0.007***	−0.007***			
				(0.0018)	(0.0022)			
控制变量	有	有	有	有	有	有	有	有
个体效应	有	有	有	有	有	有	有	有
时期效应	有	有	有	有	有	有	有	有
常数项	4.006***	−0.165***	44.009***	4.305***	−0.146*	98.479***	8.668***	69.600***
	(0.6554)	(0.0822)	(9.9233)	(0.6467)	(0.0842)	(22.8517)	(0.8843)	(21.4180)
R^2	0.3761	0.4471	0.3530	0.3833	0.2060	0.3780	0.4471	0.6259
N	1 454	1 465	1 455	1 454	1 465	1 455	1 455	1 455

中介效应的检验过程同前，这里不再赘述。从表6-11中可以看出，地方政府债务扩张确实导致了总体要素价格扭曲的上升，进而抑制了产业结构高度化和合理化。具体来看，其主要引起了资本和能源要素价格的扭曲，但是减小了劳动力要素价格的扭曲。其可能的原因是，限于我国城乡二元经济结构，农村拥有大量的剩余劳动力，而地方政府债务引致的基础设施建设以及建筑业和制造业的发展需要大量的劳动力投入，从而短期内促进了农村剩余劳动力的转移和就业，减小了劳动力要素价格的扭曲程度。因此，地方政府负债融资被认为是财力有限的地方政府推动城市化建设的重要力量（司海平等，2017）。最后，本章构造了Sobel统计量，对中介变量的系数进行再次检验。通过计算乘积项 γv_2 的标准误，公式为 $s_{\gamma v_2} = \sqrt{\hat{\gamma}^2 s_{v_2}^2 + \hat{v}_2^2 s_\gamma^2}$，其中，$s$ 表示相应估计系数的标准误，检验的统计量 $Z = \hat{v}_2 / s_{\gamma v_2}$，分别对相应的中介变量进行计算，得到对应的统计量 Z 也都通过了5%水平的显著性检验。

6.5 本章小结

地方政府债务扩张以及所带来的经济社会效应受到学界和政策制定者的高度关注，本章通过将2005—2014年地方政府融资平台债务数据加总到城市层面，讨论了地方政府债务对产业结构高度化和合理化的影响及其内在逻辑机制。通过实证研究有如下发现：

第一，控制个体和时间固定效应以及通过内生性和稳健性检验后，地方政府债务对产业结构高度化和合理化的影响均存在倒U型关系。地方政府债务规模的适度扩张能够促进产业结构高度化和合理化发展，但是随着债务规模急剧膨胀并超越债务平衡点，其影响呈现出抑制效应。细分行业视角下，以就业份额衡量的产业结构内部特征也支持这一论证。并且，行政等级低的城市的债务平衡点也较低。

第二，上述影响呈现出时期差异和区域异质性。低债务省份主要分布在东部地区，而高债务省份几乎全部分布在中西部地区。具体来看，相比于经济发展水平和市场化程度较高的低债务省份，高债务省份倒U

型的关系更加明显，而低债务省份主要影响产业结构合理化水平，对产业结构高度化不产生影响。分时间段的异质性表明，负向影响主要体现在 2008 年金融危机之后。

第三，倒 U 型关系说明了产业结构效应的分解应该存在正负两方面的反馈调节机制。因此，进一步的机制分析发现，债务扩张通过正向的基础设施投资潮涌效应和负向的要素价格扭曲效应作用于城市产业结构，导致整个样本期内存在倒 U 型分布。

第7章 结论、建议与展望

7.1 主要结论

我国的产业结构变迁深受地方政府政策与行为的影响，尤其体现在地方政府的财政收支行为上。本书将地方政府作为研究的出发点，以地方政府财政收支为主线，基于分税制改革后"以支定收"的财政收支体系，从理论和实证层面渐进式分析了中国式分权体制下的地方政府支出规模、地方政府的土地财政创收行为和土地金融模式下的地方政府债务对产业结构变迁的影响及机制。本书的主要研究内容和研究结论如下：

第一，本书对产业结构变迁的测度进行了介绍和说明，并基于我国产业结构变迁的特征事实，详细描述了其历史沿革和发展现状。对已有文献的指标测度进行梳理，发现基于产值比重和就业比重及其耦合关系衡量产业结构变迁仍然是测度指标的核心内容。因此，本书第3章从具体的概念界定出发，从狭义和广义测度上分析了我国的产业结构变迁过程，并基于政府干预的不同时期，从计划经济下重工业优先发展阶段

（1949—1977年）、纠正失衡和产业协调发展阶段（1978—1997年）、市场经济体制确立下内外需扩大和产业结构升级阶段（1998—2012年）、经济新常态以来产业结构调整阶段（2013年至今）等四个阶段详细阐述了我国产业结构变迁的历史沿革。从发展现状来看，地方政府作用下产业结构从低级到高级、从不协调不合理到比较协调合理的方向转变，不断优化升级，取得了瞩目成就。然而，也遇到了一系列的困境和挑战，具体体现为市场分割、重复建设与区域产业同构，产业发展模式粗放，环境污染、产能过剩等问题日益突出，以及现代服务业与先进制造业融合程度偏低等方面。

第二，本书基于财政支出视角，研究了地方政府支出规模对产业结构的非线性影响及机制。分税制改革后，地方政府支出规模逐渐膨胀，而财政转移支付存在的"粘纸效应"进一步加剧了这一现象，使得基层政权呈现"悬浮"状态，降低了地方政府的行政效率，深刻地影响了产业发展。因此，本书第4章基于2003—2015年中国282个地级及以上城市的面板数据，通过构建多因素面板平滑转换模型（PSTR模型），分别以经济发展水平（$lnpgdp$）和地方政府规模（gs）自身作为转换变量，检验了地方政府规模变动与城市产业结构升级之间的非线性特征。研究结果表明：（1）地方政府规模变动对产业结构升级表现出明显的非线性效应，并且二者之间具有连续平滑转换机制。尽管分别将$lnpgdp$和gs作为转换变量的模型最终的影响系数有正有负，但从初始效应的渐进变化趋势来看都呈现出逐渐变小的趋势，即地方政府规模对产业结构升级所产生的促进作用随着经济发展水平的提高而不断减弱，并且其自身规模不断膨胀后对产业结构升级所产生的最终影响效应为负。（2）稳健性检验的结果验证了基本结论，表明科教文卫支出占比在一定程度上能够替代政府规模的测度指标，对产业结构升级的影响效应同样受自身规模所限，当超过门限值时，对产业结构升级的正向促进作用仍然会存在显著的负向弱化效应。（3）进一步的机制检验结果表明，地方政府规模通过正向的投资潮涌效应和负向的创新驱动效应作用于城市产业结构。

第三，本书基于财政收入视角，研究了地方政府创收行为下的土地财政对服务业结构升级的影响及机制。分权体制下，地方政府对土地财政的依赖可能是导致中国经济高速增长和服务业结构升级滞后并存的重要诱因。因此，本书第5章基于2006—2015年中国277个地级及以上城市的面板数据，运用系统广义矩（SYS-GMM）估计方法和中介效应模型实证检验了土地财政对服务业结构升级的影响及其内在逻辑机制。研究发现：（1）地方政府对土地财政的依存度增加会显著抑制生产性服务业和高端服务业的结构升级，在加入可能对估计结果产生干扰的控制变量，同时更换指标和样本的情况下，结论依然稳健。而这与产业加总层面土地出让收入增长促进第二产业和第三产业增加值比重上升的结论相悖，一方面，反映了土地财政导致以房地产业等为代表的生活性服务业的发展反而造成了对生产性服务业的挤压；另一方面，也证实了"中国经济高速增长与服务业升级滞后并存之谜"可以从生产性服务业和高端服务业发展相对滞后的角度加以解释。（2）土地财政是分权体制下的一种典型的地方政府行为，而市场有效性的发挥能够及时纠正土地财政的负面效果。进一步的交互作用发现，财政分权程度和市场化水平的提高能够显著减弱土地财政对服务业结构升级的负面效应。（3）土地财政对服务业结构升级的影响存在地区异质性，负向影响显著存在于中西部地区。并且，分时期的检验也发现，这一负向效应在2008年之后更加突显。（4）中间机制检验的结果表明，基于要素错配视角下，土地财政会在要素供给端和需求端造成土地资源错配和城市化失衡，并且抑制城市创新能力的提升，进一步导致生产性服务业结构升级滞后。

第四，本书基于地方政府创收行为下的土地金融视角，研究了地方政府债务对产业结构转型升级的影响及机制。土地金融模式虽然给地方政府乃至整个中国经济创造了一个低息的融资环境，但是也给地方政府积累了巨大的债务风险和财政风险。基于现有研究中对地方政府债务指标测度的局限性，本书第6章通过借鉴Huang et al.（2020）的方法，将地方政府融资平台公司的总负债加总到地级市层面作为量化地方政府债务的指标，以更加接近于真实的债务水平。研究发现：（1）债务扩张与产业结构高度化和合理化之间均存在显著的倒U型关系，即适度的债务规模能够促进产业结构高度化和合理化，但过度扩张会产生抑制作用。

通过多种稳健性检验，并且更改估计方法、构造工具变量等内生性问题处理后，结论依然成立。（2）细分行业视角下，以就业份额衡量的产业结构内部特征也支持这一论证，并且行政等级低的城市的债务平衡点也较低。（3）上述影响呈现出时期差异和区域异质性。具体来看，相比于经济发展水平和市场化程度较高的低债务省份，高债务省份倒 U 型的关系更加明显，而低债务省份主要影响产业结构合理化水平，对产业结构高度化不产生影响。分时间段的异质性表明，负向影响主要体现在 2008 年金融危机之后。（4）倒 U 型关系说明了产业结构效应的分解应该存在正负两方面的反馈调节机制。因此，进一步的机制分析发现，债务扩张通过正向的基础设施投资潮涌效应和负向的要素价格扭曲效应作用于城市产业结构，导致整个样本期内存在倒 U 型分布。

7.2 政策建议

本书丰富了产业结构变迁和分权体制下地方政府行为相关领域的研究。当前，中国经济由高速增长阶段转向以不断推进供给侧结构性改革、加快新旧动能转换的高质量发展阶段，显然，不断推进高端制造业和现代服务业融合发展、促进产业结构优化升级是推进我国供给侧结构性改革的必由之路。发挥市场在资源配置中的决定性作用的同时，地方政府的作用也不容忽视。本书将从地方政府规模、土地财政、土地金融等三个方面分别提出从地方政府视角出发促进我国产业结构转型升级的相应政策建议。

第一，从地方政府规模维度来看，需要优化政府既定财政资源下的结构性变动、抑制地方政府规模的过度膨胀，优化服务改革、精简机构、裁减冗员，加快转变政府职能。具体而言，首先，抑制地方政府规模尤其是中西部地区政府规模的过度膨胀，合理制定财税政策，并对其执行合理有效的监督机制，完善官员政绩考核评价体系，加强政府监管力度，可以通过官员财产申报等制度创新以避免寻租行为的发生以及地方政府可能出现的策略性行为，消除地方政府对产业部门间要素流动的扭曲和不当干预。其次，优化城市产业结构需要从长远的改革角度考虑，应该将全国作为一个整体，而不应该分区域采取不同的发展战略从而转移了政府大量但同时极其有限的财政资源，应该促进人力、物力及其他资源的跨区域流动，发挥集聚经济在人口、空间和产业上的优势，从而平衡地区间的经济发展。最后，应该尽快推进行政管理体制改革，加快转变政府职能，提高地方政府效率，建设发展型和服务型政府。进一步推进简政放权、放管结合、优化服务改革的同时，应该加大公共财政支出中科教文卫支出的比重，当然，也应该注意投资性支出和科教文卫支出比例的协调，发挥公共财政支出的最大效用，从而能够更加有效地促进城市产业结构优化升级。

第二，从地方政府创收行为下的土地财政维度来看，需要适时改革土地征用和出让制度、弱化经济增长目标考核，从而减少地方政府的短视行为和扭曲行为。具体而言，首先，逐步完善土地财政制度，提高土地利用效率。土地财政对服务业结构升级的抑制作用得到了理论和实证层面的验证，因此，需要改革土地征用和出让制度，减少地方政府在土地资源配置中的短视行为和扭曲行为，发挥市场在资源配置中的决定性作用。其次，合理调整政府间财政分配关系，弱化经济增长目标考核。由于分税制以来中央和地方之间财权和事权的不匹配，导致基层政府的财政压力不断加大，因此需要加强中央政府的事权责任或是给予地方政府更多的自有收入，降低地方政府对土地财政的依赖程度。最后，大力推进先进制造业和生产性服务业尤其是高端服务业的深度融合发展。现代服务业和高端制造业的深入融合带来的服务制造化和制造服务化能够创造更广阔的利润空间和增长潜力。由于生产性服务业具有对资本和劳动要素较强的集聚能力，通过发展全要素生产率较高的生产性服务业，一方面能够避免单独的服务业发展造成产业结构脱实向虚，有助于摆脱土地财政的不良格局；另一方面有助于提高我国制造业在国际产业链中的分工地位，对现阶段我国先进制造业的高质量发展具有重要现实意义。

第三，从地方政府创收行为下的土地金融维度来看，需要正确认识地方政府债务，在合理调整政府间财政分配关系、尽量减少地方政府债务过度膨胀的体制成因的同时，需要充分考虑地区差异，防范和化解债务风险。具体而言，首先，由于地方政府债务的产业结构效应为倒 U 型分布，因此应该辩证地看待二者之间的关系。从举债的规模大小来看，适度的债务规模能够促进产业结构高度化和合理化，因此也要求地方政府与研究机构加强合作、深入探索，准确把握适用于本地区的债务平衡点，积极发挥正向促进作用。其次，充分考虑地区差异，设计多档债务上限，进一步规范地方政府的债务融资行为，完善违规举债的问责机制。尤其是中西部地区，一方面，应避免将过多的资金投向建筑业从而造成投资浪费，而引导资金更多地向能够改善民生的生产性服务业和公共性服务业倾斜，增进城市化与基础设施服务的配套程度；另一方面，在适度举债融资的同时，应该注意完善法律法规，加强知识产权保护，营造良好的营商环境和投资环境，提高资本的投资效率。最后，弱化地方政府官员的经济增长目标，完善地方政府的政绩考核体系。分权体制下，地方政府债务规模的急剧膨胀离不开体制性成因，应进一步改进和优化地方政府官员的考核方式和晋升机制，考虑将地区的法治水平、民生和公共服务供给、环境保护力度等因素纳入考核指标体系，防止因地方政府的投资冲动和官员的策略性行为抑制了产业结构转型升级。

7.3 研究局限与未来展望

7.3.1 指标测度局限性

（1）产业结构变迁的测度。我国目前的产业结构大多处于全球价值链的中低端，但是随着我国高端制造业和现代服务业的融合发展，产业结构升级使得我国逐渐从"中国制造"转变成"中国智造"。如何更好地融入全球价值链体系和国际产业分工，从进出口的视角对我国的产业结构变迁重新进行度量，比如对进口技术进步复杂度、制造业技术复杂度、显性比较优势等指标进行测度是未来拓展的侧重方向。

（2）地方政府债务的测度。地方政府债务不仅包括可量化的显性债务，还包括大量的难以准确测度的隐性债务，例如，负有担保责任及可能承担救助责任的或有债务。尽管本书借鉴 Huang et al.（2020）的方法，将地方政府融资平台公司的总负债加总到地级市层面作为量化地方政府债务的指标，以更加接近于真实的债务水平，但是限于数据的可获得性，地方政府真实的债务规模仍然难以直接衡量。

7.3.2 研究内容局限性

（1）"中国特色的财政联邦主义"分析的基点仍然是作为整体的地方政府，而本书关于地方政府官员的个人特征和行为并没有得到有效解读。事实上，中国式分权体制下，无论是经济分权还是行政分权，都是在中央政府和地方政府整体层面上发生的，这里只见机构而不见人。我国的特殊制度背景下，地方政府决策最终可能是一些主要地方政府官员决策的加总结果，而地方政府官员个体的激励和行为仍然是一个需要被打开的"黑箱"。为了更好地理解地方政府的财政收支行为，在今后的研究中我们必须深入理解这些主要地方政府官员个体层面上的激励和行为。

（2）基于中央政府与地方政府财政相互博弈的视角，一方面，本书还可以通过构建财政资金在不同政府级次间分配的理论模型对所要研究的问题进行理论阐述。而现有的理论模型大多基于地方政府财政行为和地方政府竞争的视角，研究财政分权对经济增长的影响居多，因此，如何进一步拓展仍然是未来需要努力的方向。另一方面，从财政分权这一制度背景出发，本书没有考虑地方政府在产业结构变迁中策略互动下的空间外溢效应，未来尚需借助空间计量模型，通过设定不同的空间权重矩阵来反映不同的空间关联范围，从而进行相应拓展。

（3）本书主要基于我国的实践进行分析，缺乏来自国外发达国家和新兴市场国家的对比研究。我国的产业结构变迁历程固然有其中国式分权的特殊制度背景，并且地方政府所起的推动作用也是其他国家不能相提并论的，但是来自新兴市场国家和发达国家在产业结构变迁中的历史经验也有值得借鉴的地方。因此，来自国际比较的经验证据也是我们未来需要进一步完善的地方。

参考文献

[1] 安苑，王珺. 财政行为波动影响产业结构升级了吗？——基于产业技术复杂度的考察 [J]. 管理世界，2012（09）：19-35；187.

[2] 蔡昉. 防止产业结构"逆库兹涅茨化" [J]. 财经界，2015（02）：26-29.

[3] 蔡晓慧，茹玉骢. 地方政府基础设施投资会抑制企业技术创新吗？——基于中国制造业企业数据的经验研究 [J]. 管理世界，2016（11）：32-52.

[4] 曹广忠，袁飞，陶然. 土地财政、产业结构演变与税收超常规增长——中国"税收增长之谜"的一个分析视角 [J]. 中国工业经济，2007（12）：13-21.

[5] 曹婧，毛捷，薛熠. 城投债为何持续增长：基于新口径的实证分析 [J]. 财贸经济，2019，40（05）：5-22.

[6] 车树林. 政府债务对企业杠杆的影响存在挤出效应吗？——来自中国的经验证据 [J]. 国际金融研究，2019（01）：86-96.

[7] 陈工，何鹏飞，梁若冰. 政府规模、政府质量与居民幸福感 [J]. 山西财经大学学报，2016，38（05）：11-21.

[8] 陈广桂. 中国财政供养率问题的初步研究 [J]. 当代经济科学，2003（04）：11-15；92.

[9] 陈抗，HILLMAN A L，顾清扬. 财政集权与地方政府行为变化——从援助之手到攫取之手 [J]. 经济学（季刊），2002（04）：111-130.

[10] 陈丽丽. 中国出口产品的国际竞争力和竞争路径：演进和国际比较 [J]. 国际贸易问题，2013（07）：15-25.

[11]　陈淑云，曾龙，李伟华 . 地方政府竞争、土地出让与城市生产率——来自中国 281 个地级市的经验证据 [J]. 财经科学，2017（07）：102-115.

[12]　陈硕，高琳 . 央地关系：财政分权度量及作用机制再评估 [J]. 管理世界，2012（06）：43-59.

[13]　陈思霞，卢盛峰 . 分权增加了民生性财政支出吗？——来自中国"省直管县"的自然实验 [J]. 经济学（季刊），2014，13（04）：1261-1282.

[14]　陈思霞，许文立，张领祎 . 财政压力与地方经济增长——来自中国所得税分享改革的政策实验 [J]. 财贸经济，2017，38（04）：37-53.

[15]　陈艳莹，原毅军，游闽 . 中国服务业进入退出的影响因素——地区和行业面板数据的实证研究 [J]. 中国工业经济，2008（10）：75-84.

[16]　陈钊，熊瑞祥 . 比较优势与产业政策效果——来自出口加工区准实验的证据 [J]. 管理世界，2015（08）：67-80.

[17]　陈志勇，陈莉莉 . 财税体制变迁、"土地财政"与经济增长 [J]. 财贸经济，2011（12）：24-29；134.

[18]　程大中 . 中国服务业增长的特点、原因及影响——鲍莫尔-富克斯假说及其经验研究 [J]. 中国社会科学，2004（02）：18-32；204.

[19]　程宇丹，龚六堂 . 财政分权下的政府债务与经济增长 [J]. 世界经济，2015（11）：3-28.

[20]　程宇丹，龚六堂 . 政府债务对经济增长的影响及作用渠道 [J]. 数量经济技术经济研究，2014（12）：22-37；141.

[21]　褚敏，靳涛 . 为什么中国产业结构升级步履迟缓——基于地方政府行为与国有企业垄断双重影响的探究 [J]. 财贸经济，2013（03）：112-122.

[22]　崔军，杨琪 . 新世纪以来土地财政对城镇化扭曲效应的实证研究——来自一二线城市的经验证据 [J]. 中国人民大学学报，2014，28（01）：55-64.

[23]　董万好，刘兰娟 . 财政科教支出对就业及产业结构调整的影响——基于 CGE 模拟分析 [J]. 上海经济研究，2012，24（02）：41-52.

[24]　豆建民，汪增洋 . 经济集聚、产业结构与城市土地产出率——基于我国 234 个地级城市 1999—2006 年面板数据的实证研究 [J]. 财经研究，2010，36（10）：26-36.

[25]　杜金华，陈治国 . 土地财政依赖对城市扩张的影响 [J]. 财经科学，2018（05）：79-89.

[26]　范剑勇，莫家伟 . 地方债务、土地市场与地区工业增长 [J]. 经济研究，2014，49（01）：41-55.

[27]　范子英，彭飞 ."营改增"的减税效应和分工效应：基于产业互联的视

角 [J]. 经济研究, 2017, 52 (02): 82-95.

[28] 范子英, 张军. 粘纸效应: 对地方政府规模膨胀的一种解释 [J]. 中国工业经济, 2010 (12): 5-15.

[29] 范子英. 土地财政的根源: 财政压力还是投资冲动 [J]. 中国工业经济, 2015 (06): 18-31.

[30] 方红生, 张军. 财政集权的激励效应再评估: 攫取之手还是援助之手? [J]. 管理世界, 2014 (02): 21-31.

[31] 傅勇, 张晏. 中国式分权与财政支出结构偏向: 为增长而竞争的代价 [J]. 管理世界, 2007 (03): 4-12; 22.

[32] 干春晖, 郑若谷, 余典范. 中国产业结构变迁对经济增长和波动的影响 [J]. 经济研究, 2011 (05): 4-16; 31.

[33] 高波, 陈健, 邹琳华. 区域房价差异、劳动力流动与产业升级 [J]. 经济研究, 2012, 47 (01): 66-79.

[34] 高楠, 梁平汉. 为什么政府机构越来越膨胀? ——部门利益分化的视角 [J]. 经济研究, 2015, 50 (09): 30-43.

[35] 高培勇. "量入为出"与"以支定收"——关于当前财政收入增长态势的讨论 [J]. 财贸经济, 2001 (03): 11-16.

[36] 龚六堂, 邹恒甫. 财政政策与价格水平的决定 [J]. 经济研究, 2002 (02): 10-16; 91.

[37] 龚强, 王俊, 贾珅. 财政分权视角下的地方政府债务研究: 一个综述 [J]. 经济研究, 2011 (07): 144-156.

[38] 郭步超, 王博. 政府债务与经济增长: 基于资本回报率的门槛效应分析 [J]. 世界经济, 2014 (09): 95-118.

[39] 郭朝先. 大力推进制造业和服务业融合发展 [J]. 中国国情国力, 2019 (07): 26-29.

[40] 郭克莎. 中国工业化的进程、问题与出路 [J]. 中国社会科学, 2000 (03): 60-71; 204.

[41] 郭小东, 刘长生, 简玉峰. 政府支出规模、要素积累与产业结构效应 [J]. 南方经济, 2009 (03): 51-61.

[42] 郭旭红, 武力. 新中国产业结构演变论述 (1949—2016) [J]. 中国经济史研究, 2018 (01): 133-142.

[43] 郭晔, 赖章福. 政策调控下的区域产业结构调整 [J]. 中国工业经济, 2011 (04): 74-83.

[44] 郭玉清. 逾期债务、风险状况与中国财政安全——兼论中国财政风险预警与控制理论框架的构建 [J]. 经济研究, 2011, 46 (08): 38-50.

［45］ 郭长林，胡永刚，李艳鹤．财政政策扩张、偿债方式与居民消费［J］．管理世界，2013（02）：64-77．

［46］ 郭志勇，顾乃华．制度变迁、土地财政与外延式城市扩张——一个解释我国城市化和产业结构虚高现象的新视角［J］．社会科学研究，2013（01）：8-14．

［47］ 韩国高，胡文明．要素价格扭曲如何影响了我国工业产能过剩？——基于省际面板数据的实证研究［J］．产业经济研究，2017（02）：49-61．

［48］ 韩永辉，黄亮雄，王贤彬．产业政策推动地方产业结构升级了吗？——基于发展型地方政府的理论解释与实证检验［J］．经济研究，2017（08）：33-48．

［49］ 洪正，胡勇锋．中国式金融分权［J］．经济学（季刊），2017，16（02）：545-576．

［50］ 黄春元，毛捷．财政状况与地方债务规模——基于转移支付视角的新发现［J］．财贸经济，2015（06）：18-31．

［51］ 冀云阳，付文林，束磊．地区竞争、支出责任下移与地方政府债务扩张［J］．金融研究，2019（01）：128-147．

［52］ 冀云阳，付文林，杨寓涵．土地融资、城市化失衡与地方债务风险［J］．统计研究，2019，36（07）：91-103．

［53］ 江小涓．服务业增长：真实含义、多重影响和发展趋势［J］．经济研究，2011，46（04）：4-14；79．

［54］ 姜磊．政府规模与服务业发展——基于中国省级单位面板数据的分析［J］．产业经济研究，2008（03）：1-6．

［55］ 金戈．中国基础设施与非基础设施资本存量及其产出弹性估算［J］．经济研究，2016（05）：41-56．

［56］ 孔宪丽，米美玲，高铁梅．技术进步适宜性与创新驱动工业结构调整——基于技术进步偏向性视角的实证研究［J］．中国工业经济，2015（11）：62-77．

［57］ 寇宗来，刘学悦．中国城市和产业创新力报告2017［R］．复旦大学产业发展研究中心，2017．

［58］ 雷潇雨，龚六堂．基于土地出让的工业化与城镇化［J］．管理世界，2014（09）：29-41．

［59］ 李虹，邹庆．环境规制、资源禀赋与城市产业转型研究——基于资源型城市与非资源型城市的对比分析［J］．经济研究，2018，53（11）：182-198．

［60］ 李力行，申广军．经济开发区、地区比较优势与产业结构调整［J］．经济

学（季刊），2015，14（03）：885-910.

[61] 李明，李德刚，冯强. 中国减税的经济效应评估——基于所得税分享改革 "准自然试验" [J]. 经济研究，2018，53（07）：121-135.

[62] 李尚骜，龚六堂. 非一致性偏好、内生偏好结构与经济结构变迁 [J]. 经济研究，2012，47（07）：35-47.

[63] 李寿生. 关于21世纪前10年产业政策若干问题的思考 [J]. 管理世界，2000（04）：49-58.

[64] 李郇，洪国志，黄亮雄. 中国土地财政增长之谜——分税制改革、土地财政增长的策略性 [J]. 经济学（季刊），2013，12（04）：1141-1160.

[65] 李勇刚，高波，许春招. 晋升激励、土地财政与经济增长的区域差异——基于面板数据联立方程的估计 [J]. 产业经济研究，2013（01）：100-110.

[66] 李勇刚，罗海艳，汪玉兵. 土地财政与地方政府规模扩张——来自中国282个城市数据的经验证据 [J]. 上海经济研究，2016（06）：62-72.

[67] 李勇刚，罗海艳. 土地资源错配阻碍了产业结构升级吗？——来自中国35个大中城市的经验证据 [J]. 财经研究，2017，43（09）：110-121.

[68] 李勇刚，王猛. 土地财政与产业结构服务化——一个解释产业结构服务化 "中国悖论" 的新视角 [J]. 财经研究，2015，41（09）：29-41.

[69] 李玉梅. 中国产业结构变迁中 "逆库兹涅茨化" 效应测量及分析 [J]. 数量经济技术经济研究，2017，34（11）：98-114.

[70] 李子伦. 产业结构升级含义及指数构建研究——基于因子分析法的国际比较 [J]. 当代经济科学，2014，36（01）：89-98；127.

[71] 林毅夫. 新结构经济学——反思经济发展与政策的理论框架（增订版）[M]. 北京：北京大学出版社，2012.

[72] 林毅夫. 潮涌现象与发展中国家宏观经济理论的重新构建 [J]. 经济研究，2007（01）：126-131.

[73] 林毅夫. 产业政策与我国经济的发展：新结构经济学的视角 [J]. 复旦学报（社会科学版），2017，59（02）：148-153.

[74] 刘承礼. 省以下政府间事权和支出责任划分 [J]. 财政研究，2016（12）：14-27.

[75] 刘冲，乔坤元，周黎安. 行政分权与财政分权的不同效应：来自中国县域的经验证据 [J]. 世界经济，2014，37（10）：123-144.

[76] 刘贯春，吴辉航，刘媛媛. 最低工资制度如何影响中国的产业结构？[J]. 数量经济技术经济研究，2018，35（06）：40-59.

[77] 刘焕鹏，童乃文. 政府债务如何影响高技术产业创新——基于调节效应与门槛效应的经验证据 [J]. 山西财经大学学报，2019，41（09）：45-60.

[78] 刘尚希.中国财政风险的制度特征:"风险大锅饭"[J].管理世界,2004 (05):39-44;49.

[79] 刘伟,张辉,黄泽华.中国产业结构高度与工业化进程和地区差异的考察[J].经济学动态,2008(11):4-8.

[80] 刘志彪.为什么我国发达地区的服务业比重反而较低?——兼论我国现代服务业发展的新思路[J].南京大学学报(哲学.人文科学.社会科学版),2011,48(03):13-19;158.

[81] 鲁元平,张克中,欧阳洁.土地财政阻碍了区域技术创新吗?——基于267个地级市面板数据的实证检验[J].金融研究,2018(05):101-119.

[82] 陆铭,常晨,王丹利.制度与城市:土地产权保护传统有利于新城建设效率的证据[J].经济研究,2018,53(06):171-185.

[83] 陆铭,陈钊.城市化、城市倾向的经济政策与城乡收入差距[J].经济研究,2004(06):50-58.

[84] 陆铭,陈钊.分割市场的经济增长——为什么经济开放可能加剧地方保护?[J].经济研究,2009,44(03):42-52.

[85] 陆铭,向宽虎.破解效率与平衡的冲突——论中国的区域发展战略[J].经济社会体制比较,2014(04):1-16.

[86] 罗富政,罗能生.税收负担如何影响产业结构调整?——基于税负层次和规模的讨论[J].产业经济研究,2016(01):20-29.

[87] 吕健.地方债务对经济增长的影响分析——基于流动性的视角[J].中国工业经济,2015(11):16-31.

[88] 毛军,刘建民.财税政策下的产业结构升级非线性效应研究[J].产业经济研究,2014(06):21-30.

[89] 毛丰付,潘加顺.资本深化、产业结构与中国城市劳动生产率[J].中国工业经济,2012(10):32-44.

[90] 毛捷,曹婧.中国地方政府债务问题研究的文献综述[J].公共财政研究,2019(01):75-90.

[91] 毛捷,黄春元.地方债务、区域差异与经济增长——基于中国地级市数据的验证[J].金融研究,2018(05):1-19.

[92] 毛其淋.人力资本推动中国加工贸易升级了吗?[J].经济研究,2019,54(01):52-67.

[93] 毛锐,刘楠楠,刘蓉.地方政府债务扩张与系统性金融风险的触发机制[J].中国工业经济,2018(04):19-38.

[94] 牛霖琳,洪智武,陈国进.地方政府债务隐忧及其风险传导——基于国债

收益率与城投债利差的分析 [J]．经济研究，2016，51（11）：83-95．

[95]　庞瑞芝，邓忠奇．服务业生产率真的低吗？[J]．经济研究，2014，49（12）：86-99．

[96]　渠慎宁，吕铁．产业结构升级意味着服务业更重要吗——论工业与服务业互动发展对中国经济增长的影响 [J]．财贸经济，2016（03）：138-147．

[97]　邵朝对，苏丹妮，邓宏图．房价、土地财政与城市集聚特征：中国式城市发展之路 [J]．管理世界，2016（02）：19-31；187．

[98]　盛斌，毛其淋．进口贸易自由化是否影响了中国制造业出口技术复杂度 [J]．世界经济，2017，40（12）：52-75．

[99]　司海平，刘小鸽，范玉波．地方债务发行与产业结构效应 [J]．经济评论，2017（01）：15-27．

[100]　宋凌云，王贤彬，徐现祥．地方官员引领产业结构变动 [J]．经济学（季刊），2013，12（01）：71-92．

[101]　苏杭，郑磊，牟逸飞．要素禀赋与中国制造业产业升级——基于WIOD和中国工业企业数据库的分析 [J]．管理世界，2017（04）：70-79．

[102]　苏晓红，王文剑．中国的财政分权与地方政府规模 [J]．财政研究，2008（01）：44-46．

[103]　孙海波，焦翠红，林秀梅．人力资本集聚对产业结构升级影响的非线性特征——基于PSTR模型的实证研究 [J]．经济科学，2017（02）：5-17．

[104]　孙群力．财政分权对政府规模影响的实证研究 [J]．财政研究，2008（07）：33-36．

[105]　孙秀林，周飞舟．土地财政与分税制：一个实证解释 [J]．中国社会科学，2013（04）：40-59；205．

[106]　谭洪波，郑江淮．中国经济高速增长与服务业滞后并存之谜——基于部门全要素生产率的研究 [J]．中国工业经济，2012（09）：5-17．

[107]　汤玉刚，陈强．分权、土地财政与城市基础设施 [J]．经济社会体制比较，2012（06）：98-110．

[108]　唐为，王媛．行政区划调整与人口城市化：来自撤县设区的经验证据 [J]．经济研究，2015，50（09）：72-85．

[109]　唐为．经济分权与中小城市发展——基于撤县设市的政策效果分析 [J]．经济学（季刊），2019，18（01）：123-150．

[110]　陶然，苏福兵，陆曦，等．经济增长能够带来晋升吗？——对晋升锦标竞赛理论的逻辑挑战与省级实证重估 [J]．管理世界，2010（12）：13-26．

[111]　田彬彬，范子英．税收分成、税收努力与企业逃税——来自所得税分享改革的证据 [J]．管理世界，2016（12）：36-46；59．

[112] 佟孟华，张国建，李慧.地方政府规模影响产业结构的非线性特征——基于中国地级市数据的经验研究［J］.山西财经大学学报，2018（05）：57-69.

[113] 汪伟，刘玉飞，彭冬冬.人口老龄化的产业结构升级效应研究［J］.中国工业经济，2015（11）：47-61.

[114] 汪德华，张再金，白重恩.政府规模、法治水平与服务业发展［J］.经济研究，2007（06）：51-64；118.

[115] 王柏杰，郭鑫.地方政府行为、"资源诅咒"与产业结构失衡——来自43个资源型地级市调查数据的证据［J］.山西财经大学学报，2017，39（06）：64-75.

[116] 王立勇，高玉胭.财政分权与产业结构升级——来自"省直管县"准自然实验的经验证据［J］.财贸经济，2018，39（11）：145-159.

[117] 王绍光.分权的底线［J］.战略与管理，1995（02）：37-56.

[118] 王文，孙早.产业结构转型升级意味着去工业化吗［J］.经济学家，2017（03）：55-62.

[119] 王文剑.中国的财政分权与地方政府规模及其结构——基于经验的假说与解释［J］.世界经济文汇，2010（05）：105-119.

[120] 王勋，JOHANSSON A.金融抑制与经济结构转型［J］.经济研究，2013，48（01）：54-67.

[121] 王燕武，王俊海.地方政府行为与地区产业结构趋同的理论及实证分析［J］.南开经济研究，2009（04）：33-49.

[122] 王垚，年猛，王春华.产业结构、最优规模与中国城市化路径选择［J］.经济学（季刊），2017，16（02）：441-462.

[123] 王艺明，蔡昌达，梁晓岚."自上而下"的机构改革与我国地方政府规模的决定［J］.财贸经济，2014（01）：30-43.

[124] 王永进，张国峰.开发区生产率优势的来源：集聚效应还是选择效应？［J］.经济研究，2016，51（07）：58-71.

[125] 王永钦，张晏，章元，等.中国的大国发展道路——论分权式改革的得失［J］.经济研究，2007（01）：4-16.

[126] 王自锋，孙浦阳，张伯伟，等.基础设施规模与利用效率对技术进步的影响：基于中国区域的实证分析［J］.南开经济研究，2014（02）：118-135.

[127] 魏福成，邹薇，马文涛，等.税收、价格操控与产业升级的障碍——兼论中国式财政分权的代价［J］.经济学（季刊），2013，12（04）：1491-1512.

[128] 魏作磊. FDI对我国三次产业结构演变的影响——兼论我国服务业增加值比重偏低现象 [J]. 经济学家, 2006 (03): 61-67.

[129] 温忠麟, 张雷, 侯杰泰, 等. 中介效应检验程序及其应用 [J]. 心理学报, 2004, 36 (05): 614-620.

[130] 文雁兵. 政府规模的扩张偏向与福利效应——理论新假说与实证再检验 [J]. 中国工业经济, 2014 (05): 31-43.

[131] 吴福象, 沈浩平. 新型城镇化、基础设施空间溢出与地区产业结构升级——基于长三角城市群16个核心城市的实证分析 [J]. 财经科学, 2013 (07): 89-98.

[132] 吴群, 李永乐. 财政分权、地方政府竞争与土地财政 [J]. 财贸经济, 2010 (07): 51-59.

[133] 吴万宗, 刘玉博, 徐琳. 产业结构变迁与收入不平等——来自中国的微观证据 [J]. 管理世界, 2018, 34 (02): 22-33.

[134] 吴意云, 朱希伟. 中国为何过早进入再分散: 产业政策与经济地理 [J]. 世界经济, 2015, 38 (02): 140-166.

[135] 徐朝阳. 工业化与后工业化: "倒U型"产业结构变迁 [J]. 世界经济, 2010, 33 (12): 67-88.

[136] 徐敏, 姜勇. 中国产业结构升级能缩小城乡消费差距吗? [J]. 数量经济技术经济研究, 2015, 32 (03): 3-21.

[137] 徐淑丹. 中国城市的资本存量估算和技术进步率: 1992—2014年 [J]. 管理世界, 2017 (01): 17-29; 187.

[138] 徐仙英, 张雪玲. 中国产业结构优化升级评价指标体系构建及测度 [J]. 生产力研究, 2016 (08): 47-51.

[139] 许宪春. 90年代我国服务业发展相对滞后的原因分析 [J]. 管理世界, 2000 (06): 73-77.

[140] 严冀, 陆铭. 分权与区域经济发展: 面向一个最优分权程度的理论 [J]. 世界经济文汇, 2003 (03): 55-66.

[141] 杨子晖. 政府规模、政府支出增长与经济增长关系的非线性研究 [J]. 数量经济技术经济研究, 2011, 28 (06): 77-92.

[142] 余晨阳, 邓敏婕. 市政债券: 城镇化融资的新渠道 [J]. 学术论坛, 2013, 36 (03): 137-141.

[143] 余华义. 城市化、大城市化与中国地方政府规模的变动 [J]. 经济研究, 2015, 50 (10): 104-118.

[144] 余靖雯, 王敏, 郭凯明. 土地财政还是土地金融? ——地方政府基础设施建设融资模式研究 [J]. 经济科学, 2019 (01): 69-81.

[145] 余泳泽，潘妍．中国经济高速增长与服务业结构升级滞后并存之谜——基于地方经济增长目标约束视角的解释 [J]．经济研究，2019，54（03）：150-165．

[146] 袁航，朱承亮．国家高新区推动了中国产业结构转型升级吗 [J]．中国工业经济，2018（08）：60-77．

[147] 岳希明，张曙光．我国服务业增加值的核算问题 [J]．经济研究，2002（12）：51-59；91．

[148] 张辉．新中国成立70年来中国产业结构演变趋势研究 [J]．新视野，2019（04）：5-14．

[149] 张军，周黎安．为增长而竞争：中国增长的政治经济学 [M]．上海：格致出版社，2008．

[150] 张军．分权与增长：中国的故事 [J]．经济学（季刊），2008（01）：21-52．

[151] 张莉，年永威，刘京军．土地市场波动与地方债——以城投债为例 [J]．经济学（季刊），2018（03）：1103-1126．

[152] 张莉，魏鹤翀，欧德赟．以地融资、地方债务与杠杆——地方融资平台的土地抵押分析 [J]．金融研究，2019（03）：92-110．

[153] 张平，刘霞辉．城市化、财政扩张与经济增长 [J]．经济研究，2011，46（11）：4-20．

[154] 张平，余宇新．出口贸易影响了中国服务业占比吗 [J]．数量经济技术经济研究，2012，29（04）：64-79．

[155] 张晏．分权体制下的财政政策与经济增长 [M]．上海：上海人民出版社，2005．

[156] 张永杰，耿强．省直管县体制变革、财政分权与县级政府规模——基于规模经济视角的县级面板数据分析 [J]．中国软科学，2011（12）：66-75．

[157] 赵昌文，许召元，朱鸿鸣．工业化后期的中国经济增长新动力 [J]．中国工业经济，2015（06）：44-54．

[158] 赵秋运，王勇．新结构经济学的理论溯源与进展——庆祝林毅夫教授回国从教30周年 [J]．财经研究，2018，44（09）：4-40．

[159] 赵祥，曹佳斌．地方政府"两手"供地策略促进产业结构升级了吗——基于105个城市面板数据的实证分析 [J]．财贸经济，2017（07）：64-77．

[160] 赵祥，谭锐．土地财政与我国城市"去工业化" [J]．江汉论坛，2016（01）：16-24．

[161] 赵燕菁．是"土地金融"还是"土地财政"？——改革的增长逻辑与新时期的转型风险 [J]．文化纵横，2019（02）：68-79；144．

[162] 郑思齐，孙伟增，吴璟，等．"以地生财，以财养地"——中国特色城市建设投融资模式研究［J］．经济研究，2014，49（08）：14-27．

[163] 郑振雄，刘艳彬．要素价格扭曲下的产业结构演进研究［J］．中国经济问题，2013（03）：68-78．

[164] 钟辉勇，陆铭．财政转移支付如何影响了地方政府债务？［J］．金融研究，2015（09）：1-16．

[165] 周彬，周彩．土地财政、产业结构与经济增长——基于284个地级以上城市数据的研究［J］．经济学家，2018（05）：39-49．

[166] 周彬，周彩．土地财政、企业杠杆率与债务风险［J］．财贸经济，2019，40（03）：19-36．

[167] 周端明．中国产业升级研究：文献脉络与评价［J］．管理学刊，2014，27（01）：34-40．

[168] 周飞舟．分税制十年：制度及其影响［J］．中国社会科学，2006（06）：100-115；205．

[169] 周飞舟．生财有道：土地开发和转让中的政府和农民［J］．社会学研究，2007（01）：49-82；243-244．

[170] 周飞舟．以利为利：财政关系与地方政府行为［M］．上海：上海三联书店，2012．

[171] 周黎安，陶婧．政府规模、市场化与地区腐败问题研究［J］．经济研究，2009，44（01）：57-69．

[172] 周黎安．晋升博弈中政府官员的激励与合作——兼论我国地方保护主义和重复建设问题长期存在的原因［J］．经济研究，2004（06）：33-40．

[173] 周黎安．中国地方官员的晋升锦标赛模式研究［J］．经济研究，2007（07）：36-50．

[174] 周黎安．转型中的地方政府——官员激励与治理［M］．2版．上海：格致出版社，2017．

[175] 周茂，李雨浓，姚星，等．人力资本扩张与中国城市制造业出口升级：来自高校扩招的证据［J］．管理世界，2019，35（05）：64-77；198-199．

[176] 周茂，陆毅，符大海．贸易自由化与中国产业升级：事实与机制［J］．世界经济，2016，39（10）：78-102．

[177] 周茂，陆毅，李雨浓．地区产业升级与劳动收入份额：基于合成工具变量的估计［J］．经济研究，2018，53（11）：132-147．

[178] 朱荟，张天华．政府规模与资源配置效率——基于异质性企业生产率的视角［J］．产业经济研究，2016（03）：41-50．

[179] ACEMOGLU D，GUERRIERI V．Capital Deepening and Non-balanced

Economic Growth [J]. Journal of Political Economy, 2008, 116 (6): 467-498.

[180] AGHION P, ANGELETOS G M, BANERJEE A. Volatility and Growth: Credit Constraints and the Composition of Investment [J]. Journal of Monetary Economics, 2010, 57 (3): 246-265.

[181] AU C C, HENDERSON J V. Are Chinese Cities too Small? [J]. The Review of Economic Studies, 2006, 73 (3): 549-576.

[182] BAI C E, HSIEH C T, SONG Z M. The Long Shadow of a Fiscal Expansion [R/OL]. [2016-05-20]. https://www.nber.org/papers/w22801.

[183] BAICKER K. The Spillover Effects of State Spending [J]. Journal of Public Economics, 2005, 89 (2-3): 529-544.

[184] BAUMOL W J. Macroeconomics of Unbalanced Growth: The Anatomy of Urban Crisis [J]. The American Economic Review, 1967, 57 (3): 415-426.

[185] BESLEY T, CASE A. Incumbent Behavior: Vote Seeking, Tax Setting and Yardstick Competition [J]. The American Economic Review, 1995, 85 (1): 25-45.

[186] BLANCHARD O, SHLEIFER A. Federalism with and without Political Centralization: China versus Russia [J]. IMF Staff Papers, 2001, 48 (1): 171-179.

[187] BRENNAN G, BUCHANAN J M. The Power to Tax: Analytic Foundations of a Fiscal Constitution [M]. Cambridge: Cambridge University Press, 1980.

[188] BRENNAN G, BUCHANAN J. Searching for Leviathan: An Empirical Study [J]. The American Economic Review, 1985, 75 (4): 748-757.

[189] BULTE E H, XU L, ZHANG X. Post-disaster Aid and Development of the Manufacturing Sector: Lessons From a Natural Experiment in China [J]. European Economic Review, 2018, 101 (9): 441-458.

[190] CASSETTE A, PATY S. Fiscal Decentralization and the Size of Government: A European Country Empirical Analysis [J]. Public Choice, 2010, 143 (1-2): 173-189.

[191] CHEN S T, LEE C C. Government Size and Economic Growth in Taiwan, China: A Threshold Regression Approach [J]. Journal of Policy Modeling, 2005, 27 (9): 1051-1066.

[192] CHENERY H B, ROBINSON S, SYRQUIN M. World Bank, Industrialization and Growth: A Comparative Study [M]. New York: Oxford University Press, 1986.

[193] CHU-PING L O, LIU B J. Why India is Mainly Engaged in Offshore Service Activities, while China is Disproportionately Engaged in Manufacturing? [J]. China Economic Review, 2009, 20 (2): 236-245.

[194] COLLETAZ G, HURLIN C. Threshold Effects of the Public Capital Productivity: An International Panel Smooth Transition Approach [R/OL]. [2006-01-20]. https://econpapers.repec.org/paper/halwpaper/halshs-00008056.htm.

[195] CONG L W, GAO H, PONTICELLI J, et al. Credit Allocation under Economic Stimulus: Evidence from China [J]. The Review of Financial Studies, 2019, 32 (9): 3412-3460.

[196] CORDEN W M, NEARY J P. Booming Sector and De-industrialisation in a Small Open Economy [J]. The Economic Journal, 1982, 92 (368): 825-848.

[197] DUSTMANN C, OKATENKO A. Out-migration, Wealth Constraints, and the Quality of Local Amenities [J]. Journal of Development Economics, 2014, 110 (5): 52-63.

[198] EASTERLY W. The Elusive Quest for Growth: Economists' Adventures and Misadventures in the Tropics [M]. Cambridge: MIT Press, 2001.

[199] ENIKOLOPOV R, ZHURAVSKAYA E. Decentralization and Political Institutions [J]. Journal of Public Economics, 2007, 91 (11-12): 2261-2290.

[200] FAN S, LI L, ZHANG X. Challenges of Creating Cities in China: Lessons from a Short-lived County-to-city Upgrading Policy [J]. Journal of Comparative Economics, 2012, 40 (3): 476-491.

[201] FANG H, GU Q, XIONG W, et al. Demystifying the Chinese Housing Boom [J]. NBER Macroeconomics Annual, 2016, 30 (1): 105-166.

[202] FISMAN R, SVENSSON J. Are Corruption and Taxation Really Harmful to Growth? Firm Level Evidence [J]. Journal of Development Economics, 2007, 83 (1): 63-75.

[203] FÖLSTER S, HENREKSON M. Growth Effects of Government Expenditure and Taxation in Rich Countries [J]. European Economic

Review, 2001, 45 (8): 1501-1520.

[204] FORBES K F, ZAMPELLI E M.Is Leviathan a Mythical Beast? [J]. The American Economic Review, 1989, 79 (3): 568-577.

[205] FUCHS, V R. The Service Economy [M]. New York: Columbia University Press, 1968.

[206] GARZARELLI G. Old and New Theories of Fiscal Federalism, Organizational Design Problems, and Tiebout [J]. Journal of Economics and Public Finance, 2004, 22 (1-2): 91-104.

[207] GEREFFI G. International Trade and Industrial Upgrading in the Apparel Commodity Chain [J]. Journal of International Economics, 1999, 48 (1): 37-70.

[208] GONZALEZ A, TERASVIRTA T, DIJK D. Panel Smooth Transition Regression Models [R]. SSE/EFI Working Paper Series in Economics and Finance, 2005.

[209] GRÖNROOS C, OJASALO K. Service Productivity: Towards a Conceptualization of the Transformation of Inputs into Economic Results in Services [J]. Journal of Business Research, 2004, 57 (4): 414-423.

[210] GROSSMAN P J. Fiscal Decentralization and Government Size: An Extension [J]. Public Choice, 1989, 62 (1): 63-69.

[211] GROSSMAN P J, WEST E G.Federalism and the Growth of Government Revisited [J]. Public Choice, 1994, 79 (1-2): 19-32.

[212] GUSEH J S. Government Size and Economic Growth in Developing Countries: A Political - economy Framework [J]. Journal of Macroeconomics, 1997, 19 (1): 175-192.

[213] HAN L, KUNG J K S. Fiscal Incentives and Policy Choices of Local Governments: Evidence from China [J]. Journal of Development Economics, 2015, 116 (1): 89-104.

[214] HAUSMANN R, HWANG J, RODRIK D.What You Export Matters [J]. Journal of Economic Growth, 2007, 12 (1): 1-25.

[215] HAUSMANN R, RODRIK D.Economic Development as Self-discovery [J]. Journal of Development Economics, 2003, 72 (2): 603-633.

[216] HINES J R, THALER R H.The Flypaper Effect [J]. Journal of Economic Perspectives, 1995, 9 (4): 217-226.

[217] HUANG Y, PAGANO M, PANIZZA U.Local Crowding-out in China [J].

The Journal of Finance, 2020, 75 (6): 2855-2898.

[218] HUMPHREY J, SCHMITZ H.How Does Insertion in Global Value Chains Affect Upgrading in Industrial Clusters? [J]. Regional Studies, 2002, 36 (9): 1017-1027.

[219] JIN H, QIAN Y, WEINGAST B R.Regional Decentralization and Fiscal Incentives: Federalism, Chinese Style [J]. Journal of Public Economics, 2005, 89 (9-10): 1719-1742.

[220] JIN J, ZOU H. How Does Fiscal Decentralization Affect Aggregate, National, and Subnational Government Size? [J]. Journal of Urban Economics, 2002, 52 (2): 270-293.

[221] JU J, LIN J Y, WANG Y.Endowment Structures, Industrial Dynamics, and Economic Growth [J]. Journal of Monetary Economics, 2015, 76: 244-263.

[222] KALDOR N. Capital Accumulation and Economic Growth [C] //The Theory of Capital: Proceedings of a Conference Held by the International Economic Association. London: Palgrave Macmillan UK, 1961: 177-222.

[223] KONGSAMUT P, REBELO S, XIE D.Beyond Balanced Growth [J]. The Review of Economic Studies, 2001, 68 (4): 869-882.

[224] KRISHNA P, LEVCHENK A A.Comparative Advantage, Complexity and Volatility [R/OL]. [2009-05-20]. https: //www. nber. org/papers/ w14965.

[225] KUZNETS S. National Income and Industrial Structure [J]. Econometrica, 1949, 17: 205-241.

[226] KUZNETS S.Quantitative Aspects of the Economic Growth of Nations: II.Industrial Distribution of National Product and Labor Force [J]. Economic Development and Cultural Change, 1957, 5 (S4): 1-111.

[227] KUZNETS S.Economic Growth of Nations: Total Output and Production Structure [M]. Cambridge: Belknap Press of Harvard University Press, 1971.

[228] KUZNETS S, MURPHY J T. Modern Economic Growth: Rate, Structure, and Spread [M]. New Haven: Yale University Press, 1966.

[229] LI H, ZHOU L A.Political Turnover and Economic Performance: The Incentive Role of Personnel Control in China [J]. Journal of Public Economics, 2005, 89 (9-10): 1743-1762.

[230] LI P, LU Y, WANG J.Does Flattening Government Improve Economic Performance? Evidence from China [J] . Journal of Development Economics, 2016, 123 (6): 18-37.

[231] LIANG Y, SHI K, WANG L, et al.Local Government Debt and Firm Leverage: Evidence from China [J] . Asian Economic Policy Review, 2017, 12 (2): 210-232.

[232] LIN J Y, LIU Z.Fiscal Decentralization and Economic Growth in China [J] . Economic Development and Cultural Change, 2000, 49 (1): 1-21.

[233] LIU J, HU X, WU J.Fiscal Decentralization, Financial Efficiency and Upgrading the Industrial Structure: An Empirical Analysis of a Spatial Heterogeneity Model [J]. Journal of Applied Statistics, 2017, 44 (1): 181-196.

[234] LOGAN R R.Fiscal Illusion and the Grantor Government [J] . Journal of Political Economy, 1986, 94 (6): 1304-1318.

[235] LU M, CHEN Z.Urbanization, Urban-biased Policies, and Urban-rural Inequality in China, 1987—2001 [J] . Chinese Economy, 2006, 39 (3): 42-63.

[236] LU Y, WANG J, ZHU L. Place - based Policies, Creation, and Agglomeration Economies: Evidence from China's Economic Zone Program [J] . American Economic Journal: Economic Policy, 2019, 11 (3): 325-60.

[237] MACKINNON D P, WARSI G, DWYER J H. A Simulation Study of Mediated Effect Measures [J] . Multivariate Behavioral Research, 1995, 30 (1): 41-62.

[238] MARLOW M L.Fiscal Decentralization and Government Size [J] . Public Choice, 1988, 56 (3): 259-269.

[239] MASKIN E, QIAN Y, XU C.Incentives, Information, and Organizational Form [J] . The Review of Economic Studies, 2000, 67 (2) : 359-378.

[240] MATTOO A, RATHINDRAN R.Measuring Services Trade Liberalization and Its Impact on Economic Growth: An Illustration [J] . Journal of Economic Integration, 2006, 21 (1): 64-98.

[241] MONTINOLA G, QIAN Y, WEINGAST B R.Federalism, Chinese Style: The Political Basis for Economic Success in China [J] . World Politics, 1995, 48 (1): 50-81.

[242] MUSGRAVE R A. The Theory of Public Finance—A Study in Public Economy [M]. New York: McGrawHill, 1959.

[243] NGAI L R, PISSARIDES C A.Structural Change in a Multi-sector Model of Growth [J]. The American Economic Review, 2007, 97 (1): 429-443.

[244] NYE J V C, VASILYEVA O.When Does Local Political Competition Lead to More Public Goods? Evidence from Russian regions [J]. Journal of Comparative Economics, 2015, 43 (3): 650-676.

[245] OATES W E. Searching for Leviathan: An Empirical Study [J]. The American Economic Review, 1985, 75 (4): 748-757.

[246] OATES W E. Fiscal Federalism [M]. New York: Harcourt Brace Jovanovich, 1972.

[247] OATES W E.Toward a Second-generation Theory of Fiscal Federalism [J]. International Tax and Public Finance, 2005, 12 (4): 349-373.

[248] OATES W E. On the Evolution of Fiscal Federalism: Theory and Institutions [J]. National Tax Journal, 2008, 61 (2): 313-334.

[249] PARASURAMAN A. Service Quality and Productivity: A Synergistic Perspective [J]. Managing Service Quality, 2002, 12 (1): 6-9.

[250] PERSSON T, TABELLINI G. The Size and Scope of Government: Comparative Politics with Rational Politicians [J]. European Economic Review, 1999, 43 (4): 699-735.

[251] QIAN Y, ROLAND G.Federalism and the Soft Budget Constraint [J]. The American Economic Review, 1998, 88 (5): 1143-1162.

[252] QIAN Y, WEINGAST B R.Federalism as a Commitment to Reserving Market Incentives [J]. Journal of Economic Perspectives, 1997, 11 (4): 83-92.

[253] REINHART C M, ROGOFF K. Growth in a Time of Debt [J]. The American Economic Review, 2010, 100 (2): 573-578.

[254] REINHART C M, ROGOFF K.From Financial Crash to Debt Crisis [J]. The American Economic Review, 2011, 101 (5): 1676-1706.

[255] ROY A G. Evidence on Economic Growth and Government Size [J]. Applied Economics, 2009, 41 (5): 607-614.

[256] ROSTOW W W.The Stages of Growth: A Non-communist Manifesto [M]. Cambridge: Cambridge University Press, 1960.

[257] SHLEIFER A. Government in Transition [J]. European Economic

Review, 1997, 41 (3-5): 385-410.

[258] SU F, TAO R, XI L, et al. Local Officials' Incentives and China's Economic Growth: Tournament Thesis Reexamined and Alternative Explanatory Framework [J]. China & World Economy, 2012, 20 (4): 1-18.

[259] TIEBOUT C M. A Pure Theory of Local Expenditures [J]. Journal of Political Economy, 1956, 64 (5): 416-424.

[260] TREISMAN D. After the Deluge: Regional Crises and Political Consolidation in Russia [M]. Lansing: University of Michigan Press, 2001.

[261] TSUI K Y. China's Infrastructure Investment Boom and Local Debt Crisis [J]. Eurasian Geography and Economics, 2011, 52 (5): 686-711.

[262] WANG J. The Economic Impact of Special Economic Zones: Evidence from Chinese Municipalities [J]. Journal of Development Economics, 2013, 101: 133-147.

[263] WEINGAST B R. The Economic Role of Political Institutions: Market-preserving Federalism and Economic Development [J]. Journal of Law, Economics and Organization, 1995, 11: 1-31.

[264] WEINGAST B R. Second Generation Fiscal Federalism: The Implications of Fiscal Incentives [J]. Journal of Urban Economics 2009, 65 (3): 279-293.

[265] XU C. The Fundamental Institutions of China's Reforms and Development [J]. Journal of Economic Literature, 2011, 49 (4): 1076-1151.

[266] YOUNG A. The Razor's Edge: Distortions and Incremental Reform in the People's Republic of China [J]. The Quarterly Journal of Economics, 2000, 115 (4): 1091-1135.

[267] ZAX J S. Is there a Leviathan in Your Neighborhood? [J]. The American Economic Review, 1989, 79 (3): 560-567.

[268] ZHANG J. Zhu Rongji Might be Right: Understanding the Mechanism of Fast Economic Development in China [J]. The World Economy, 2012, 35 (12): 1712-1732.

[269] ZHENG S, SUN W, WU J, et al. The Birth of Edge Cities in China: Measuring the Effects of Industrial Parks Policy [J]. Journal of Urban Economics, 2017, 100: 80-103.

索引

后记

　　五月的大连，青山紫翠，碧海流云；六月的东财，翠飏红轻，疏影微香。尽管毕业后已经工作近3年，但是我对母校的感情依旧不减，爱在东财，从未离开，感谢母校的培养。回忆起研究生阶段在东北财经大学求学的6年时光，虽如白驹过隙，但也浓墨重彩地在我的人生中刻下了难以磨灭的痕迹。其中，有欢笑，有失落，有惆怅，有奋起。

　　想起6岁刚上小学那会，贪玩厌学，被爷爷扛着去学校，被小学校长关小黑屋的人，居然戏剧性地博士毕业了。回想起以往32年的人生经历，真是恍如隔世，几乎一大半时间都在学校度过，更加戏剧性的是今后大部分时间还会继续在高校从事教学和科研工作。不知从什么时候起，自己变成了一个如此热爱学习的人。不得不承认，学习确实改变了我很多，从性格到生活，从人生阅历到人生格局，更重要的一点是，学习赋予了我更多的智慧，改变了我的命运。人生总能遇到一些贵人，感谢那些生命中给予我力量的人。

　　能够顺利完成硕博期间的学业离不开佟孟华老师的悉心指导和谆谆教诲，衷心感谢我的恩师佟孟华教授。春风化雨，润物无声。与佟老师相处的日子里，我深刻地感受到佟老师的学识魅力和人格魅力，佟老师对学术的认真严谨，对生活的乐观豁达，对学生的呵护备至都深深地影响着我今后对学术乃至人生的态度。佟老师如明镜，如长者，如灯塔，也如星辰，那是迷茫时的点拨，惶恐时的笃定，脆弱时的臂膀。难以忘记论文上佟老师密密麻麻的修改，难以忘记工作间与佟老师的合作交流，更难以忘记讨论班上学习汇报之余佟老师风趣幽默地畅谈学术和生活。能够成为佟门弟子，是我一生之幸。

硕博期间众多的良师，王维国教授、陈磊教授、王雪标教授、高铁梅教授、齐鹰飞教授、陈飞教授的精彩授课，李兆丹老师、李妍老师、项连超老师、胡方玉老师的热心帮助都使我在学习和生活上获益匪浅。能够得到陈飞教授、高铁梅教授、张同斌教授、产业组织与企业组织研究中心的韩超研究员、经济与社会发展研究院的周彬副研究员和王伟同研究员在学术和论文修改中的点拨，让我感到自己是多么地幸运，正是众多学术前辈们的指导才让我少走了不少弯路。经济与社会发展研究院和高等经济研究院每周一次的研讨（workshop/seminar）都让我从中收获了不少论文写作的技巧和灵感，并且认识到因果推断的重要性。

感谢同门李慧师妹和栾玉格师妹在论文合作过程中提供的切实帮助，感谢艾永芳师兄、孙光林师兄、邢秉昆师兄和王文彬师兄在佟门讨论班和平时学习生活中的指点迷津，也感谢同门汤佳慧博士、许东彦博士、储翠翠博士、方若圆师妹、蔡国耀师弟在我求学期间及毕业之后提供的各种热心帮助。我的室友、同学和朋友们都给予过我很大的帮助。感谢博士期间的室友苏章杰博士、王际皓博士、程博文博士在平时生活中给予的关切。感谢同学宇超逸博士免去了我们学习琐事上的牵绊，感谢好友李金凯博士、张军博士、程立燕博士、咸金坤博士在学术上的密切探讨和有益互助，也感谢好友蒋守建博士、胡渊博士丰富了我博士期间的学习生活。

特别感谢我的妻子胡玉梅博士对我的理解和包容，以及为家庭所付出的努力和牺牲，女儿溪溪的出生在我人生中最艰难的时刻带给我无限慰藉、温暖和欢笑，是你们让我拥有了勇往直前的动力，我永远爱你们。最后，感谢父母和弟弟对我的尊重、理解与支持，是你们在我背后默默地付出才让我毫无后顾之忧地做自己喜欢的事情，任性地读完了博士，是你们的爱给予了我不断前行的动力。在我人生的前30年，我的父亲或许是我最亲近的人，父亲不仅养育了我，更用他的一言一行教会了我很多为人处世的道理。尽管在我博士毕业后不久父亲因病永远离开了我，但是您的音容和教诲我会永远铭记。罗素的《数学原理》写道："我常常在想，我似乎身在隧道之中，而能否到达隧道的另一端却无从知晓。"本书献给我的父亲，我想说，是您的言传身教，让我逐渐看到了隧道另一端的曙光。

纸短情长，一路走来，要感谢的人和事太多。或许正是生活中曾经那些肯定的眼神给了我坚持做好学术的勇气，或许正是曾经遇到的那些挫折教会了我如何解决问题和如何成长，太多生活中的小确幸也教会了我要学会感恩。不悔过往，不负当下，不畏将来。脚踏实地，仰望星空，我相信，越努力才会越幸运。

张国建

2023年6月于竞慧楼